2020年度湖北汽车工业学院博士基金项目（编号：BK202003）成果。

2023年度中国外语教材研究专项课题「近代中国翻译教材史研究（1860—1949）」成果。

2023年度湖北省教育厅哲学社会科学研究项目「近代湖北译报译刊的整理与研究」成果。

杨荣广　李铮　编

近代中国翻译教育史料选辑

WUHAN UNIVERSITY PRESS

武汉大学出版社

图书在版编目(CIP)数据

近代中国翻译教育史料选辑 / 杨荣广,李铮编 . -- 武汉 : 武汉大学出版社, 2024. 10. -- ISBN 978-7-307-24524-2

Ⅰ. H059-092

中国国家版本馆 CIP 数据核字第 20248544XS 号

责任编辑:吴月婵　　　　责任校对:鄢春梅　　　　版式设计:韩闻锦

出版发行:**武汉大学出版社**　　(430072　武昌　珞珈山)

（电子邮箱: cbs22@ whu.edu.cn　网址: www.wdp. com.cn）

印刷:武汉邮科印务有限公司

开本:720×1000　1/16　印张:15.5　字数:252 千字　插页:1

版次:2024 年 10 月第 1 版　　2024 年 10 月第 1 次印刷

ISBN 978-7-307-24524-2　　定价:79.00 元

序

　　翻译教育对于培养专业翻译人才，促进不同文化之间的交流具有重要意义。翻译教育史是对翻译教育发展历程和相关史料的记录和研究。翻译教育史研究关注的是翻译教育的起源、发展、演变以及其中的重要人物、制度、教材和教学方法等，旨在通过回顾翻译教育实践和理论的历史，了解翻译教育在不同历史时期和文化背景下的发展情况，揭示其演变规律和变革趋势。通过对不同历史时期的翻译教育制度、课程、教材和培养模式的研究，可以呈现翻译教育的发展脉络、教育思想和实践经验，进而深化对翻译教育实践和理论的认识，为当前翻译教育的发展提供参考和借鉴。在翻译教育史的研究过程中，研究者需要收集、整理和分析与翻译教育相关的史料和文献资料。这些史料可能包括奏谕、教材、教学指南、新闻报刊、历史档案和个人回忆录等。通过这些史料，我们或可窥见不同历史时期翻译教育的真实面貌。

　　在中国，翻译教育实践有着悠久的历史。然而，学界对于中国本土翻译教育传统的研究却相当薄弱。这主要体现在三个方面。首先，当前的翻译教育研究大多聚焦于 1949 年以后的翻译教材或教学实践，对于 1949 年以前的翻译教育或者避而不谈，或者一笔带过。其次，对于中国传统翻译教育实践的研究还不够全面和深入。仅有的零星研究大多集中于某些时期或某些人物的翻译教育实践①，对于中国传统翻译教育的制度、课程、教材、师资以及

---

　　① 参阅张慧玉、闻游欢《唐代鸿胪寺译语人制度探究及对外交口译人才管理的启示》，载《民族翻译》，2022 年第 3 期，第 54~62 页；蓝岚、张旭《抗战时期桂林俄文专修学校翻译人才培养考察》，载《外国语文》，2022 年第 1 期，第 100~106 页；傅宏星《吴宓"翻译术"课程教学初探》，载《外国语文》，2015 年第 6 期，第 118~126 页；左平《抗战时期盟军中的中国译员》，载《社会科学研究》，2013 年第 1 期，第 167~172 页；邹振环《清代前期外语教学与译员培养上的制度性问题——与俄国、日本的比较》，载《社会科学辑刊》，2007 年第 1 期，第 160~167 页。

1

目　　录

第一章　1860 年以前的翻译教育 ·········· 1

一、蒙古国子学与回回国子学 ·········· 1

《元史》记蒙古国子学 ·········· 1

《元史》记回回国子学 ·········· 1

【研究与资料】 ·········· 2

《中国通史》记蒙古国子学和回回国子学 ·········· 2

二、四夷馆与四译馆 ·········· 3

《明会典》记四夷馆 ·········· 3

《明史》记四夷馆 ·········· 4

《清史稿》记四译馆 ·········· 4

【研究与资料】 ·········· 5

四译馆考 ·········· 5

三、清代翻译科举 ·········· 5

《清史稿》记宗室子弟翻译科举 ·········· 5

《清史稿》记翻译科举 ·········· 7

八旗官学课程 ·········· 8

【研究与资料】 ·········· 11

清代科举考试述录（节录） ·········· 11

第二章　1861—1901 年的翻译教育 ·········· 18

一、北京同文馆 ·········· 18

奕䜣等奏设总理衙门等事酌拟章程六条折 ·········· 18

大学士贾桢等奏裁撤俄罗斯文馆 ·········· 20

恭亲王奕䜣等奏请设立同文馆折（附章程） ·········· 21

恭亲王等奏请俄人柏林等任京师同文馆教习折 …………………… 24

奕䜣等奏陈同文馆学生考试情形折 …………………………………… 24

总理各国事务奕䜣等关于外国教习请奖片 ………………………… 25

总理各国事务奕䜣等奏派同文馆学生出国游历折 ………………… 26

总理各国事务恭亲王奏请徐继畬任总管同文馆事务大臣 ………… 27

奕䜣等奏请选拔通西文西语学生片 ………………………………… 27

奕䜣等奏请甄选同文馆学生片 ……………………………………… 28

奕䜣等奏请同文馆接收并回赠法国使臣书籍片 …………………… 29

京师同文馆分年课程表 ……………………………………………… 30

京师同文馆考课章程 ………………………………………………… 31

光绪七年堂谕：选拔同文馆学生派充随同出洋作翻译官 ………… 31

光绪九年堂谕：择优派定同文馆学生在馆住宿以备翻译 ………… 32

掌广东道监察御史陈锦奏请撤销同文馆后馆片 …………………… 32

奕劻等奏请推广招考满汉学生折 …………………………………… 32

奕劻等奏招考满汉学生情形折 ……………………………………… 33

同文馆学生薪水膏火 ………………………………………………… 34

奕劻等奏请遴选学生充当翻译官片 ………………………………… 34

管理同文馆事务曾纪泽等奏禀同文馆情况折 ……………………… 35

光绪十五年堂谕：允准随同游历官出洋之翻译诸生考试翻译官 … 36

志锐奏请饬派学生充当出使翻译参赞等片 ………………………… 36

同文馆学生保送翻译官俸银 ………………………………………… 37

同文馆英文副总教习能力评估 ……………………………………… 37

同文馆学生英汉文兼修 ……………………………………………… 38

同文馆学生参与中外会晤 …………………………………………… 38

同文馆学生须兼学外语和专门知识 ………………………………… 39

同文馆学生语种选择与管理 ………………………………………… 39

同文馆光绪二十一年外文翻译题 …………………………………… 40

同文馆翻译考试时间规定 …………………………………………… 41

总理衙门奏派学生出洋片（附出洋学生经费章程）……………… 42

《堂谕》关于光绪二十三年开设东文馆的记载 …………………… 43

同文馆翻译各国洋文新报 …………………………………………… 43

同文馆光绪二十四年大考外文翻译题 ………………………… 43

光绪二十四年以前的同文馆章程 …………………………… 46

续增同文馆条规八条 ……………………………………… 49

【研究与资料】…………………………………………… 50

《清会典》记同文馆 ……………………………………… 50

同文馆考试安排 …………………………………………… 51

同文馆考 …………………………………………………… 51

二、上海同文馆 …………………………………………… 60

李鸿章奏设外国语言文字学馆折 ………………………… 60

上海初次设立学习外国语言文字同文馆试办章程十二条 … 62

江海关道涂上督抚宪通商大臣禀同文馆改为广方言馆 …… 63

江海关道禀南洋大臣刘坤一奏设广方言馆章程 ………… 64

江督周札上海道袁观察文（为广方言馆改为工业学堂事）… 67

【研究与资料】…………………………………………… 67

上海广方言馆纪略 ………………………………………… 67

广方言馆考核日记 ………………………………………… 68

三、广州同文馆 …………………………………………… 69

遵旨筹办广州同文馆折 …………………………………… 69

遵旨妥议设立同文馆折 …………………………………… 70

请开设教习外国语言文字学馆折 ………………………… 70

核查同文馆办理情形折 …………………………………… 73

广东同文馆肄业学生酌量变通折 ………………………… 74

核议广东同文馆肄业学生酌量变通事宜折 ……………… 75

请添设学馆酌加经费折 …………………………………… 76

四、湖北自强学堂 ………………………………………… 78

张之洞奏设自强学堂片（节录）………………………… 78

招考自强学堂学生示并章程 ……………………………… 78

札道员蔡锡勇改定自强学堂章程 ………………………… 81

自强学堂改课五国方言折 ………………………………… 82

【研究与资料】…………………………………………… 83

光绪二十五年自强学堂翻译试题与文法试题 …………… 83

五、其他文字学馆与西学馆 ···················· 83

中西书院课程规条 ························ 83

设立俄文学馆酌拟章程请立案折 ·············· 84

台湾设立西学堂招选生徒延聘西师立案折 ········· 86

天津中西学堂开办章程与功课设置 ············· 87

水师学堂请奖折 ························· 88

奏设珲春翻译俄文书院 ···················· 89

南洋水师学堂考试纪略（节选） ·············· 91

总理衙门议覆皖抚筹添学堂折 ··············· 91

岳麓书院新定译学会课程 ·················· 93

南洋公学章程 ·························· 94

盛宣怀奏陈设立译书院片 ·················· 97

陈南洋公学历年办理情形折 ················· 97

第三章　1902—1911 年的翻译教育 ················ 99

一、京师大学堂译学馆 ····················· 99

大学堂译学馆开办章程 ···················· 99

大学堂译学馆章程：学科程度配当表 ··········· 111

译学馆招生办法 ························ 113

畿辅近事：译学馆近事 ··················· 113

译学馆招考附学章程节要 ················· 113

京师译学馆招考章程 ···················· 114

奏为补考大学堂译学馆毕业学生分别请奖折 ······· 115

学部奏译学馆戊级学生拟准其随同丁级毕业折 ······ 116

【研究与资料】 ························· 117

译学馆沿革略 ························· 117

京师译学馆建置记 ······················ 118

记译学馆 ···························· 119

京师译学馆始末（节录） ················· 121

二、各省方言学堂 ······················· 127

民立南洋中学堂章程 ···················· 127

方言学堂报名踊跃 ·· 129

预备开办方言学堂 ·· 129

准拨方言学堂经费 ·· 130

江西省城设方言馆 ·· 130

学部奏各省方言学堂添招学生各办法片 ···················· 130

督宪端尚书南洋方言学堂开校勖诸生词 ···················· 131

吉林将军副都统附奏吉省设立满文专科片 ················· 131

江督端奏创设南洋方言学堂办理情形折 ···················· 132

广州将军寿署粤督岑奏优级师范学堂改造译学馆预备两馆仍请

　　归并改为两广方言学堂折 ······························ 133

学部奏核议湖北方言学堂仍照该省原议停办折 ············· 134

三、其他译学馆和专门学堂 ··· 135

直隶总督袁世凯拟订中学堂暂行章程（节录） ············· 135

钦定考选入学章程（节录） ································· 136

奏船政学堂培养翻译人才片 ································· 137

政务处奏变通会试事宜宗室翻译会试举人复试折片（节录） ··· 138

给事中陈庆桂奏请整顿广州译学馆折 ······················· 139

直隶学务处拟设翻译储才所详文（附第一期试办简章） ······· 140

学部奏议复八旗及驻防学堂特设满文专科折 ··············· 142

造就译才 ··· 142

保定译学堂招生简章 ·· 143

第四章　1912—1949 年的翻译教育 ······························· 144

一、抗战以前的翻译教育 ··· 144

朱将军陆军译学专修馆开馆训词 ··························· 144

陆军译学馆之学期试验 ····································· 145

中东译学馆定期开课 ··· 145

中东译学馆新开函授班 ····································· 146

中东译学馆增设面授班 ····································· 146

上海日语函授学校招生　分初高级及翻译三班 ··········· 146

二、抗战期间的翻译教育 ··· 147

沙磁译训班已开学上课 六百余大学生欣然应征 …………………… 147

沙磁译训班全部课程共分五类 ……………………… 147

北碚译员训练班包括三大学同学 ……………………… 148

征调译员声中中央大学一瞥 ……………………… 149

联大通译员本月初受训 ……………………… 149

译训班电四大学造应征学生名册 ……………………… 150

渝译训班已结束 学员按成绩分发 ……………………… 150

核定泰缅越语译员待遇 ……………………… 150

为盟国效劳 西文系同学充翻译员 ……………………… 151

军事委员会征调各专科以上学校学生充任译员修正办法 ……… 151

增加昆明译员训练班副食费 ……………………… 153

译员训练班第三期开学 ……………………… 153

军事委员会外事局考选翻译官简章 ……………………… 153

关于修毕四年级第一学期课程充任译员学生毕业及复学办法 ……… 154

译员留学出国期有待 ……………………… 155

在美留学三译员核给官费 ……………………… 155

译员与从军同学定期举行总补考 ……………………… 155

【研究与资料】 ……………………… 156

译员的征调问题 ……………………… 156

昆明的译员训练班 ……………………… 157

生活在译员军训班 ……………………… 158

三百六十行：远征军中的译员 ……………………… 161

赴京赶考记：追写译员留学试 ……………………… 162

《西南联大·昆明天上永远的云》记译训班 ……………………… 163

《正义报》记译员训练班 ……………………… 164

《抗日战争中重庆地区大学生集体应征服役记》记重庆
　　译员训练班 ……………………… 165

《抗战时期重庆的军事口译活动》关于重庆地区军事译员
　　培训的研究 ……………………… 165

第五章　翻译教育论说 ‥‥‥‥‥‥‥‥‥‥‥‥‥ 169

　马建忠拟设翻译书院议 ‥‥‥‥‥‥‥‥‥‥‥‥‥‥ 169

　论译才之难 ‥‥‥‥‥‥‥‥‥‥‥‥‥‥‥‥‥‥‥ 172

　论译学馆宜兼重国文 ‥‥‥‥‥‥‥‥‥‥‥‥‥‥‥ 173

　《近代中国教育思想史》记外语和翻译教育（节录） ‥‥‥ 174

　英语直接教学法与翻译教学法之比较 ‥‥‥‥‥‥‥‥‥ 181

　翻译法乎？直接法乎？——英语教学法商榷 ‥‥‥‥‥‥ 188

附录 ‥‥‥‥‥‥‥‥‥‥‥‥‥‥‥‥‥‥‥‥‥‥ 191

　《同文馆题名录》记历任提调 ‥‥‥‥‥‥‥‥‥‥‥‥ 191

　《同文馆题名录》记历任汉籍教习 ‥‥‥‥‥‥‥‥‥‥ 192

　《同文馆题名录》记历任英文教习 ‥‥‥‥‥‥‥‥‥‥ 194

　《同文馆题名录》记历任法文教习 ‥‥‥‥‥‥‥‥‥‥ 194

　《同文馆题名录》记历任俄文教习 ‥‥‥‥‥‥‥‥‥‥ 195

　《同文馆题名录》记历任德文教习 ‥‥‥‥‥‥‥‥‥‥ 196

　《同文馆题名录》记历任化学科洋教习 ‥‥‥‥‥‥‥‥ 196

　《同文馆题名录》记历任天文科洋教习 ‥‥‥‥‥‥‥‥ 196

　《同文馆题名录》记历任算学科洋教习 ‥‥‥‥‥‥‥‥ 196

　《同文馆题名录》记历任格致科洋教习 ‥‥‥‥‥‥‥‥ 197

　《同文馆题名录》记历任医学科洋教习 ‥‥‥‥‥‥‥‥ 197

　《同文馆题名录》记历任东文科教习 ‥‥‥‥‥‥‥‥‥ 197

　《同文馆题名录》记历任副教习 ‥‥‥‥‥‥‥‥‥‥‥ 198

　《同文馆题名录》记学生升途 ‥‥‥‥‥‥‥‥‥‥‥‥ 199

　《同文馆题名录》记学生升途 ‥‥‥‥‥‥‥‥‥‥‥‥ 205

　《同文馆题名录》记翻译书籍 ‥‥‥‥‥‥‥‥‥‥‥‥ 205

　历科翻译乡会试中额 ‥‥‥‥‥‥‥‥‥‥‥‥‥‥‥‥ 207

　历科各省驻防翻译乡会试中额 ‥‥‥‥‥‥‥‥‥‥‥‥ 214

　《江南制作局记》记广方言馆（上海同文馆）概况 ‥‥‥ 217

　上海广方言馆馆员和教习 ‥‥‥‥‥‥‥‥‥‥‥‥‥‥ 218

　广州同文馆馆员和教习 ‥‥‥‥‥‥‥‥‥‥‥‥‥‥‥ 222

京师、上海、广州同文馆部分学生离校后情况一览表 ·················· 224

湖北自强学堂馆员和教习 ······································· 230

主要参考文献 ··· 233

后记 ··· 235

第一章　1860 年以前的翻译教育

一、蒙古国子学与回回国子学

《元史》记蒙古国子学

世祖至元八年春正月，始下诏立京师蒙古国子学，教习诸生，于随朝蒙古、汉人百官及怯薛歹官员，选子弟俊秀者入学，然未有员数。以《通鉴节要》用蒙古语言译写教之，俟生员习学成效，出题试问，观其所对精通者，量授官职。

——《元史》，卷81，《选举志一·学校》，第 1148 页

《元史》记回回国子学

世祖至元二十六年夏五月，尚书省臣言："亦思替非文字宜施于用，今翰林院益福的哈鲁丁能通其字学，乞授以学士之职，凡公卿大夫与夫富民之子，皆依汉人入学之制，日肄习之。"帝可其奏。是岁八月，始置回回国子学。至仁宗延祐元年四月，复置回回国子监，设监官。以其文字便于关防取会数目，令依旧制，笃意领教。泰定二年春闰正月，以近岁公卿大夫子弟与夫凡民之子入学者众，其学官及生员五十余人，已给饮膳者二十七人外，助教一人，生员二十四人廪膳，并令给之。学之建置在于国都，凡百司庶府所设译史①，皆从本学取以充焉。

——《元史》，卷81，《选举志一·学校》，第 1148 页

---

① 编者注：此处"译史"指翻译人才。

【研究与资料】

《中国通史》记蒙古国子学和回回国子学

元代是各族人民互相交流十分活跃的时代。在人们日常生活、政府行政、文化交流等方面需要用语言进行交往，因此，元朝政府十分重视双语教育。一方面要使少数民族本民族语言不致"断绝"；另一方面又要使少数民族尽量掌握汉语，提高他们的文化素质，更好地处理日常事务。

元朝政府于至元六年（1269）八思巴蒙古新字颁行之后，在诸路置蒙古字学。八年（1271），立京师蒙古国子学，从随朝官员、怯薛歹、蒙古汉人官员家，选子弟俊秀者入学。命翰林院译《通鉴节要》为蒙古字习学。至元二十四年（1287），曾任过回回译史的中书省右丞麦术丁提出"亦思替非文书学的人少有。这里一二个人好生的理会得有，我则些少理会得。咱每后底这文书莫不则那般断绝了去也么？教学呵，怎生？"① 他的要求得到批准。二十六年置回回国子监学，从百官及富人子弟中选取生员。亦思替非文字是用于财政文书的特殊阿拉伯文字。蒙古国子学和回回国子监学培养了大量政府部门中的译史，为各族之间沟通语言起了不少作用。元朝统治者也非常重视蒙古、色目人掌握汉语。如蒙古人伯必之子阿八赤曾入蒙古学，真金太子问其读何书，阿八赤以蒙古书对，真金曰："我命汝学汉人文字耳，其亟入胄监。"（《元史·裕宗传》）顺帝子爱猷识理达腊初学畏兀体蒙古字，后入端本堂，由名儒李好文等教授《端本堂经训义》《大宝龟鉴》等汉文书，他善书法，也善诗。

为适应各族之间文化交流的需要，元代涌现了一批文字学家和翻译家。汪古人马祖常将《皇图大训》《承华事略》翻译为蒙古文（《元史·马祖常传》）。回回人察罕，精通中国历史典故，曾译《贞观政要》《帝范》为蒙古文，又译蒙古文《脱卜赤颜》为《圣武开天纪》《太宗平金始末》（《元史·察罕传》）。汉人鲍信卿是著名的蒙文专家，元贞初曾选编史传中的故事及时务切要者二百五十余条译为《杂目》，又编蒙古、畏兀儿语法为《贯通集》

---

① 原文注：《通制条格》卷五《亦思替非文书》。

《联珠集》《选玉集》等①。

——《中国通史》，卷8，《中古时代·元时期》（上），第605~606页

二、四夷馆与四译馆

《明会典》记四夷馆

凡四方番夷翻译文字。永乐五年，设四夷馆，内分八馆：曰鞑靼、女直、西番、西天、回回、百夷、高昌、缅甸。选国子监生习译。宣德元年，兼选官民子弟，委官为教师，本院学士稽考课程。后内阁委官提督。弘治初奏准，科目出身四品以上官二员提督，其官生公会，按月从本院印给，仍缴送稽考，及食粮授职，从吏、礼二部，奏会内阁，出题考试中否，仍从该部奏请施行。正德六年，增设八百馆；万历七年，增设暹罗馆。取本国人为教师，选世业子弟习学。

凡四夷馆习译监生子弟，旧例月支米一石，会官考试，一年，通习者与冠带，全不通者黜退。正统元年，奏定考中一等者冠带，为译字官，又一年再考中，授职。弘治三年奏准，子弟不许别图出身。三年后考中，食粮月给米一石；又三年考中冠带，为译字官；又三年考中，授序班职事。初试不中者，许再试。三试不中者，黜退为民。监生初入馆，照坐监例食粮；三年考中，食粮一石，家小粮仍旧；又三年考中，冠带；又三年考中，授从八品职事。三试不中者，送回本监别用，其曾习举业者，非精通译字，不准应试。八年奏准，子弟有愿科举者，考送顺天府应试。嘉靖元年令，译字生习学三年，会考不中，径黜为民；六年不中，给与冠带；九年不中，授应得职衔，俱回籍闲住，免其杂泛差徭；其有资禀年岁相应，尚堪作养者，听翰林院酌量，许其再试。二十一年题准，译字生初试译业精通者，照例食粮，习学办事；译业粗通、资禀年岁尚堪策励者，姑送馆习学，不许食粮，候三年满日再试；其译事差谬，习学无成，畏避考试，临考不到，与未经起送及原系纳贿夤缘者，俱革黜为民。

——《明会典》，卷221，《翰林院》，第4386~4387页

---

① 原文注：王祎：《鲍信卿传》，《王忠文公集》卷十七。

3

《明史》记四夷馆

（礼部主客清吏司）凡审言事，译文字，送迎馆伴，考稽四夷馆译字生、通事之能否，而禁饬其交通漏泄。凡朝廷赐赉之典，各省土物之贡，咸掌之。

——《明史·职官志一》，卷72，第1370页

提督四夷馆。少卿一人（正四品），掌译书之事。自永乐五年（1407），外国朝贡，特设蒙古、女直、西番、西天、回回、百夷、高昌、缅甸八馆，置译字生、通事（通事初隶通政使司），通译语言文字。正德中，增设八百馆（八百国兰者哥进贡）。万历中，又增设暹罗馆。

初设四夷馆隶翰林院，选国子监生习译。宣德元年（1426）兼选官民子弟，委官教肄，学士稽考课程。弘治七年（1494）始增设太常寺卿、少卿各一员为提督，遂改隶太常。嘉靖中，裁卿，止少卿一人。（按太常寺卿在南京者，多由科目。北寺自永乐间用乐舞生，累资升至寺卿，甚或加礼部侍郎、尚书掌寺，后多沿袭。至隆庆初，乃重推科甲出身者补任。译字生，明初甚重。与考者，与乡、会试额科甲一体出身。后止为杂流。其在馆者，升转皆在鸿胪寺。）

——《明史·职官志三》，卷74，第1409页

《清史稿》记四译馆

会同四译馆，满洲稽察大臣二人，部院司寺堂官内简派。提督馆事兼鸿胪寺少卿一人，礼部郎中内选补。掌治宾客，谕言语。汉大使一人，正九品。正教、序班汉二人，朝鲜通事官八人。六品、七品各二人，八品四人。

顺治元年，会同四译分设二馆。会同馆隶礼部，以主客司主事满、汉各一人提督之。四译馆隶翰林院，以太常寺汉少卿一人提督之。分设回回、缅甸、百夷、西番、高昌、西天、八百、暹罗八馆，以译远方朝贡文字。置序班二十人，十五年，定正教、协教各八人。康熙间省至九人，以一人管典务厅事。乾隆十三年，省典务一人，序班六人，额定二人。朝鲜通事官六人。后增十人。凡六品十人、七品六人。乾隆二十三年省六品四人、七品二人，增八品二人。后俱省。十四年，置员外郎品级通事一人，掌会同馆印。寻省。

乾隆十三年，省四译馆入礼部，更名会同四译馆。改八馆为二，曰西域，曰八夷，以礼部郎中兼鸿胪寺少卿一人摄之。光绪二十九年省。

——《清史稿·职官一》，卷 114，第 2233~2234 页

【研究与资料】

四译馆考

（孟，1940 年）

按清之四译馆，亦称会同四译馆，即明之四夷馆。其制起于隋唐之四方馆，隋置四方馆，东曰东夷使者，南曰南蛮使者，西曰西戎使者，北曰北狄使者，各一人掌其方国及互市事。唐因之，以通事舍人制其事，隶中书省。清沿明制，改四夷馆为四译馆。清初所掌凡三十余国，（朝鲜、琉球、安南诸国别，隶于大鸿胪）统以八馆列为东西。择师儒分馆教习，而设少卿董其事。康熙间，汉阳江蘩任少卿职，因撰是书，闻见亲切，稽考甚群，足为研究清初边事者之参考。书分十卷，卷一回回馆。附土鲁藩、天方、撒马尔罕、古城、日本、真腊、爪哇、满刺加。卷二西番馆。卷三暹罗馆。卷四高昌馆。附哈密、安定、阿端、曲先、罕东、鲁陈、亦力把刀、黑娄。卷五百译馆。附孟养、孟定、南甸、干崖、陇川、威远、湾甸、镇康、大候、芒市、者乐甸。卷六缅甸馆。卷七西天馆。卷八八百馆。附老挝、车里、孟艮。卷九卷十集字诗。系就各馆杂字中，比合连属，缀成韵语。本书各附存一二诗，并录其字及语音于本字之下。字分单复，体者纵横，悉仍其旧，于当时边地文字可见一班（斑）①。本书撰于清康熙三十四年。前游兰州，于旧书肆中购得之，乃初刊本也。

——载《边疆研究》（季刊），1940 年，第 1 期，第 45 页

三、清代翻译科举

《清史稿》记宗室子弟翻译科举

清顺治十年，八旗各设宗学，选满洲生员为师。凡未封宗室子弟，十岁

---

① 文中部分括注汉字为编者为方便读者，按现行汉语标准所加。

以上，俱入学习清书。雍正二年定制，左、右两翼设满、汉学各一，王、公、将军及闲散宗室子弟十八岁以下，入学分习清、汉书，兼骑射。以王公一人总其事。设总、副管，以宗室分尊齿长者充之。清书教习二人，选罢闲旗员及进士、举人、贡生、生员善翻译者充之。骑射教习二人，选罢闲旗员及护军校善射者充之。每学生十人，设汉书教习一人，礼部考取举、贡充之。三年期满，分别等第录用。十一年，两学各以翰林官二人董率课程，分日讲授经义、文法。乾隆初，以满、汉京堂各一人总稽学课，月试经义、翻译及射艺。九年，定每届五年，简大臣合试两翼学生，钦定名次，以会试中式注册。俟会试年，习翻译者，与八旗翻译贡生同引见，赐进士，用府属额外主事。习汉文者，与天下贡士同殿试，赐进士甲第，用翰林部属等官。十年，考试汉文、翻译，无佳作。谕曰："我朝崇尚本务，宗室子弟俱讲究清文，精通骑射。诚恐学习汉文，流于汉人浮靡之习。世祖谕停习汉书，所以敦本实、黜浮华也。嗣后宗室子弟不能习汉文者，其各娴习武艺，储为国家有用之器。"明年，定学额，左翼七十，右翼六十。二十一年，裁汉教习九人，改翻译教习。增骑射教习，翼各一人。嘉庆初，画一两翼学额，增右翼十名。定每学教习满三人，汉四人。十三年，两翼各增学额三十，足百名，为永制。

觉罗学，雍正七年，诏八旗于衙署旁设满、汉学各一，觉罗子弟八岁至十八岁，入学读书习射，规制略同宗学。总管王、公，春秋考验。三年钦派大臣会同宗人府考试，分别奖惩。学成，与旗人同应岁、科试及乡、会试，并考用中书、笔帖式。学额，镶黄旗六十一，正黄旗三十六，正白旗、正红旗各四十，镶白旗十五，镶红旗六十四，正蓝旗三十九，镶蓝旗四十五。满、汉教习旗各二人。惟镶白旗各一。

景山官学，康熙二十四年，令于北上门两旁官房设官学，选内府三旗佐领、管领下幼童三百六十名。清书三房，各设教习三人。汉书三房，各设教习四人。初，满教习用内府官老成者，汉教习礼部考取生员文理优通者。寻改选内阁善书、射之中书充满教习，新进士老成者充汉教习。雍正后，汉教习以举人、贡生考取，三年期满，咨部叙用。学生肄业三年，考列一等用笔帖式，二等用库使、库守。乾隆四十四年，许回子佐领下选补学生四名。嘉庆间，定额镶黄旗、正白旗均百二十四，正黄旗百四十，回童四。

咸安宫官学，雍正六年，诏选内府三旗佐领、管领下幼童及八旗俊秀者九十名，以翰林官居住咸安宫教之。汉书十二房，清书三房，各设教习一人，教射、教国语各三人，如景山宫学考取例。五年钦派大臣考试，一二等用七八品笔帖式。汉教习三年、清语骑射教习五年，分别议叙。乾隆初，定汉教习选取新进士，不足，于明通榜举人考充。期满，进士用主事、知县，举人用知县、教职。二十三年以后，不论年分（份），许学生考翻译中书、笔帖式、库使。定教习汉九人，满六人。宗学、觉罗学隶宗人府，景山学、咸安宫学隶内务府。诸学总管、教习等，类乏通才，经费徒糜。甚者黉舍空虚，期满时例报成就学生若干名而已。……他如世职官学，八旗及礼部义学，健锐营、外火器营、圆明园、护军营等学，皆清代特设，习满、蒙语言文字。

——《清史稿·选举一》，卷106，第2115~2116页

《清史稿》记翻译科举

初，太宗于蒙古文字外，制为清书。天聪八年，命礼部试士，取中刚林等二人，习蒙古书者俄博特等三人，俱赐举人。嗣再试之。顺治八年，举行八旗乡试，不能汉文者试清文一篇，再举而罢。康熙初，复行翻译乡试，自满、汉合试制举文，罢翻译科。雍正元年，诏八旗满洲于考试汉字生员、举人、进士外，另试翻译。廷议三场并试，满、汉正、副考官各二，满同考官四。诏乡试止试一场，或章奏一道，或"四书五经"量出一题，省汉考官，增誊录，余如文场例。嗣后翻译谕旨，或于《性理精义》及《小学》，限三百字命题。乾隆三年，令于翻译题外作清文一篇。七年，定会试首场试清字"四书"文，《孝经》《性理》论各一篇。二场试翻译。凡满洲、汉军满、汉字贡、监生员、笔帖式，皆与乡试。文举人及武职能翻译者，准与会试。先试骑射如例。蒙古翻译科，雍正九年，诏试蒙古主考官一，同考倍之。初令乡、会试题，俱以蒙字译清字"四书"、章奏各一道。乾隆元年，改译清文《性理》《小学》，与满洲翻译同场试，别为一榜。时应清文乡试者，率五六百人额中三十三名，应蒙文乡试者，率五六十人额中六名。原定翻译乡、会试迄年一次，然会试迄未举行。乾隆四年，以乡试已历六科，八月始行会试。中满洲二十名，蒙古二名，因人数无多，诏免殿试，俱赐进士出身，优者用六部主事。二十二年，以翻译科大率寻章摘句，无关翻译本义，诏停。四十三年，复行乡试，罢誊录对读。明年会试，向例须满六十人，是科仅四十七人，特准会试，免廷试，如四年例。自是每届三年，试否请旨定夺。五十二

年，更定乡、会试五年一次，然会闱自五十三年讫嘉庆八年，仅一行之，犹不足定例六十名之数。且枪冒顶替，弊端不可究诘。蒙文尝以不足七八人停试。虽诏旨谆谆勉以国语、骑射为旗人根本，而应试者终属寥寥。八年，从侍郎赓音请，复旧制三年一举以为常。二十四年，定乡、会覆试如文闱例。道光八年，罢翻译同考官，末年始有用庶吉士者。各省八旗驻防，初但应汉文乡、会试，道光二十三年，改试翻译，十人中一，三名为额。宗室应翻译试，自乾隆时始。别为一题，中额钦定。

——《清史稿》，卷108，《选举志三·文科》，第2154~2155页

八旗官学课程

现行事例

一、各学清册：凡八旗每学六馆各教习名下，分管学生若干名，均开明系某佐领下人，年若干岁，于某年月日挑补，读过经书几部，现读某书某处起止，其作文者或全篇或半篇，曾否应试，读过经书几部，古文、时文若干篇，诗若干首，并教习姓名及到学年月日期。于每年终，各造具清册一本，移交博士厅，汇造底册，存案备查。

一、新补官学生注书：凡官学生挑补到学，该助教查明现读何书，注册后移付博士厅，以备稽查。

一、查官学生功课册：凡各学教习将本名下学生功课逐日登记功课册，助教不时稽察，按季造册移付博士厅查核。如开载朦（蒙）混，将该教习记大过一次，该助教亦记过一次。

一、满洲馆常课：凡满洲教习每日教本馆学生以清书翻译，每月逢三八日出题，试翻译一道，或清字数行。次月初一日该助教移交博士厅汇总核实，初六日呈满洲堂官查阅。

一、蒙古馆常课：凡蒙古教习每日教本馆学生以蒙古书，每月逢三八日出题，试蒙古翻译一道，或蒙古字数行。次月初一日该助教移交博士厅汇总核实，初六日呈蒙堂官查阅。

一、汉馆常课：凡汉馆教习教各学生以经书文艺，每日常课有授书、背书、讲书、回讲、写字、默书诸事，备载于功课册。每月三八日出题，试文一篇、五言六韵诗一首，未能成篇者，令作半篇。次月初一日该助教移交博

士厅汇总核实,初六日呈满汉堂官查阅。

一、弓箭教习常课:骑射为八旗根本,各馆学生年十三岁以上者,学射步箭,十六岁以上者学射马箭,弓箭教习每日到学轮管教演。凡遇春秋二季考验,如有不能娴熟者,除将学生责惩革退外,该教习咨回本旗,该助教记大过一次。

一、满洲蒙古馆四季功课册:凡满洲蒙古馆官学生读书者,每日读满洲蒙古书若干行,记满洲蒙古话若干句。习翻译者除课期外,每日应读书若干行,记话若干句。量其资质之敏钝,定句数之多寡。各立功课簿,照实填注。该助教按四季造具清册,移交博士厅查核。

一、汉馆四季功课册:凡汉馆官学生初读经书者,量其资质,每日应读若干行,设立功课簿,逐日将所读之书,每处起止,按字数详细填注。报作起讲者,亦照此办理。其已作全篇者,另立功课簿,将读过经书,按部开写外,每月应读时文若干篇、古文若干篇、诗若干首,逐月将所读篇数详细填注。该助教按四季造册移交博士厅查核。

一、定期讲书:凡学生十三岁以上者,该教习于每日常课外,逢三六九等日,各拈经义数条,为之讲解,并令按期存记,堂官查学时挑令读讲。

一、查核课卷:凡三八日为作文之期,卷面书注月日及各学生姓名,该教习改正评定甲乙,该助教稽察名数,呈堂查核。

一、月课:凡八旗官学生于常课之外,助教、教习每月会课一次。汉馆学生作文一篇,蒙童背书一次;满洲、蒙古二馆学生各试翻译一道。又弓箭教习会同助教率领诸生出城校试步骑二射一次。

一、四季会课:凡官学月课之外,助教、教习按四季各会课一次,将试题及诸生名次造册付厅存案,并将所课之汉文翻译等卷,教习批点甲乙,令诸生领阅后,由助教将课卷合钉(订)一本,移交博士厅呈堂查阅。

一、季考:凡八旗官学生于春秋二季赴监会考各一次。各旗助教先期将本学现在作文学生几名、习翻译学生几名、优学生几名,开具清册,移付档房,不得含混漏送。至期,各旗助教率领各本旗学生清晨赴彝伦堂听候点名给卷,各按卷面上学号归坐(座),卷面填写旗分、姓名,习汉文者注明全篇、半篇,习满洲、蒙古文字者注明清书翻译、蒙古翻译等字样。汉文试以四书文一篇,五言六韵诗一首,满洲、蒙古文各试以翻译一道,优学生各背所读经书,汉文试卷送满、汉堂官公同阅看,清书翻译试卷专送满洲堂官阅看，蒙古翻译试卷专送蒙古堂官阅看，评定等第，张榜晓谕，优者量予奖赏，劣者面加训饬。其春秋考验各官学生骑射，亦由各该旗助教先期将本旗及岁学生学步射者几名、学马射者几名开具清册，至期各旗助教率领各本旗学生同赴射圃，听堂官亲往考试，助教呈册点名，先试步射，后试马射，堂官面定优劣，优者量予奖赏，劣者面加训饬。凡应入季考诸生，毋许托故不到，其有实在生病不能赴考者，助教先期呈堂，俟病痊补试。

一、奖赏：凡八旗学生春秋季考□□□□□有奖赏，应领纸笔墨刻等件□□□□□付钱粮处支领，发交到学，助教当堂分给□□，以示鼓励。①

一、拔补优学生：凡学生中无论现在读书作文有堪举优学生者，本馆教习报明助教，核实呈堂，于季考时面试后，定夺拔补。

一、优学生甄别：凡由作文并报翻译拔取之优学生，于春秋季考时，卷面加注优生字样。如果文理荒疏，字迹草率，取列三等者，即将所加之半分膏火银两行文裁除。其由背诵经书拔取之优学生，亦令随春秋季考当堂背书，如经书生疏或久经举优年岁已长，学业无加者，均行文该旗，将所加之半分钱粮裁汰，另选文艺清通、翻译明顺及年幼经书熟者拔补。

一、稽察官学：凡祭酒、司业稽察，各学助教、教习率领学生迎揖堂下，听候训诲，读书者挑背经书，作文者挑讲文理，或面试文艺；习满洲、蒙古文者，面试满洲、蒙古翻译。其有出色者记名，俟春秋季考时举优。如有气质庸劣、年岁过大、读书过少、难望成就并无故不到者，即行咨回本旗。倘助教、教习不早呈明，各记大记一次。

一、拨翻译馆：凡八旗各汉馆学生内有愿读清书者，助教看其年岁稍长、文义粗通，移付博士厅呈堂，准其入翻译馆改学翻译，如新补到学未曾读过经书，亦并未解文理字义者，不得遽行拨入翻译馆。

一、不准拨馆：凡教习报满，例应将名下所教学生交呈功课册，以验有无成效，一经改拨别馆，无从稽核。如在该馆教习将满一年之内，概不准其改拨。

一、改读经书：凡八旗官学生已报作文，未经全篇者，若文理不能长进，仍许改读经书，须将现读何书查明，移付博士厅注册，不得复以读过之书朦（蒙）混开载。其有已经考试报作全篇者，不准改读经书。

……

———————————

① 文中方框部分为史料中无法识别的文字。

一、学生缺课注册：凡官学生有因假及事故缺课者，由助教随时移付博士厅注册，以备查课。如有怠惰偷安，到学年余，毫无进境，或资质鲁钝，不能读及所限字数篇数，并无故旷课者，即将学生革退。倘助教、教习徇隐姑容，堂官查出，各记大过一次。

一、学生岁终甄别：凡每年封印前，助教查明各馆学生平日勤惰，回堂甄别，量予去留。如诸生中有汉文翻译清顺、经书娴熟者，开列名单呈堂存案，以便次年开印后面试。

——《中国近代教育史资料汇编·鸦片战争时期教育》，第 135~140 页

【研究与资料】

清代科举考试述录（节录）

翻译科为清代特定之科目，但亦本之于金之女直（即女真）进士科。金世宗大定四年，颁行女直大小字所译经书，兴女直字学校，择良家子为生徒，诸路至三千人，命师教以古书作诗策，创设女直进士科。初试策一道，限五百字以上，免乡、府两试，止赴会试、廷试，后增试论，遂谓之策论进士，因当时汉人有经文、词赋两科进士，故以策论别之。十一年，试中选者得徒单镒等二十七人，徒单镒并通契丹大小字及汉字，赅习经史，以之为教授，其学大振。二十年，定试三场考策诗，策用女直大字，诗用小字，并译作汉字程文，试期皆依汉进士例，得进士后补省令史，二十八年，复增经题论。章宗明昌四年令，女直进士及第后仍试以骑射，中选者升擢之，于汉人榜外另开一榜。若元之蒙古色目人，虽亦与汉人分试、分榜，但所试者仍为汉文，而蒙古文不试。则清之翻译科试满洲文与金同，而与元异者。按"清"与"金"音本相类，满洲初为部落之名，清文原作满珠，又称所属曰珠申，即古"肃慎"二字之转音。金之姓为朱理真，"朱""肃"叠韵，"理""真"合呼为"慎"，"朱理真"转音亦即"肃慎"。清与金皆居肃慎之地，实为同一民族。其设科之源于金，殆有然也。清翻译科专为满洲文、蒙古文与汉文之翻译而设，应试者以八旗士子为限，亦分童试、乡试、会试，与文武科相同。清初，满文与汉文相辅而行，故汉人之得庶吉士者，往往使之学习满文，厥后满人已同汉化，满文用处无多，而满人能通满洲语文者，亦日见其少，因有此科考试，为出身之阶梯，故旗人尚多肄习，以应当时政务之需要，一代

11

典制，是亦不可以不述者。

……

翻译一科，考试只限八旗，有满洲翻译与蒙古翻译，满洲翻译以满洲翻译以满文译汉文或以满文作论，蒙古翻译以蒙文译满文，而不译汉文，试法不同，中额亦分。清未入关前，于蒙古文字外，制为清书（即满洲文），天聪八年曾以此试习清书与蒙古书者，顺治以后仿文闱例，有童试、乡试、会试，兹为说明如下。

翻 译 童 试

顺治八年，定考试满洲、蒙古翻译，童试由礼部会同学政在贡院考取，十四年停止。雍正时复行考试，考满文者无论满洲、蒙古、汉军，考蒙文者限蒙古人。三年两考，岁试在八月，科试在五月，乾隆四十九年曾改为三年一考，嘉庆四年仍照旧例。考童向本部报告，分别满、蒙、汉军，由该旗佐领出具并无枪冒图结。都统先试马步箭，考取满、汉文通顺者，咨送顺天府候考官考试。所有考试事宜及试卷俱由顺天府办理。考试地点原在贡院至公堂、聚奎堂两处，嗣分编号舍，满文东，蒙文西，每一字号坐十人。派御史于前一日午后点名，令各领催当场认识以防枪替，并派内外监试、搜检、稽查、弹压各员。士子点入后，照卷面印号归坐（座），监试官查号、封号。考官满洲称学政，蒙古称学院，后称阅卷大臣。满洲翻译阅卷大臣一二人，于内阁、六部、都察院、翰林院、詹事府、通政司、满洲堂官学士及满洲大理寺等卿、国子监祭酒内题派；蒙古翻译阅卷大臣一人，于各部院寺蒙古堂官及国子监司业、内阁学士、各部院司员之通晓蒙文者题派。派出即行入场，有回避之子弟宗族姻亲扣除免考。满洲翻译，将汉字四书直解限三百字内为题，翻译满文一篇；蒙古翻译，于满字日讲四书内限三百字为题，翻译蒙古文一篇，题目钦命，由顺天府领送贡院刊刻散给。乾隆元年后，满洲翻译改于汉字性理小学内由南书房出题，或作满字论文二篇；蒙古翻译改于满文性理小学内由军机处出题，均于题后，由考官总论数语，一同翻译。只试一场，一日考毕，不许继烛。取中出案，用团式写座号，在聚奎堂复试，视人数多寡酌定名次。满洲翻译取进生员自四五十名至九十名不等，蒙古翻译取进生员自八九名至十三四名不等，无一定之名额。将原取试卷进呈，由礼部拆号填名写榜，交顺天府张挂。

乾隆十三年，定满洲翻译十余人取一名，共取进生员六十名，蒙古翻译每十人取一名，共取进生员九名，后沿为例。

各处驻防八旗翻译考试，始于道光二十三年。童生由该管将军、副都统、城守尉试马步箭后，定期照京旗例，出题局门考试，由将军等聘请本旗通晓满文员绅阅卷，凭文取进，榜贴将军等衙门前。取进试卷送部查核。五六人取进一名，不得过五名。唯荆州、成都两处考童逾一百名取进七名。自后议准定额五名外，一百一十人以上加一名，一百三十人以上加二名，一百五十人以上加三名，人数再增不逾八名之数，以示限制。余与京旗略同。

翻译乡试、会试共同规则

翻译乡、会试考试，在清未入关至顺治十四年停止考试之前，互见第二章第一节八旗科举条内。雍正元年，复行考试翻译，定乡试、会试均三年一次，别立翻译场，于子、午、卯、酉年乡试，辰、戌、丑、未年会试，恩科亦一体加科。二年十一月举行乡试，乾隆四年八月方举行会试，殿试虽有其例，但以历科中式进士只二十余名或十余名，人数甚少，迄未举行。初议乡、会试三场，嗣定乡试一场，会试二场，为永例。乾隆二十二年，以翻译科大率寻章摘句，无关翻译本义，停止乡、会试，唯生员仍准考试，以为考中书、笔帖式之阶。四十一年，以停止已二十年，近日善翻译者益少，定于四十三年戊戌八月考试翻译举人（是年因巡幸盛京改七月初），明年己亥三月考试翻译进士，与文武科场年分（份）日期两不相碍。五十二年，改为五年一次。嘉庆八年，仍改三年一次。以后乡、会试均照此办理，亦未再停。凡翻译生员举人与文武生员举人、现任笔帖式，均准应翻译乡、会试（同治元年停文武生员举人应翻译）。

考试日派御史于贡院东西砖门点名，点名册用汉字，该旗参领、领催于砖门外认识，并派王大臣搜检。考满文者在东文场，考蒙文者在西文场，每一字号，乡试分坐十人，会试分坐三人。试卷以官尺长一尺、宽四寸为准，初为四十七幅，后改三十五幅，仍嫌过多。乾隆四十三年，定卷前空白九幅，以八幅印草稿起止，余一幅弥封，誊真十六幅，共二十五幅。誊真之幅每页画红直线为五行，文誊于红线之上，实写四行，无横格。乡、会试考官，满洲派正副主考各一员同考官四员，蒙古派主考一员同考官二员（满、蒙同考官于道光八年裁撤）。试前于午门听宣如文闱例。定章于阁部院寺等满洲、蒙古官内题派，先选科甲出身者，不得其人，再选别项精通满、蒙翻译之员，略如童试。以礼部满洲侍郎一员，乡试为监临，会试为知贡举。后不另派，以文闱满洲监临接办。乡试以顺天府府丞为提调，会试以礼部满洲司官为提调，内外帘监试御史、入号巡查御史均满、汉各二员，弹压副都统一员。其余受卷、收掌、弥封各二员，封读三员，并管誊录事，于六部理藩院主事小京官及内阁中书、大理太常光禄各寺、国子监所属满洲蒙古官员内选派。后各员皆于文闱内酌量留用，不另选派。誊录、对读于六部衙门满洲蒙古笔帖式内选取，乾隆十年，改誊录于八旗领催内选取。后废誊录，对读停选。巡绰各官于旗员内酌派。供事书吏，乡试于顺天府会试于礼部咨取。此外，科场揭晓事宜照文闱例酌量办理。满洲编满字号，蒙古编蒙字号，汉军编合字号，蒙古考满文者编满蒙字号。弥封红号，贡监用皿字，生员用贝字，笔帖式用聿字。分别官民字号，回避官卷如文闱例。用笔初同文闱，乾隆四十三年，废誊录，同考官改用紫笔，内帘监试改用蓝笔，主考改用朱笔，四十五年，主考仍用墨笔。卷尾关防、拆号发榜、钤榜印信均照文闱。唯榜文兼写满、汉字，礼部于揭晓前一日，派满洲、蒙古笔帖式各二员入场填写，满洲、蒙古各为一榜。翻译乡、会试考期屡有更改，初另场考试，乾隆十九年，会试曾一度合文闱。嘉庆八年统归并文场，因乡试只考一场，故改为于文闱第三场点入考试。会试考两场，故于文闱第二场点入考头场，第三场点入考二场。旋复改于文闱三场后十八日入场考试。嗣考试又改在文闱揭晓之后，如乡试遇武会试相值年份，则于武会试揭晓次日举行。

主考阅卷初在午门内东西朝房。嘉庆九年，定每科翻译完场后，将红号簿试卷与宗室试卷，乡试由监临，会试由知贡举，钤用关防封固，交军机处请旨特派大臣校阅。乡试在文华殿直庐住宿，于殿内阅看，派满、汉御史各二员稽查。会试在内廷南书房等阅看，不派御史稽查。取中试卷连题目均行进呈。中式者各给建坊银，举人每名二十两，进士每名三十两，表里各一端。进士照文闱例谒孔庙行释褐礼。乡、会试初不复试，嘉庆二十四年，御史喻士藩奏，应试之人往往倩人枪替，而通晓翻译者以此牟利，近科竟有不能满语而冒滥取中者，因定照文闱例，乡、会试一律在内廷复试。于揭晓后，钦命试题翻译古今文一篇，派王大臣监试阅卷，并将乡、会试中式各卷交复试阅卷大臣核对笔迹；倘有不符者查究，欠通错误者罚科。乡试、复试合格者准与会试，三科内不复试停会试与铨选，会试、复试合格者引见授职。

　　宗室试翻译始于乾隆九年，中式者以会试注册，不经乡试；互见第二章第一节宗室考试条内。嘉庆六年，令宗室一律准考翻译乡、会试，同在贡院。应考者由宗人府先考验骑射。乡试造册送顺天府，会试送礼部。乡试另请钦命题，由顺天府领取。会试为满字四书文题一道，翻译题一道。四书题钦命，由宗人府府丞请领。翻译题考官出。均考试一场。试卷送八旗主考官同阅，弥封红号用宗字。乡试足二十人方准入场，中额临时钦定，约中四五名至七八名；会试足九人之数取中二名，十五人左右取中三名，不足九人停考。榜兼写满、汉字，在宗人府张挂。道光后，宗室应翻译试者甚少，咸丰十年，归并八旗同题考试，合并取中，试卷弥封不分字样。

翻 译 乡 试

　　乡试前必须录科，在京与直隶、奉天等处满、蒙、汉军之翻译生员、文生员、贡生、监生、荫生、天文生、中书、七八品笔帖式、小京官，先经各旗都统验看马、步箭合式者，造具名册送请录科。顺天府领请钦定题目，试卷由考试童生之阅卷大臣校阅，取列一、二、三等者准予新进生员一体乡试。卷面考生用汉字填写名字、年岁、三代、旗分及满洲、蒙古、汉军某佐领下翻译生文生等，与应满洲翻译或蒙古翻译字样，场期前十日赴提调处投卷。试期一场共三日，先一日点入，次日考试，后一日出场。满洲题目，四书满字论一篇，翻译汉字四书题一道；蒙古题目，翻译满字四书内题一道。乾隆时，均改于性理小学内出题，略如童试。中额初无一定，乾隆十三年，定满洲翻译举人中三十三名，蒙古翻译举人中六名。五十年，因应试人少，满、蒙均减中额。道光八年，以乡试满洲由五六百人减至一百三十余人，蒙古由五六十人减至二十余人；多寡悬殊，降谕申诫。中额满洲七八名，蒙古二三名，十七年后，应试者满洲更减至七八十人仅中四五名，蒙古更减至八九人仅中一名。二十年，蒙古应考者止六人，遂停蒙古乡试。

　　驻防八旗翻译乡试，始于道光二十三年，各归驻防之省份应考，应试资格与京旗同。由该管将军等在乡试三月前，先试马、步箭与录科。录科题目满洲用汉文一道翻满文，蒙古用满文一道翻蒙文，试卷题目纸一并解部以备核对笔迹。造具清册、投卷填写卷面，与京旗同。由本省布政司备办点名册与试卷。派佐领弹压认识考生，笔帖式人闱缮写题纸。其执事各官吏役人等及巡查供给各事宜，监临于文场内酌留数员办理。该省文闱三场后，十七日由监临点名入场，十八日发题考试，十九日出场。试题钦命，题目如京旗例。主考官在京起身前一日赴军机处领取，携带到省内帘密存；有考蒙古翻译者，题目一同带往，届期面交监临跪接拆封刊刻。试卷于场后次日连同题纸封固钤用关防，监临与将军会衔起解，限五十日到部，逾期不到者参处。礼部于各处试卷到齐后，奏派阅卷大臣在午门外朝房公阅，拟定名次进呈，发交礼部拆封填榜钤盖堂印，交兵部飞递各该省旗营张挂；中式卷存礼部。中额十人取中一名，过半者增一名，每处均不得过三名。

翻 译 会 试

乾隆二年，因自雍正初乡试，至是已历六科，举人有百余人，于四年己未八月举行翻译会试。满洲、蒙古、汉军翻译举人、文举人与由举人出身之笔帖式小京官等，各旗及兵部考试马、步箭，合式者均准会试。卷面用汉字填写名字、年岁等与乡试同，注明由某生中某年翻译乡试或蒙古或文乡试举人，有官者兼填官职，赴提调处亲书投呈。试期二场共六日。满洲题目，第一场试四书满字文一篇，孝经性理满字论一篇；第二场试汉字题翻译一篇；满字题钦命，翻译题主考出。蒙古题目钦命，用满字四书性理等书内一道为首题，用满字奏事一道为次题，翻译蒙文二篇。中额临时钦定，至公堂就入场人数查明送部，礼部并将上三届应试及取中数目，开单比较增减，以定取中名额，五六人取中一名。道光以后，京旗约中二三名，驻防约共中八九名，中式后复试，复试及格引见。俱赐进士出身，优者以六部主事即用，次者在主事上学习行走，余照文进士例选用，或择充咸安宫官学教习。同治以后，主事有不愿在部供职者，准呈请以知县截取分省或听部铨选。至蒙古之翻译举人进士则均分理藩院任用。会试不足六十人者停止考试，历届往往因此辍科。翻译既免殿试，故进士无用翰林之条，然满洲向例翰詹衙门缺出，内班翰林无人，用外班进士主事充补，是以翻译主事有转入翰詹缺者。及至大考，虽改试汉文论诗，不试赋题，但仍非所习，旋即降官。道光二十七年，以翻译为满洲本业，进士止用部属，升途较隘，因定引见后，优者简用翰林院庶吉士，每科约用一名或二三名，与文庶吉士同在庶常馆肄业专习翻译；派大教习出题督课，并添派通晓翻译小教习一员随时教习。下科散馆开单列名在本科文庶吉士之次，钦命翻译题一道。考列一、二等者授翰林院编修，三等者授翰林院检讨，作为内班，与翰詹各员一体升转。大考年仍令专考翻译，不试论诗。用庶吉士者只限满洲，倘是科考前列者为汉军，则少用或停用，汉军之不用庶吉士者，以无外班主事转入翰詹之例也。

驻防八旗满洲、蒙古、汉军翻译会试，由该处将军等于上年五月奉文后，查明应试人数，照乡试造具清册之办法，年内分送京旗转达礼部。应试举人于会试前一月到京，新中试者候复试，试卷弥封处用驻防戳记，另定中额，与京旗翻译试卷凭文统取以分高下，合为一榜，唯注明驻防字样。

——《清代科举考试述录》，第 185~210 页

第二章 1861—1901 年的翻译教育

一、北京同文馆

奕䜣等奏设总理衙门等事酌拟章程六条折

(1861 年)

钦差大臣恭亲王，大学士桂良、户部左侍郎文祥奏：

窃为夷情之强悍，萌于嘉庆年间，迨江宁换约，鸱张弥甚，至本年直入京府，要挟狂悖，夷祸之烈极矣。论者引历代夷患为前车之鉴，专意用剿。自古御夷之策，固未有外于此者。然臣等揆时度势，各夷以英国为强悍，俄国为叵测，而佛、米从而阴附之。窃谓大沽未败以前，其时可剿而亦可抚，大沽既败而后，其时能抚而不能剿；至夷兵入城，战守一无足恃，则剿亦害抚亦害。就两者轻重论之，不得不权宜办理，以救目前之急。

自换约以后，该夷退回天津，纷纷南驶，而所请尚执条约为据。是该夷并不利于我土地人民，犹可以信义笼络，驯服其性，自图振兴，似与前代之事稍异，臣等综计天下大局，是今日之御夷，譬如蜀之待吴。蜀与吴，仇敌也，而诸葛亮秉政，仍遣使通好，约共讨魏。彼其心岂一日而忘吞吴哉？诚以势有顺逆，事有缓急、不忍其忿忿之心，而轻于一试，必其祸尚甚于此。今该夷虽非吴、蜀与国之比，而为仇敌，则事势相同。此次夷情猖獗，凡有血气者无不同声忿恨。臣等粗知义理，岂忘国家之大计，惟念捻炽于北，发炽于南，饷竭兵疲，夷人乘我虚弱，而为其所制，如不胜其忿而与之为仇，则有旦夕之变，若忘其害而全不设备，则贻子孙之忧。古人有言，"以和好为权宜，战守为实事"，洵不易之论也。

……谨悉心参度，统计全局，酌拟章程六条，恭呈御览。恳请饬下行营王大臣公同商议。如蒙俞允，臣等即遵照办理，其余琐屑事务，并间有损益之处，随时再行奏闻。

一、京师请设立总理各国事务衙门以专责成也。查各国事件向由外省督抚奏报，汇总于军机处。近年各路军报络绎，外国事务，头绪纷繁，驻京之后，若不悉心经理，专一其事，必致办理延缓，未能悉协机宜。请设总理各国事务衙门，以王大臣领之。军机大臣承书谕旨，非兼领其事，恐有歧误，请一并兼管，并请另给公所，以便办公，兼备于各国接见。其应设司员，拟于内阁、部、院、军机处各司员章京内，满、汉各挑取八员，轮班入直，一切均仿照军机处办理，以专责成。俟军务肃清，外国事务较简，即行裁撤，仍归军机处办理，以符旧制。

一、南北口岸请分设大臣以期易顾也。……

一、新添各口关税，请分饬各省就近拣派公正廉明之地方官管理以期裕课也。……

一、各省办理外国事件，请饬该将军、督抚互相知照，以免歧误也。……

一、认识外国文字，通解外国言语之人，请饬广东、上海各派二人来京差委，以备询问也。查与外国交涉事件，必先识其性情。今语言不通，文字难辨，一切隔膜，安望其能妥协。从前俄罗斯馆文字，曾例定设立文馆学习，具有深意。今日久视为具文，未能通晓；似宜量为鼓舞，以资观感。闻广东、上海商人，有专习英、佛、米三国文字语言之人，请饬各省督抚挑选诚实可靠者，每省各派二人，共派四人，携带各国书籍来京；关于八旗中挑选天资聪慧，年在十三四以下者各四五人，俾资学习。其派来之人，仿照俄罗斯馆教习之例，厚其薪水，两年后分别勤惰，其有成效者给予奖叙。俟八旗学习之人于文字，言语悉能通晓，即行停止。俄罗斯语言、文字，仍请饬令该馆妥议章程，认真督课。所有学习各国文字之人，如能纯熟，即奏请以优奖，遮不致日久废驰（弛）。

一、各海口内外商情并各国新闻纸，请饬按月咨报总理处。以凭核办也。查新定各国条约，以通商为大宗，是商情之安否，关系地方最为紧要。嗣后新旧各口中外商情是否和协，如为钦差大臣耳目所不及者，即饬令各该将军、府尹、督抚按月据实奏报，一面咨报钦差大臣及通商大臣，不得视为具文，稍涉虚假。……应请一并饬下钦差大臣及通商大臣并各该省将军、府尹、督抚，无论汉字及外国字，按月咨送总理处，庶于中外情形了如指掌，于补弊救偏之道益臻详审。

——《筹办夷务始末·咸丰朝》，卷71，第17~26页

大学士贾桢等奏裁撤俄罗斯文馆①

同治元年七月二十五日（1862年8月20日）大学士贾桢等奏：……窃查总理各国事务衙门，于咸丰十年冬间奏准善后章程内，请旨饬令俄罗斯文馆妥议章程，认真督课等因，奉旨允准，嗣经内阁议奏，总理各国事务衙门专司各国事务，所有俄罗斯馆章程，请归并该衙门一体妥议办理，以昭划一，奉旨"依议，钦此"。

顷于本年五月，该衙门传集该馆助教、副教习、学生等到署，内额设学生二十四名，除悬缺未补八名及临时不到三名外，实到学生十三名，面加考试，该学生等并不熟习俄文，其助教二员、副教习三员内，亦祗国世春一人尚称稍通文义。臣等公同商酌，拟将该员咨送总理衙门，仍留原俸，在新设之学堂行走，其余助教一员，副教习三员，及已、未到学生共十六人，既学无成效，自未便虚糜廪饩，相应请旨裁撤；其学生所领马甲钱粮及该馆一切领项，自应一并裁去，以节糜费（靡费）。……嗣后俄国文字，即归并英、法、美三学，由总理各国事务衙门随时酌核办理。

——《筹办夷务始末·同治朝》，卷8，第35~36页

---

① 据郭琪（2022）研究称："康熙四十七年（1708年）三月初八日，康熙帝鉴于清朝与俄国之间的外交、贸易等往来活动日趋频繁，急需培养专业的俄语翻译人才，命令大学士马齐筹办俄语学校。三月二十四日，俄语学校正式成立，初称'俄罗斯学'，隶属内阁典籍厅，定址于东华门外北池子。康熙五十五年，改名为'内阁俄罗斯文馆'，由内阁直接管辖。俄罗斯文馆的俄语老师最早源于来华贸易的俄商，后由俄罗斯佐领、俄罗斯传教士及领班、俄罗斯学生等充任。俄罗斯文馆最早的语法教材是《俄罗斯翻译捷要全书》，俄国致清政府的信函、文件等也是参考教材。后因俄罗斯文馆的学生翻译水平较低，难以满足清政府的实际需求。同治元年（1862）七月二十五日，大学士贾桢上奏裁并，奉旨批准后，俄罗斯文馆正式解散，培养俄语翻译人才的任务则转由京师同文馆承担。"参阅：郭琪《清代内阁俄罗斯文馆学生翻译试卷》，载《历史档案》，2022年第4期，第2页。有关俄罗斯馆的研究较为翔实的资料见于张玉全撰《俄罗斯馆始末记》，收录于故宫博物院文献馆1944年编《故宫博物院十九周年纪念文献专刊》第49~61页。

恭亲王奕䜣等奏请设立同文馆折（附章程）

（1862 年）

同治元年七月二十五日（1862 年 8 月 20 日）恭亲王奕䜣等奏：……窃查咸丰十年冬间，臣等于通筹善后章程内，以外国交涉事件，必先识其性情，请饬广东、上海各督抚等分派通解外国语言文字之人，携带各国书籍来京，选八旗中资质聪慧年在十三四以下者，俾资学习。嗣遵筹未尽事宜，复经声明铁钱局除改作衙署外，尚有炉房修葺堪作馆舍等因，均经先后奉旨允准在案。

臣等行文两广总督、江苏巡抚，派委教习，并行文八旗，挑选学生去后，嗣据各该旗陆续将学生送齐，而所请派委教习，广东则称无人可派，上海虽有其人，而艺不甚精，价则过巨，未便饬令前来，是以日久未能举办。臣等伏思欲悉各国情形，必先谙其言语文字，方不受人欺蒙。各国均以重资聘请中国人讲解文义，而中国迄无熟悉外国语言文字之人，恐无以悉其底蕴。广东、江苏既无咨送来京之人，不得不于外国中延访。旋据英国威妥玛言及该国包尔腾兼通汉文，暂可令充此席。臣等令来署察看，尚属诚实，虽未深知其人，惟以之教习学生，似可无事苛求。因于上月十五日先令挑定之学生十人来馆试行教习，并与威妥玛豫为言明，祇学语言文字，不准传教；仍另请汉人徐澍琳教习汉文，并令暗为稽察。即以此学为同文馆。至应给修金一节，各国公使以为必需重资，方肯来教。而现在英国包尔腾，据威妥玛声称，本系在外教徒，尚有余资，若充中国教习，系属试办，本年祇（只）给银三百两，即可敷用。至明年如教有成效，须岁给银千两内外，方可令其专心课徒，俾无内顾之忧。臣等查外国人惟（唯）利是图，既令教习诸生，诸不得不厚其薪水以生其歆羡之心。至汉教习薪水，按照中国办法，现拟每月酌给银八两，将来应否加增，应由臣等随时酌办。

通计此项教习薪水及学生茶水饭食，服役人等工食，并一切零费，每年约需银数千两。近年部库支绌，无款动支，再四斟酌，惟于南北各海口外国所纳船钞项下酌提三成，由各海关按照三个月一结，奏报之期，委员批解臣衙门交纳，以资应用。此项向不解部，专备各关修造塔表、望楼及一切办公之用，今只酌提三成，于各关办公不致有误。如蒙俞允，应请即以奉旨之日为始，行文各海关遵照办理。至汉教习薪水，较之外国教习薪水厚薄悬殊，如教有成效，拟由臣等酌量奖励。其学生分别勤惰，以示惩劝。

臣等谨酌拟同文馆章程六条，恭呈御览，伏乞皇太后、皇上训示遵行。

再，俄、法等国语言文字，亦应一体学习，容俟觅有妥人教授，再行随时酌办，合并陈明。谨奏。

附章程

一、请酌传学生以资练习也。查旧例，俄罗斯文馆额设学生二十四名，今改设同文馆，事属创始，学生不便过多，拟先传十名，俟有成效，再行添传，仍不得逾二十四名之数。此项学生，臣等前在八旗中仅挑取二十名，除已传十名外，记名人数无多。将来传补将次完竣，应由八旗满、蒙、汉闲散内，择其资质聪慧、现习清文、年在十五岁上下者，每旗各保送二三名，由臣等酌量录取，挨次传补。

一、请分设教习以专训课也。查旧例，俄罗斯文馆准挑取俄罗斯佐领下另档之人令在教习巴克什上行走，巴克什亦准奏请作为主事。今所延英文教习包尔腾，只图薪水，不求官职。将来如广东、上海两处得人，应照咸丰十年奏定章程，由该省督抚保送来京充补。此缺系中国人充当，如果教授有成，自应酌量奏请奖励，每年薪水即不得援照外国人办理。至汉教习现系顺天人候补八旗官学教习徐澍琳充当。嗣后汉教习乏人，拟即由考取八旗官学候补教习内，仿照鸿胪寺序班定制，咨传直隶、河南、山东、山西四省之人，取其土音易懂，便于教引，仍取具同乡京官印结，在臣衙门投卷，试以诗文，酌量录取，挨次传补。月给薪水银八两。二年期满，如有成效，无论举贡班次，均奏请以知县用；再留学二年，准以知县分发各省归候补班补用。至将来学生增多，及觅有教授俄、法等国语言文字之人，此项中外教习，再行随时酌增，分堂教授。

一、请设立提调以专责成也。查旧例，俄罗斯文馆提调由内阁侍读学士、理藩院郎中、员外郎内拣选，专管学馆一切事务。今改设同文馆，无庸由内阁理藩院咨取，以归简易。应即由臣衙门办事司员中拣选满汉各一员，兼充该馆提调，所有馆务，责成该员等专心经理，如督课得力，遇有奖叙教习之年，一并奖励。专设苏拉三名，以备驱策，每名月给工食银二两五钱。

一、请分期考试以稽勤惰也。查旧例，俄罗斯文馆有月课、季考、岁试三项。月课则每月初一日，由该教习拟定文条，散给诸生翻译誊卷，该教习分别等第注册备查。季考则于二月、五月、八月、十一月之初一日举行，出题、等第，均如月课，惟试卷则呈堂裁定，始行注册。是月停止月课。至岁试则于每年十月初十日前，堂定日期面试，考列一等者赏给笔墨纸张，以示奖励，是月月课、季考均行停止。今改设同文馆，除遇有考试勿庸停止月课、季考外，其余一切均请仿照办理。惟所试之艺，现在甫经开学，于外国文字未必遽能熟悉，一年之内，应先用满汉文字考试，俟一年后学有成效，再试以各国照会，令其翻译汉文。

一、请限年严试以定优劣也。查旧例，俄罗斯文馆乾隆二十二年（1757）奏定五年由本馆考试一次，考取一等者授八品官，二等者授九品官，三等者留学读书。由已中等第内择其优者，堂委副教习。额设助教二员，由副教习内拣选，奏请补放。助教教导有方，奏请授为主事，分部遇缺即补，仍在馆行走。嗣于嘉庆八年（1803）经军机处、内阁具奏，改由吏部照各项考试之例，奏请钦派阅卷大臣在上谕馆考试，分别等第，升授如前，惟八品官考取一等者升授七品官，七品官复考一等者授为主事。又于道光十九年（1839）经吏部奏准，学生由七品官授为主事，遇缺班次过优，改为到部学习三年期满，与各项候补主事统较行走日期，以次挨补等因，各在案。今改设同文馆，臣等拟请每届三年，由臣衙门堂官自行考试一次，核实甄别，按照旧例，优者授为七、八、九品官等，劣者分别降革、留学，俟考定等第，将升降各生咨行吏部注册。其由七品官考取一等应授主事者，旧例因鼓励学生起见，准其遇缺即补，嗣经改为三年期满与各项候补主事统较行走日期以次挨补，自此升途稍隘，而学习者渐不如前。今欲令该学生等认真学习，拟仍照旧例办理，嗣后由同文馆考取七品官复考一等授为主事者，请仍准掣分各衙门行走，遇缺即补。至考试学生时，该助教等如果训导有方，亦应由臣衙门奏请以主事分部遇缺即补，仍兼馆行走。

一、请酌定俸饷以资调剂也。查旧例，俄罗斯文馆助教每年俸银八十两，七品官每年俸银四十五两，八品官每年俸银四十两，九品官每年俸银三十二两三钱，学生传补，咨旗坐补马甲钱粮。今改设同文馆，拟请仿照俄罗斯馆旧章办理，助教等俸银数目，均请悉仍其旧。现在部库各项支绌，未便由库支领，臣等酌拟此项放款，悉由奏拨各海关船钞项下支给。至学生钱粮，即照俄罗斯馆学生旧章，遇有本旗马甲缺出，照例坐补，以资调剂。

——《筹办夷务始末·同治朝》，卷8，第29~35页

恭亲王等奏请俄人柏林等任京师同文馆教习折

（1865 年）

同治四年四月初五日（1865 年 4 月 29 日）恭亲王等奏：臣衙门于同治元年七月二十九日具奏，遵议设立同文馆，挑选八旗学生，暂觅外国人教习语言文字，并传汉教习训课汉文，酌拟章程。内开汉教习月给薪水银八两，二年期满，如有成效，无论举贡班次，均奏请以知县用。再留学二年，准以知县分发省分，归候补班补用等语。并声明英文馆已于五月间开馆。汉教习系徐澍琳充当，英文教习系包尔腾充当。将来觅有教授俄、法等国语言文字之人，中外教习再行随时酌增，分堂教授等因。奉旨："依议。钦此。"钦遵在案。

嗣经觅得俄人柏林教习俄文，法人司默灵教习法文。并传八旗教习杨亦铭充俄文馆汉教习，张旭升充法文馆汉教习，均于二年三月初六日到馆。自到馆之日起，扣至本年三月初六日，二年期满，该教习等在馆课读，朝夕无间，自应照章奖叙，均请以知县用。如蒙俞允，即由臣衙门咨照吏部遵办。仍照章将杨亦铭、张旭升留学二年以资教习。俟此二年续经期满，查系始终不懈，即照章准其分发省分，归候补班补用，以符定章。

至英文馆虽开馆在先，因汉教习徐澍琳于二年九月初二日告退，续传曹佩珂到馆。扣至本年九月始满二年，应俟届期，再行办理。

御批："著照所请。该部知道。"

——《筹办夷务始末·同治朝》，卷 32，第 1~3 页

奕䜣等奏陈同文馆学生考试情形折

（1865 年）

同治四年十一月五日（1865 年 12 月 22 日）奕䜣等奏：……窃臣衙门于同治元年奏定同文馆章程内开，同文馆学生每届三年，由臣衙门堂官自行考试一次，核实甄别，按照旧例，优者授为七、八、九品等官，劣者分别降革留学，咨行吏部注册；其学生得官后，每年俸银由奏拨各海关船钞项下支给等因。查英文馆于元年五月间开馆，截至本年五月期满，本应即行考试。因

该馆外国教习屡次更换，学生功课难免作辍，于本年四月间附片陈明，展缓数月，俟法、俄文馆限期将满时，一律考试在案。

兹查法、俄两文馆学生学习三年限期将满，而英文馆已逾半年，自应将法、俄两文馆试期提前与英文馆一并考试，经臣等定期于十月十一日至二十日，按馆分日由臣等在大堂公同面试，并饬提调等在旁稽察，防其枪替等弊。初次考试，将各国配送洋字照会令其译成汉文；覆（复）试将各国条约摘出一段，令其翻成洋文。因洋文非臣等所习，特饬总税务司赫德与各馆外国教习会同阅看，分别名次高下。复恐各学生于外国文字虽能通晓，而语言未必娴熟，因再行复试，由臣等密出汉话条字，按名交该学生等令其翻成外国言语，隔座向外国教习侍讲，再令外国教习将学生言语译汉，写明两相核对。计共九日试毕。臣等将三次试卷条子，合并比较，其翻译各文虽未能通体贯串，亦尚有相符之处，外国言语亦多吻合。自应分别优劣，照章办理。惟查章程内优者授为七、八、九品等官，劣者分别降革留学。臣等公同商酌，现考前列学生，虽翻译尚无错误，然究属一知半解，于西洋文字未必全局贯通，若遽授为七品官，转恐该学生等视之太易，不复用心。兹酌拟优者分别为八、九品官，咨部注册，仍留馆学习；其余尚堪造就者，分别记优、记过、留馆学习；至劣者系初次考试，无可降罚，应行咨回本旗，所食甲缺钱粮，应由各该旗察其能否当差，自行酌核办理。

——《筹办夷务始末·同治朝》，卷 37，第 30~33 页

总理各国事务奕䜣等关于外国教习请奖片

（1866 年）

同治四年十二月初五日（1866 年 1 月 21 日）总理各国事务奕䜣等奏：再，同文馆延订外国教习，奏明每年给车马纸张费银一千两，由船钞项下动用。去冬岁考后，俄馆教习柏林面请酌加薪水。当经函覆，以此系定章，碍难允准；如将来各馆学生学有成效，彼时自当奏请奖赏等语。本年十月间，大考各馆学生，业经分别奏请奖叙在案。因思该外国教习前次岁考后既有酌加薪水之请，此次大考该学生等于外国语言文字又颇有进益，倘不量予奖赏，势必仍伸前说；若待其自行渎请，难保不所求甚奢，彼时再为酌给，该外国教习反或视为分所应得。又因三馆事同一律，未便歧视，因饬该馆提调等备

函嘉奖，每名酌送库平银二百两，明示以酬劳之意，即隐杜其贪得之心。该外国教习等于收受后，覆函致谢，尚无异词。

——《筹办夷务始末·同治朝》，卷38，第17~18页

总理各国事务奕䜣等奏派同文馆学生出国游历折
（1866年）

同治五年正月初六日（1866年2月20日）总理各国事务奕䜣等奏：窃查自各国换约以来，洋人往来中国，于各省一切情形日臻熟悉，而外国情形，中国未能周知，于办理交涉事件，终虞隔膜。臣等久拟奏请派员前往各国探其利弊，以期稍识端倪，藉资筹计。惟思由中国特派使臣前赴各国，诸费周章，而礼节一层，尤难置议，是以迟迟未敢渎请。兹因总税务司赫德来臣衙门，谈及伊现欲乞假回国，如由臣衙门派同文馆学生一二名随伊前往美国一览该国风土人情，似亦甚便等语。臣等伏思同文馆学生内有前经臣等考取奏请授为八九品官及留学者，于外国语言文字均能粗识大概，若令前往该国游历一番，亦可增广见闻，有裨学业，且系微员末秩，与奏请特派使臣赴各国通问体制有间，又与该总税务司同去亦不稍涉张惶，似乎流弊尚少。

惟该学生等皆在弱冠之年，必须有老成可靠之人率同前去，庶沿途可资照料，而行抵该国以后，得其指示，亦不致因少不更事，贻笑外邦。兹查有前任山西襄陵县知县斌椿，现年六十三岁，系内务府正白旗汉军善禄管领下人，因病呈请回旗，于咸丰七年在捐输助赈案内加捐副护军领衔，前年五月间经总税务司赫德延请办理文案，并伊子笔帖式广英襄办，年余以来，均尚妥洽，拟令臣衙门劄（札）会该员及伊子笔贴式广英同该学生等，与赫德前往，即令其沿途留心，将该国一切山川形势，风土人情，随时记载，带回中国，以资印证。

据赫德声称，此行往返不过七八月即可回京，川资等费，均由该总税务司先行垫用，俟将来回中国后核呈清帐（账），由臣衙门于三成船钞项下照数给发；其整装银两，应于该官生等起程（启程）之前，统由船钞项下酌量给予。

惟该官生等远涉重洋，所有副护军参领衔前襄陵县知县斌椿，可否赏给三品衔，作为臣衙门副总办官，及伊子笔帖式广英，并考取八九品官之同文

馆学生凤仪、德明二名，均赏给六品顶戴，其未经授官之彦慧一名，赏给七品顶戴，以壮观瞻，暨应否如此办理之处，统候圣裁。

——《筹办夷务始末·同治朝》，卷 39，第 1~2 页

总理各国事务恭亲王奏请徐继畬任总管同文馆事务大臣①
（1867 年）

查臣衙门现议添设学习天文算学馆，咨取进士、举人，恩、拔、副、岁、优贡生，并翰林院庶吉士、编修、检讨，及由前项出身之京外各官，考试录取留学，业经条议章程，奏奉谕旨准办在案。

惟查臣衙门前设学习英、法、俄国语言文字各馆，均设洋教习一员，专司讲译；此外各设汉教习一员，兼课汉文，令该学生等奉以为师。现在学习天文算学之员，均系已成之材，汉文无不通晓，汉教习自可不设，但亦必须有群情宗仰之一人，在彼指引开导，庶学者有所禀承，否则该馆只有洋人讲贯，而中国无师表之人，恐来学者竟疑专以洋人为师，俾修弟子之礼，未免因此裹足。臣奕䜣与臣文祥、臣宝鋆、臣董恂、臣崇纶公同商酌，惟有臣徐继畬老成望重，品学兼优，足为士林矜式，拟请旨饬派徐继畬作为总管同文馆事务大臣，以专稽查而资表率。

——《筹办夷务始末·同治朝》，卷 47，第 7~8 页

奕䜣等奏请选拔通西文西语学生片
（1867 年）

同治六年九月十五日（1867 年 10 月 12 日）总理各国事务奕䜣等奏：再，臣衙门添设同文馆，招考天文算学一事，业于本年五月二十日在臣衙门将投考各员扃试，酌取三十一名，当经具奏并将试卷进呈在案。

---

① 同治六年正月二十一日（1867 年 2 月 25 日）上谕：总理各国事务衙门奏请派员充总管新设同文馆事务大臣等语。太仆寺卿徐继畬，老成望重，足为士林矜式，著仍在总理各国事务衙门行走，充总管同文馆事务大臣。惟寺务恐难兼顾，著开太仆寺卿缺，以专责成，而资表率。钦此。——《筹办夷务始末·同治朝》，卷 47，第 7~8 页。

惟思所取各员，仅长于中国文理，而于西文、西语未尝学问，即使所延洋人亦通中国语言文字，究恐讲解尚多隔阂。因查同治二年二月暨三年七月，升任江苏巡抚李鸿章奏请仿京师同文馆之例，在上海设立外国语言文字学馆，臣衙门奏覆广东开设教习外国语言文字学馆，具经声明，如有精通西文西语才识出众者，调京考试，授以官职，均蒙俞允行令遵照在案。兹查上海、广东两处所设学馆已阅三年，其中子弟所学即或未能深粹，而通其语言文字者谅不乏人。臣衙门开馆伊迩，若于该学生中择其已有成效者咨送来京考试，与臣衙门本年所考各员共为讲解，必可得力。应请旨饬下上海通商大臣、两广总督、广东巡抚，将各该处所立外国语言文字学馆内择其已有成效者，每省酌送数名来京考试，以便群相研究，俟有成效，果系才识出众，即由臣等酌请奖励，授以官职，俾资鼓舞。

——《筹办夷务始末·同治朝》，卷50，第35~36页

奕䜣等奏请甄选同文馆学生片

（1868年）

同治七年五月二十三日（1868年7月12日）总理各国事务奕䜣等奏：再，查臣衙门设立同文馆，原拟遴举聪颖之士，精习泰西语言文字，递及步算测量。乃当未经开馆之先，谣诼群兴，为所惑者不无观望，彼时投考诸人，品流不一，经臣等勉强考试，录取三十人，开馆肄业。今年五月十二日，复查照奏定六个月再行考试章程，令该学生等在本署大堂当面出题考校，其真尚堪造就者不过数人，若再一律留馆，非特优劣无从区别，而一切膏火薪水徒供哺馐，亦属所费不赀。臣等公同商酌，除将经半年毫无功效之学生等立予撤退外，其李逢春等十人，察其所业既有肯认真，自当加以勉励，令其在馆朝夕讲求。但人数过少，拟令该学生等与旧在同文馆内八旗俊秀同在一馆，俾资探讨。查教习天文算学之英国人额布廉、法国人李弼谐，本系兼八旗俊秀教习，现在暂归一处，既更便于稽察，亦不旷误课程。臣等仍督率各教习等，悉心启导，断不稍涉迁就。一俟将来招考人数渐多，再行分别办理。总期事非虚应，学有成功，用副朝廷选拔真材、宏济艰难之至意。……

——《筹办夷务始末·同治朝》，卷59，第35~36页

奕䜣等奏请同文馆接收并回赠法国使臣书籍片

（1872 年）

同治十一年十月二十三日总理各国事务䜣等片：再，本年八月二十六日，法国使臣热福理来函称：法国文学苑今备书籍，以备同文馆肄业泰西文字之用。"并述及"中华喜窥泰西之事理，犹泰西喜窥中国之景物，深冀留纳此书，彼此互读，则友谊日厚。"由该国翻译官德微理亚送交同文馆查收。旋据同文馆总教习丁韪良申陈，现经收得书籍一箱，计一百八十八本，申请查照，等因。

臣等查同治七年，美国使臣劳文罗期以书籍、谷种备进，当经行查理藩院仿照道光年间颁赏俄罗斯国经卷成案，由臣衙门购买中国书籍、谷种，交美国使臣祗领等情，于八年五月奏明在案。此次法国使臣热福理函送书籍，由该国翻译官德微理亚转交同文馆总教习丁韪良查收，与美国事同一律。臣等检阅法国使臣信函，系以该国书籍呈换中国书籍，意颇恪恭向化，自未便受而不答。臣等当即查照前案，由臣衙门觅备书籍十种，装成一百一十部。又据同文馆总教习丁韪良述及中国圣谕广训，大为外国钦重，曾经翻译洋文等语，兹复添备一部，一并就近交丁韪良发交该使臣倾讫，以示酬答。

除将购办书籍价银由臣衙门归并年终奏销办理外，谨钞录法国信函一件、丁韪良申陈一件、臣衙门给法国信函一件，并书籍卷目，另缮清单，恭呈御览。

照录法国热福理来函

迳启者：法国文学苑之意，为鼓励贵国同文馆之肄业生童习本国之经文诸史，今备书籍数部，即希查收，以备该馆之用。因念诸贵大臣喜窥泰西之事理，犹本大臣等喜窥中华之景物，深冀留纳此书，于心殊深欢畅矣。彼此互读，亦彼此相认，则两国之友谊日易矣。现在本署德（的）翻译官系本国同文馆办外之司业，是以由其手将书籍送上。此达顺颂日祉。

照录管理同文馆事务总教习丁韪良申呈

为申呈事：窃法国京都有大学院，专为肄习东方语言文字而设。该学闻中国设立同文馆，讲习西国文字，欣将其书之精要者，由热钦差寄来，转令翻译官德送交本馆，以为往来交际之谊，以助参互考订之用。现经本总教习收得书籍一箱，计一百八十八本，内详化学、医学、格物、算学、地理、农田、兵法等事以及该国字典、诗史等书，实与本馆学问有裨。合将收到缘由，申请查照办理可也。须至申呈者。

照录给法国热福理函

迳覆者：前接贵大臣来函，并见赠书籍一箱，由丁总教习交收，藉（借）睹奇编，备征雅意。今本大臣等购备中国书籍，计康熙字典六套、御选唐诗四套、钦定词谱四套、皇清经解四十套、十三经二十套、昭明文选两套、朱子全书六套、古文渊鉴六套、渊鉴类函二十套、唐宋八家帖两套，亦就近交丁总教习转致，聊申报李之意。再据丁总教习云，中国圣谕广训，久为外国钦重，曾经翻译洋文，兹并备一部，统交丁总教习转交，希查明检收是盼。此布即颂日祉。

——《中国近代史资料丛刊·洋务运动 2》，第 57~59 页

京师同文馆分年课程表

（1876 年）

肄业诸生其各项课程，均有次第可循，由洋文而及诸学，共须八年。［馆中肄习洋文四种：即英、法、俄、德四国文字也。其习英文者，能藉（借）之以及诸课，而始终无阻；其余三国文字虽熟习之，间须藉（借）汉文以及算格诸学。］

首年：认字写字，浅解辞句，讲解浅书。

二年：讲解浅书，练习文法，翻译条子。

三年：讲各国地理，读各国史略，翻译选编。

四年：数理启蒙，代数学，翻译公文。

五年：讲求格物，几何原本，平三角、弧三角，练习译书。

六年：讲求机器，微分积分，航海测算，练习译书。

七年：讲求化学，天文测算，万国公法，练习译书。

八年：天文测算，地理金石，富国策，练习译书。

以上课程，惟汉文熟谙，资质聪慧者，可期成就，否则年数虽加，亦难望有成。至西语则当始终勤习，无或间断；而天文、化学、测地诸学，欲精

其艺者，必分途而力求之；或一年，或数年，不可限定；此其大纲。至于细目，仍宜与各馆教习随时体察，酌量变通可也。

其年齿稍长，无暇肄及洋文，仅藉（借）译本而求诸学者，共须五年。

首年：数理启蒙，九章算法，代数学。

二年：学四元解，几何原本，平三角、弧三角。

三年：格物入门，兼讲化学，重学测算。

四年：微分积分，航海测算，天文测算，讲求机器。

五年：万国公法，富国策，天文测算，地理金石。

至汉文经学，原当始终不已，故于课程并未另列。向来初学者每日专以半日用功于汉文，其稍进者亦皆随时练习作文；至于医学未列课程者，盖非诸生必由之径，或随时涉于体骨等论，以广学识，或俟堂宪谕令而专习之皆可。

——光绪五年（1879 年）刊《同文馆题名录》，第 18~23 页

京师同文馆考课章程
（1879 年）

考试有月课、季考、岁试之分，月课季考，于月终举行，岁试于封印前举行。月课季考用二日，提调、总教习等监场；岁试用三日，堂宪监场。月课例给花红银三十二两，季考例给花红银四十八两，岁试例给花红银七十二两。夏季增汉文课，每月例给花红银八两。岁试、季考则酌量课业之进退而增减薪水。大考每届三年举行，优者保升官阶，次则记优留馆，劣者除名。

——光绪二十四年（1898 年）刊《同文馆题名录》，第 1~3 页

光绪七年堂谕：选拔同文馆学生派充随同出洋作翻译官
（1881 年）

光绪七年（1881）奉堂谕：同文馆额设学生学习西语、西文，藉备翻译。现在各馆学生有派充随同出洋作翻译官者，其分别等次，差内开缺，差回作应补班序补各节，均已立有章程，自可永远照办。惟思随同出洋一事，所关甚巨，必须资格较深，考试前列及品行端谨之人，始堪充选。其年分（份）

尚浅，造诣有限各学生均不准其随同出洋。遇有出使大臣调取时，由本衙门随时核定，用昭慎重，著永作定章。特谕。

——《同文馆章程及续增条规》，第 131 页

光绪九年堂谕：择优派定同文馆学生在馆住宿以备翻译

（1883 年）

光绪九年（1883）三月奉堂谕：查前馆各学生向来不住馆者太多，遇有署中应译要件，恐兹遗误，所关匪轻。著该提调等于英、法、俄、布文馆内，择优派定十六人，令按五日为一班，每班八人在馆住宿，以备翻译，不准托故旷误。特谕。

——《同文馆章程及续增条规》，第 133 页

掌广东道监察御史陈锦奏请撤销同文馆后馆片

（1883 年）

光绪九年（1883）六月二十一日掌广东道监察御史陈锦奏折附片二：再，同文馆后馆，专调八旗少年子弟在彼学习。乃开馆多年，而通晓洋文、汉文者寥寥无几，殊属有名鲜实。且例无薪水，既乏糊口之资，安能尽心于学？今若议加津贴，而库储支绌，经费指拨维艰。审处熟思，与其留馆肄业，误子弟有用之聪明，何如归旗读书，储国家无方之贤俊！况值整顿旗学风矩，严明造就，尤自易易。可否撤销后馆，饬该子弟各归各旗，实图进取之处，伏候圣裁。

——《中国近代史资料丛刊·洋务运动2》，第 62 页

奕劻等奏请推广招考满汉学生折

（1885 年）

光绪十一年九月初三日（1885 年 10 月 10 日）总理各国事务奕劻等奏：窃查臣衙门奏定章程，同文馆学生向由八旗咨取年在十三四岁以下幼丁，由臣等面试，择其天资聪明者，记名挨次传补，分馆肄业。其用功奋勉、学有

成效者，拨入前馆，保奖职衔，以备随带出洋，派充翻译之选。如有性情懒惰，不堪造就者，随时咨回本旗，不得滥竽充数。节经照章分别办理各在案。

兹据总教习丁韪良呈称："前次考取学生，现已传补完竣，应请出示招考，并拟推广办法，藉（借）可收效加倍"，开具节略，呈请核办前来。臣等逐条参酌，如所称招考八旗幼丁，请咨取汉文粗通者送馆肄业，及招考满汉有功名者，其中必有奇才各节。臣等查同文馆自同治元年设立以来，迄今二十余年，向由八旗咨取十三四岁以下幼丁，分馆学习，於（于）洋文洋语尚能识认通解。惟年幼学浅，于汉文义理本未贯串，若令其以洋文翻译汉文，功夫分用，速效难期。若再令讲求天文、算学，更恐博而不专，迄无成就。臣等公同商酌，现拟推广招取满汉年在十五岁以上、二十五岁以下、文理业已通顺者，取具本旗图片及同乡官印结，递呈投考，仍由臣等试以策论，择其文理可观者录取，挨次传补，庶可事半功倍，有裨实用也。至招考满汉之有功名者一节，臣等查同治五年臣衙门奏设天文算学，招取满汉举人及恩、拔、副、岁优贡，嗣因正途投考者寥寥，经臣衙门於（于）同治六年五月间就现在投考之正杂人员录取试卷，恭呈御览后，即将取中各名送馆肄业，并调派浙江贡生李善兰在将取中各名送馆肄业，并调派浙江贡生李善兰在馆教习。十余年来，索隐探微，穷格奥奥，于梅文鼎、江永等之绝学，渐能通晓。惟近年以来，各该学生，或随带出洋，或升迁外省，及调赴沿海各处差委，现在留馆派充副教习者仅有翰林院庶吉士汪凤藻、兵部郎中席淦、内务府郎中贵荣数人。臣等现拟招考满汉之举贡生监，如有平日讲求天文、算学、西国语言文字，不拘年岁，准其取具印结、图片，一律收考。诚以取进之途一经推广，必有奇技异能之士出乎其中。华人之智巧聪明岂必逊于西人，倘能专精务实，洞悉根原，遇事不必外求，其利益实非浅鲜。如蒙俞允，再由臣等咨行各衙门钦遵办理。……

——《中国近代史资料丛刊·洋务运动 2》，第 63~64 页

奕劻等奏招考满汉学生情形折

（1886 年）

光绪十一年十二月二十五日（1886 年 1 月 29 日）奕劻等奏：窃臣等于

本年八月初二日，奏请推广招考满汉学生折内，声称同文馆学生向由八旗咨取十三四岁以下幼丁，分馆学习，于洋文、洋语尚能识认通解。惟年幼学浅，于汉文本未贯串，若令以洋文翻译汉文，功夫分用，速效难期。现拟推广招考年在十五岁以上、二十五岁以下、文理业已通顺者，庶可事半功倍；并于折内声称，前于同治五年奏设天文、算学，招取满汉正杂人员，送馆肄业，迄今十余年以来，各该学生或随带出洋，或升迁外省，及调赴沿海各处差委，在馆人数无多，拟将满汉举贡生监及平日讲求天文、算学、化学、洋文者，不拘年岁，一律收考，以期有裨实用各等语，均蒙谕旨允准，钦遵在案。

查自出示招考后，投考者颇不乏人。臣等于十一月二十六、七、八、九等日，分期考试。计应试者三百九十四名，试以策论、四书文，认真考校，将各生试卷公同阅看，取其文理通顺及粗通天文、算学、化学、洋文者，选择一百五十名，于十二月初八日覆（复）试，详加甄录，共取汉文八十名，幼童虽未全篇而文理明顺者十名，天文二名，算学十二名，化学三名，翻译洋文一名，共一百八名，以备送馆肄业。

——《中国近代史资料丛刊·洋务运动2》，第65~66页

同文馆学生薪水膏火

（1887 年）

同文馆既系为国家培养人才而设，则入馆学生向例按等给予膏火薪水。其入后馆肄习洋文者，俟甄别留馆、学堪造就，月给膏火三两；俟学有成效、选拔前馆，月给膏火六两；越数年课业颇有进益，则增至十两；更择其优长者举充副教习，月给薪水十五两。至选派出洋充翻译学生者，月给薪水一百两；充三等翻译官者，月给薪水二百两；余随升阶渐增，以昭激劝。

——光绪十三年（1887 年）刊《同文馆题名录》，第32页

奕劻等奏请遴选学生充当翻译官片

（1888 年）

光绪十四年六月二十二日（1888 年 7 月 30 日）总理各国事务衙门奕劻等

奏：查近年馆生多有奉派随使出洋，襄办翻译。原于光绪十四年六月二十二日，本署奏请添设翻译处，凡奉差旋华，择其优者，俾充其选。乃以张德彝、沈铎充补英文翻译官，恩光充补德文翻译官，旋以塔克什讷充补俄文翻译官，联涌充补法文翻译官。

再，臣衙门同文馆奏定章程，遴选学生内通晓洋文者，作为七、八、九品翻译官，原以资谙习各国语言文字，储为舌人之选。比年该翻译等学有成效者，颇不乏人，或调往边界，或奏带出洋，均能奉差无误。俾疆吏、使臣各收指臂之益。至臣衙门办理交涉事务甚繁，翻译尤为紧要，必须于外洋情形阅历较深者，方资得力。臣等公同商酌，拟添设英、法、俄、布文翻译官，正、副各一员，于曾经出洋充当参赞、翻译差满回京者拣选派充，如人数不敷拣选，任缺无滥。此项翻译官遇有各国使臣到署会晤时，即令随同传宣问答之词，兼充翻订（译）华、洋文字之职。如无遣（遗）误，仍照章每届三年给予奖励一次。至该翻译等逐日趋公，亦应量给俸薪，再由臣衙门随时酌核定数发给。是否有当？理合附片陈明，伏启圣鉴训示遵行。

——光绪二十四年（1898 年）刊《同文馆题名录》

管理同文馆事务曾纪泽等奏禀同文馆情况折

（1889 年）

光绪十五年十一月初二日（1889 年 11 月 24 日）管理同文馆事务曾纪泽等奏：……十月二十六日，由军机处交出军机大臣面奉谕旨："前经总理各国事务衙门奏，现在交涉事务较前倍多，翻译语言文字最关紧要，请派员专管同文馆以资训练，当派曾纪泽、徐用仪总理其事。现已数月，整顿情形若何？著该大臣等即以覆奏。钦此。"跪读之余，曷胜惶悚。

窃惟同文馆一切事宜，叠经臣衙门酌定章程，具有条理。所虑教习、学生日久懈弛，渐蹈因循积习。整顿之法，不外遵守旧章，认真督责，不使稍有旷废，业精于勤，实为造就人才之要。又臣等自奉命管理以来，当即督饬提调等，逐日稽查课程，不稍宽假。月课、季考，严加甄别，以膏火之厚薄，为考课之劝惩。臣等并随时与总教习丁韪良，将在馆学生详细评□。其中禀赋不一、或有语言与文字兼长者，是为上等；或有文字通晓而语言稍钝者次之；又有语言明爽而文字不甚通顺者又次之。大都聪颖者，到馆数年已有可观，拙钝者虽在馆年久亦难期长进，而性情之勤惰又不能一致，是以同一功课，而收效迟速往往悬殊。臣等察其姿（资）质平常、不堪造就、先后咨回者，已有十数人。现在学生中，除随同出洋及调往黑龙江、新疆、天津学堂等处差遣外，实计在馆者一百十余名：内英文最优者十余人，法文最优者五六人，俄文最优者三四人，布文最优者一二人。缘西洋各国通行英法文字，故以此二国文字为最有用，学生中习此者名数较多。其中兼习天文、算学较优者数人。此外质地较优、学未精熟者有二十余人。其余皆到馆未久，年纪较轻，尚须诵读经书，学习洋语，循序前进者，但期历久不懈，日计不足，月计有余，亦必有可造之材（才）。

察看现在情形，汉洋教习尚属专心教导，在馆学生亦能遵守学规，不至旷误。臣等惟有尽心督率，加意讲求，随时奖勤惩惰，以期日进有功，副圣主循名责实之至意。……

——《中国近代史资料丛刊·洋务运动 2》，第 68~69 页

光绪十五年堂谕：允准随同游历官出洋之翻译诸生考试翻译官
（1889 年）

光绪十五年（1889）十二月奉堂谕：考试翻译官一案，自应遵照奏案，只许曾经在洋充当参赞翻译人员之回馆者与考，至丁总教对所荐之馆中高足诸生暨此次随同游历官出洋之翻译诸生，如其情愿应考，亦准就题同试，另分等第。竢（俟）有出洋之役，择考列优等者，由本衙门荐送，以应出使大臣之请。奉此。

——《同文馆章程及续增条规》，第 131 页

志锐奏请饬派学生充当出使翻译参赞等片
（1890 年）

光绪十六年二月二十六日（1890 年 3 月 16 日）詹事府詹事志锐奏：再，储材为致用而设，而投闲置散者无功；人才以历练而精，而缘木守株者无效。总理衙门同文馆之设，历有年矣，各省拔尤而送到之人为数多矣，而出洋大臣奏带同文馆学生充当翻译者，卒不多见，佥谓学生文字虽精，语言不熟，

每有临时传述而洋人茫然不解者。奴才曾经试验，令其与洋人对面交谈，诚有不解之时。推原其故，盖学生专习文字，一旦托之言语，只能按书翻译，多有与土音方言不合之处。较之专习语言者，应答驳诘，殊欠爽利。不知同文馆学生，朝廷不惜经费，二十年来，养之、教之，原冀成材，以供驱策，皆先由读书明理考校进身，其心地必皆可信。况文字既已精通，语言尤易领悟，应请饬下每于轮换出使大臣之时，令其带出四人，仍照学生支给薪水，专习语言，三年之间，断无不能通晓之理。或翻译缺出，即令坐充；或参赞乏人，亦许拟补。量其能而加以鼓励，必有可用之材，较之在外物色翻译，为益不浅。至于支给薪水，则令出使大臣酌量匀拨，少带一二随员，即可匀出此四人薪水，应请不必格外议增经费。为此一变通间，学生皆归有用，翻译不假外求，似于设立同文馆本意尚为符合。不然，豢养多人，坐糜廪糈，又何贵此教养为耶？……

——《中国近代史资料丛刊·洋务运动 2》，第 69~70 页

同文馆学生保送翻译官俸银

（1891 年）

光绪十七年八月（1891 年 9 月）奉堂谕：同文馆学生保本衙门七、八、九品翻译官，向均给与（予）春秋两季俸银米折，由七、八、九品官递保京官，在各衙门食俸者，本衙门即将俸银米折停给。其递保外官候选留馆肄业者，仍照给俸银米折，至保有升阶，调往各省当差人员，既经离馆，自应一律停给，以昭核实，著将此条纂入馆章。奉此。

——《同文馆章程及续增条规》，第 25 页

同文馆英文副总教习能力评估

（1892 年）

光绪十八年正月（1892 年 2 月）奉堂谕：据丁总教习申称：试署英文副教习文祐、茂连，自试署以来，向能殷勤教授各生，请销去试字，并加给津贴等情。文祐、茂连署理英文副教习，著每月各加津贴银二两。惟此次岁考，

文祐、茂连以洋译汉试卷，均因翻译较逊，名列于后，该署副教习，既身膺教习之责，自当翻译优长，方足以资表率。嗣后考试时，著该提调等会同总教习，详细评阅，自副教习以下各生，翻译试卷不能明通者，自应回堂酌量办理，望各生时加勤奋用功，以期日有起色为要。切切，特谕。

——《中国近代史教育史资料汇编·洋务运动时期教育》，第 109 页

同文馆学生英汉文兼修

（1892 年）

光绪十八年六月（1892 年 7 月）奉堂谕：本衙门设立同文馆，原为学习洋文，然必通晓汉文方能于洋文得力，故后馆学生每日洋文功课完时，即兼习汉文，每月底由各馆汉教习将学生功课送由提调查核后，开列清单呈堂阅看，以昭核实。乃近年来后馆学生竟有不按月呈交功课者，且有迟至数月仍未呈交功课者，殊属怠玩。嗣后即责成提调等实力稽察，如或汉教习督课不力，任听学生因循怠玩，即著据实回堂办理。倘学生中有不遵教习指教，懒惰性成者，立即斥退，以肃馆规。该提调等亦宜破除情面，认真稽察，毋稍徇隐。此谕。

——《中国近代史教育史资料汇编·洋务运动时期教育》，第 109 页

同文馆学生参与中外会晤

（1895 年）

光绪二十一年闰五月（1895 年 7 月）奉堂谕：嗣后各国会晤，应派熟悉该国语言之同文馆翻译官及学生等一二人，在旁静听，以免洋员翻译参差。英文著派张德彝、沈铎、斌衡、长德、陈贻范，法文著派世增、恩禧、伊哩布、世敏，俄文著派塔克什讷、瑞安、萨荫图、刘崇惠、邵恒浚，德文著派程遵尧、治格、黄允中。遇有会晤时，即随同上堂听话，按班当差，毋许旷误。特谕。

——《中国近代史教育史资料汇编·洋务运动时期教育》，第 111 页

同文馆学生须兼学外语和专门知识

（1895 年）

光绪二十一年八月（1895 年 9 月）奉堂谕：据总教习申称，设立同文馆之本意，原为通晓各国语言文字，办理交涉事宜，馆中诸生自当以习学洋文为重。然得洋文之奥窔，必赖杂学以贯通，如天文、算学、格致、化学、医学等类，泰西各国皆恃此为策富强之本。现时中国讲求西法，凡轮船、铁路、电报、开矿以及测量诸大端，必须极力整顿。拟请嗣后各生于习学洋文外，必须兼习艺学，方准于六两膏火升补十两膏火等语。查同文馆条规内载，功课以洋文、洋语为要，洋文、洋语已通，方许兼习别艺。惟诸生自到馆以来，语言文字学有成效，始得由三两升补六两，每日洋教习分班指授，每班不过四刻即退，而温故知新，亦尚有余闲，尽可兼习艺学。著照总教习所请，嗣后诸生如有不兼习艺学，即不得由六两升补十两，其有文字通晓，艺学精进者，定当优给奖叙，以励真才而收实效。此谕。

——《中国近代史教育史资料汇编·洋务运动时期教育》，第 112 页

同文馆学生语种选择与管理

（1895 年）

光绪二十一年九月（1895 年 10 月）奉堂谕：总教习申称：向来传到及投效新生，应在某馆学习，均由本教习分派。乃近来到馆诸生，皆婉转恳求习学英文，而于法、俄、德三国文字，若有不愿学不屑学之状。现在英馆学生业有五十名之多，法、俄两馆各仅二十余名，德馆尤少，不过十余名。是英馆较别馆多至两三倍，倘再不酌示限制，则英馆必拥挤难堪，教习亦有训迪不周之虑。拟请明定章程，每馆应派学生若干名，作为定额。新到学生，先查某馆缺额，即派学习。纵有愿学英文者，亦须俟英馆缺出，乃可补派各等语。查学习洋文言语，原期博考周知，广为储才，岂可囿于一国。吾华人士以通商风气开自英国，遂尔偏重英文，岂知外洋文牍往还，强半以法文为正。此外如德国之武备、制造，宜由图册访求，俄界之广轮交错，宜以方言稽考，何一非当今急务，且今日迩室讲求，即为将来四方之选，若竟狃于习尚，岂非自窘步趋。嗣后应如总教习所请，明定缺额。英文馆以五十名为率，

法文、俄文馆以二十五名为率，德文馆以二十名为率，著为定额，以免拥挤偏废。诸生等宜善体此意，实事求是。特谕。

——《中国近代史教育史资料汇编·洋务运动时期教育》，第113页

同文馆光绪二十一年外文翻译题

（1895年）

英 文 照 会

为照复事。案查成都滋闹一案，本大臣曾以川省藩、臬两司前往重庆，会同领事及两教士，查明兹事情由，由闰五月二十一日照会贵署在案。昨于二十四日接准复文，均已阅悉。查来文内于本大臣请派两司前往重庆会查一节，并未直言不允，仅重述贵署前言，以川东道与领事官就近会商妥办云云。窃以为以上办法，实难应允，若贵署所拟之法，尚能照行，则本大臣无不甚愿相从。惟此事最关紧要，若能令川臬前赴重庆会办，本大臣即可允领事及两教士与黎道在重庆会商，否则惟有执定前言，在省城查办此案可也。须至照会者。

法 文 照 会

为照会事。迩使广西、越南来报，据称：股匪现均大备，拟俟届冬，在越南之与广西、归顺、州连界一带蠢动，合力兹扰（滋扰）。而其为首者，直往中国界内招募人伙，地方官并不阻止。又在彼购买枪械军火，由海口运至太平府转送归顺以及左右各处出卖等情。查此事断不可长，业经法国驻龙州领事官据详细情形知照龙州文武，而该土匪既择于冬令酿事，其时在即，本大臣应请贵王大臣迅速电致广西省，严切设法，即行禁止，不准在该省界内募人联合越匪，并不准运送兵械军火，缘此亦违悖条约，大伤两国和好，亟应速为陈之，已闻我驻龙安领事官，业将此事与苏提督讲论利害，惟仍须贵衙门催伤广西巡抚提督妥速措置，是所盼切。须至照会者。

俄 文 照 会

为照复事。本年十一月十九日准贵署将官通事郭玉贵、水勇王勇，前往

俄境散放草票，失去无踪，照会前来。本爵详加披阅，见得办理。漠河矿务袁道台所报各情，在该通事等连尸身未经查获之时，尚不足以为该通事等必然遇害之据，是以本爵已行俄国该管官，认真设法详细查明，若查有该通事等果系被害以及凶手果系俄民，自应尽法治罪。惟漠河袁道已阅三月之久，始行照请本国大宪查办，以致不能就其热踪查究，实为可惜，相应照复可也。须至照会者。

德　文　照　会

为照会事。前于光绪十八年十月十三日，前巴大臣照会贵王大臣，内开：凡各国沿海河岸港口设有炮台，而与国兵船进口，照例彼此声敬国炮二十一响。现经本国外部饬令本大臣询明，在中国应敬国炮皆在何地，并令答复等因前来。遵即备文照会贵王大臣，请将中国应敬国炮各地名开列见复为荷等语在案，迄今未蒙见复。兹因本国海军衙门拟将各国所有应答敬炮之地名，查明造册。本国外部又饬本大臣将此事再为提及，仍令答复等因，遵即备文照会贵王大臣，务望将中国应敬国炮各地名开列，见复为要。须至照会者。

汉文条子题（英法俄德四馆皆同）

言行拟之圣贤，则德业日进；名利付之天命，则妄念自消；报应念及子孙，则作事自厚；受享虑及疾病，则存心自淡。

守本分，就是中国良民；明人伦，就是圣门弟子；保精神，就是道教修炼；存慈悲，就是佛氏心肠。

——光绪二十四年（1898 年）刊《同文馆题名录》，第 6~16 页

同文馆翻译考试时间规定
（1896 年）

光绪二十二年三月（1896 年 4 月）奉堂谕：据总教习呈称：向章每逢月考、季考、岁考之期，由辰刻入场，汉洋题一齐发给，其翻译较熟者，午刻即可缴卷，其翻译稍生者，至酉刻尚未完卷；阅卷者祇（只）能以翻译之优绌，定其高下，不能以翻译之迟速，判其低昂。惟同文馆原为翻译照会传递言语起见，倘竟如是延缓，恐致贻误公事。拟请每逢考汉洋文照会之日，预

定限期，不得任意迟延。再每月考试，原定辰刻点名，而学生等竟有迟至数刻，犹未到馆，拟请严定章程等语。总教习所称各节，系为整顿馆规起见，自应照所拟办理。嗣后每月考验照会，著定于辰刻九点钟点名，发给洋文题目，译成汉文，限至十一点半钟交卷出场。又于午刻一点钟入场，发给汉文题目，翻成洋文，限至三点半钟交卷出场，至场后所余时刻，即作为学生等食息之用。再每逢考试点名后，限一刻工夫准其补点，如逾一刻即不准入场，仍酌罚膏火，并著提调认真稽察，以肃馆规。

——《中国近代史教育史资料汇编·洋务运动时期教育》，第 115~116 页

总理衙门奏派学生出洋片（附出洋学生经费章程）
（1895 年）

光绪二十一年十二月二十四日（1895 年 2 月 7 日）总理衙门奏：再，近来交涉日繁，需材益众，臣衙门同文馆延请各国教习，俾该学生学习语言文字。溯自开馆以来，学有成就者尚不乏人，第恐限于见闻，未能曲尽其妙。臣等公同斟酌，拟于英、法、俄、德四使馆，各拨学生四名，分往学习语言、文字、算法，以三年为期，责成出使大臣，严为稽核。往来资装肄业之费，由各该出使大臣在出使经费内划给，即在使馆寄寓，以节旅费。如或不堪造就，即行咨回。如三年学有明效，出使大臣加具考语，咨送回京，再由臣等面加考试，果能精进，又不染外洋习气，应如同文馆三年大考之例，奏请奖叙。至东文学堂，已奏饬出使大臣裕庚就地设立。英美文字相同，无庸分派，合并陈明，伏乞圣鉴。

拟给出洋学生经费章程

本馆此次奏派学生出洋，原为磨练（磨炼）真才，讲求实学起见，与各出使大臣调充翻译学生者，情事迥殊，大致已具奏案。所有应支整装月薪等费，自应由署酌定，以便该生起行，其余未尽事宜，应俟到洋后由出使大臣察看情形，再行咨定。

一、每学生一名，月给薪水银五十两，到学堂后肄业有得，洋教习评定功课等第，由出使大臣递等加增，每等不逾十两。

一、每学生一名，由京起程（启程），发给整装银一百五十两。

一、各学堂修费，多寡不一，应由出使大臣查明发给。

一、各学生自天津出洋，船只由总税务司代购二等舱位票，船费由总税务司专案报销。

一、各学生三年期满，回华船只，由出使大臣代购二等舱位票，船费由出使大臣发给，附案报销。

一、各学生到洋后照案寓居使馆，除饭食、零用应由月支薪水自备外，其余一切洋书、洋纸、笔墨等费，均由出使大臣支给。

——《京师同文馆学友会第一次报告书》，第 18~20 页

《堂谕》关于光绪二十三年开设东文馆的记载
（1897 年）

原呈内称：请添设东文学馆一节。查日本同洲邻近，交涉日繁，亟应添设东文学馆，以备异日翻译之选。著如所请。设立东文一馆，添传记名学生十二人肄习东文，派东文翻译官唐家桢充东文教习，除原支薪水外，每月由本衙门酌给银十五两，以资津贴，仍统归总教习稽核，俾专责成。

——《同文馆章程及续增条规》，第 46~47 页

同文馆翻译各国洋文新报
（1898 年）

光绪二十四年五月初三日（1898 年 6 月 21 日）奉堂谕：所有同文馆向来翻译各国洋文新报，现自五月初一日起，隔七日进呈一次，着各翻译官择其有关风俗政令者，逐日详译，与总教习订正录送总办章京，汇总酌缮进呈，该翻译官等务须详慎办理，毋稍疏漏。特谕。

——《同文馆章程及续增条规》，第 150 页

同文馆光绪二十四年大考外文翻译题
（1898 年）

英 文 照 会

为照会事。兹据本国驻厦门领事详称：本口海防厅于贼盗案件，办理松

懈，令人难解，几乎每日有拿获真赃实犯之案，将犯送厅究惩，咸经该厅藉（借）端释放，并不治以应得之罪。又虽经领事屡次将贼犯姓名告知，该厅竟未缉获一名。今略陈三案，即知该厅如何办理也。一、前四个月，怡和栈房被人窃进，偷去煤油数百箱。经领事将贼犯三人拿获，送至该厅，至今并未惩办，赃物亦毫无追起。二、近来在台湾记英行内，拿获一贼，该贼正在欲行偷窃三百余元之货物，经领事送交该厅。该贼虽系著名窃匪，又系知情窝赃之犯，因其以酒后无知为词，竟行释放。三、近日有贼匪三名，上船行窃，经领事拿送该厅，其中二人，尽人皆知为贼党，因以所偷之茶叶，原拟送还原主为词，亦叩释放。其一人承认偷窃，仅枷号十日而已。闻得众论，咸谓该厅衙署与贼党勾通，厦门全口中外商民，均以该厅办理不善，毫不掩饰，致多物议各等情前来。本大臣据此，相应照请贵署严查该厅行止。在本大臣之意，以为极应由贵王大臣电行闽省，查看该员办理窃案情形，并饬派干练委员，前往代办，是为切要。须至照会者。

法 文 照 会

为照会事。山东梨园屯教案，本大臣于本年七月二十五日文商办结，于七月三十日接准贵王大臣照复，内开严拿首犯一节，自系教案内应办之事，东抚亦无不认真究办之理。本衙门咨催该省，俟缉获首犯，再行照会等因到本大臣，迄今已阅两月有余，而贵署仍未将十八魁首犯拿获惩办之事，知照前来，且计贵王大臣咨行东抚，东抚转饬梨园屯一带遵办，均数日内可至当可要犯刻即捕获。盖十八魁匪首姓名住处地方官素所熟知，亦经本大臣早于五月二十七日照会，附将清单列送查收。然兹据山东迤北马主教禀呈：足见东抚将此案应办，以资妥速了结之各事宜，虽经主教就近函催办理，均未措办。仅拿十八魁两人，一系阎四妮，即阎士和者，而均非首要，是案仍悬未理。其案出负咎之吉道洪守，经本大臣请予撤开，仍任原职，与冠县知县曹倜一味搪塞，不令将匪加以威力惩处。是故教民复遭荼毒不绝，本大臣亦无从诧异。据马主教来信称：九月二十日黎明，梅花拳与十八魁匪，将冠县之红桃园教民杀毙三名，房屋被烧若干，并将小李固教堂与配房共烧毁八间，并陈家庄教民一家房屋，均被烧毁等情。并由直隶迤南步主教函告：直属邻近地方，住有教民处所，亦有滋扰烧屋情事等语，似此局势，断不忍其绵长。山东巡抚接收贵署饬令，既不为遵行，并纵吉道洪守曹，阻滞不令旧安复修教案妥结。本大臣为此照会贵衙门，希即专奏请将上开三员撤换，并饬下将冠县一带各教案，即行设法妥洽了结，如此委办了事。前因张道上达屡办教案，均能持平，并令民教相安，目下似宜用之，以期得力。查张道已回山东，自能从速前往办理，至贵王大臣倘不肯具奏，本大臣则以为意在久扰山东迤北及直隶连界境内教堂教民，即当请我国家将此案与四川广东各巨案，并向中国国家索报将事可也。须至顾会者。

俄文照会

为照会事。近来迭据塔尔巴哈台俄领事将塔城恭赞大臣衙门办理中俄交涉局所办未合，每以疑俄属哈萨克在交界地方犯罪为词，擅行扣留、监禁数月之久等情，详报前来。若果俄属哈萨克实有被告情事，则该局应照约即交俄领事，不得擅拿监禁。惟速除该处官此项非理所为，如何至要以固邻邦睦谊，贵国自然知悉，因请贵署将此刻即转行塔尔巴哈台恭赞大臣，属其与中俄交涉局严遵条约，慎勿擅自收禁俄属哈萨克，禁押多时各事，格外查察。如何办理，希即见复可也。须至照会者。

德文照会

为照会事。本大臣曾于光绪二十四年（1898 年）十月二十四日以山东潍县出有告示，内似唆使居民与该处勘路查矿之德国人为难，因照会贵署请转饬将该告示即行撤回在案。嗣又经在贵署面谈之际，本大臣问及此事如何办理，当时在座列位大臣回答，已饬确查，俟回复到日即行知本大臣等语。嗣于本月初七、十五两日接准照会各文，籍悉山东巡抚遵照贵王大臣之命，现已通饬所属保护游历德国人，此原系各地方官之责任，果加意保护，固属可嘉。惟查潍县告示一节，至今并未提及。因思新近山东数处滋事，本国闻之不胜诧异，业经本臣与贵王大臣陈明在案。兹者务望贵署设法，俾本大臣早可将此告示一事之情由达于本国，并可达明该告示已行撤回，妄出告示之官，已行责办，此固最要之件也，为此照会。须至照会者。

翻　译　题

桃源县知县禀称：七月初间湖水陡长，将王家嘴土堰冲塌二十余丈，淹及城根，该县土城卑矮，城内仓库监狱，均关紧要，即经筹备料物，督率兵役,昼夜防护。七月十七日晚间,忽起大风,水高于岸,附近村庄庐舍,淹入水中。先经晓谕居民迁避高阜,幸未损伤人口,而风栖露宿,贫民口食无资,实堪悯恻。经该署府于府库内酌动银五百两,督县先行散给饼馍,量为接济。迨八月初间,湖水渐落,县城可保无虞。城外堤堰,亦经抢筑出水,足资防护。惟被淹较重之黄河南岸,吴城陆城两乡,房屋坍倒,贫民栖食两无。禀请照例给予抚恤等情。

庄子行于山中,见大木枝叶茂盛,伐木者止其旁,而不取之也。问其故,曰:无所可用。庄子曰:此木以不材,得终其天年。夫子出于山,舍于故人之家,故人喜,命竖子杀雁而烹之。竖子请,曰:其一能鸣,其一不能鸣,请奚杀。主人曰:杀不能鸣者。明日弟子问于庄子,曰:昨日山中之木以不材得终其天年。今主人之雁以不材死,先生将何处?庄子笑曰:周将处材与不材之间似之而非也,故未免乎累。

今夜天气晴亮,咱门(咱们)出去瞧瞧月亮好不好?很好。出去之后,工夫不久,月亮即出来了,形如红盘,又大又亮,必是到月满之日了。星星亦当出来,星体比月体仿佛较小,其实皆比月体大数千倍,因星星离地太远,人看著以为其体小耳。白昼因太阳照著,星星皆不能见,盖太阳光大,星光小,故不能见也。万不可因不能见,就以为白昼无星,无论昼夜,天上总有星星。

——光绪二十四年(1898 年)刊《同文馆题名录》

光绪二十四年以前的同文馆章程

(1898 年以前)

一、同文馆向派正提调二员,帮提调二员,所派正提调均系总办兼充,本署事务较繁,未能逐日到馆,应由帮提调二员轮班在馆管理一切,遇有要事,仍应商同正提调核办。至每日各学生画到,均责成帮提调核实查察,倘有互相代画及学生已到而帮提调转未到馆各项情节,应由正提调随时稽查,回堂办理。

一、帮提调两员管理馆内一切事务,应毋庸兼在各股该班,以专责成。

如有紧要事件，仍令会同办理，并令轮班在馆住宿，以便早晚稽查。其馆内一切应办文移稿件，均由帮提调办理，会同正提调回堂阅画，稿面只列各提调、总办、章京衔名。每月另立收发、书启等簿，毋庸由管股章京办理。所有每月应办应存稿件，均照旧章按月登入清档，其承修校对亦由帮提调等分理，毋庸移付清档房兼办。

一、帮提调两员轮流住宿，必须当面接替，遇有核办事件，庶可公同商酌，不得随便散值，以致事无交代。再该两员中如有请假之日，应由正提调等回堂派员署理，以昭慎重。

一、馆内总教习、教习等有条陈馆务事件，呈堂阅后，仍交帮提调体察情形可行与否，会同正提调回堂核办。各学生遇有呈禀事件，应由帮提调呈堂，不得自行径递。

一、同文馆汉教习各员，功课勤惰，应由帮提调等随时稽查，倘有旷误馆课者，即会同正提调等回堂办理，不得稍涉徇隐。

一、同文馆学生有不在馆住宿者，每日到馆自春分起限十点钟，自秋分起限九点钟。到馆时帮提调即令当面画到，如过时不到者，有膏火学生均按日扣除膏火，无膏火学生迟到一日，停其补膏火一次，亦按日计算。

一、在馆学生均应一律画到，内有派充副教习者，仍在学生之例，亦应逐日画到。帮提调于每日酉刻传令各学生齐集画到，如有无故不到者，即于考勤簿内注明罚扣膏火，无膏火学生照迟到馆办法。

一、在各衙门当差之学生，每月准给官假六日，先期在考勤簿内自行注明差字。如不先注明者，按日扣除膏火，倘有当日始接知会，不及先期注明者，即于早晨具呈，遣人送呈帮提调查阅，不准随后补注，并他人代注。

一、大考、岁考、季考、月课，各学生除穿孝、完姻、告假外，俱不准托故不到，如不到者，月课罚扣膏火三日，季考五日，岁考半月，大考一月。无膏火学生每一次不到，停其补膏火一次。惟各学生如未与过岁考一次者，不准即与大考。

一、原定章程各馆学生必须在馆扣满三年，经过大考一次，方准请假回籍，由本衙门给予盘费。现议三年内如该学生有丁艰大故，虽未满三年之限，未经大考，仍准给假百日，并给予盘费，以重孝行。其或未满三年，未经大考，该学生遇有完姻之事必须回籍，亦准给假两个月，惟不能给予川资，以示区别。此外概不准藉词请假。

一、罚扣各学生膏火，必须一律办理。除穿孝、完姻准给官假，不扣膏火外，其余概不给假。无故不到者，均逐日罚扣膏火，惟患病一节不能不少事通融，以示体恤。嗣后各学生如有患病者，应以假期两个月为限，但不得藉词就医，托故外出。倘逾两个月限后，仍未销假，即照例罚扣膏火，无膏火学生照迟到馆办法，其有愿请假回籍调理者，帮提调应会同正提调回堂核夺。

一、遇乡、会试年分（份），学生有愿应试者，准给一个月假期。每月外国礼拜日期，学生如有事故，准其给假两日，均不扣除膏火。过期均按日扣除，无膏火学生照迟到馆办法。

一、在馆住宿之学生，如有无故夜出及夜不回馆者，初犯罚扣一月膏火，再犯革退。无膏火学生初犯即行革退。平日在馆酗酒、赌博、不安分者，应由帮提调会同正提调查明某人属实，立即回堂，按照在公署有干酗酒、赌博定例，严惩不贷。

一、后馆学生（及由后馆兼充前馆之学生）每日仍照旧章。俟洋文功课完时，即习汉文。每月月底将各学生汉文功课，由汉教习呈由帮提调察（查）核，倘有学生不往学汉文者，即由帮提调将该学生惩办。

一、各学生除午节、秋节、年节放学时免其画到外，其每年夏月洋教习息伏期内，及每月外国礼拜洋教习不到馆之日，除准两日假期外，各学生均令在馆学习汉文，照常画到，违者按日罚扣膏火，无膏火学生照迟到馆办法。

一、嗣后前后馆汉教习各员应得奖励，以及各馆学生大考时等第，并应如何保奖（褒奖）之处，届时仍照旧章，由提调等回堂核定。

一、前后馆汉教习薪水暨各馆学生膏火，均于每月月底由帮提调等查明有无罚扣，应发若干，开具清单，知照管理收支总办凭单照发。至各学生请假回籍川资银两，亦应一律由帮提调等回明各堂后，知照该总办照数发给，以昭核实。

一、印书处设在同文馆内，所有该处一切事务亦归帮提调经理。以上统计十八条，均宜遵守无违。如在此外别滋事端，有议所不到出乎情理之外者，帮、正提调立即据实回堂，从严惩办，决不姑宽。

——《同文馆章程及续增条规》，第 1~6 页

续增同文馆条规八条

（1898 年）

一、各馆翻译以汉文为本，汉文未能明顺，故翻译洋文多有不通之处。嗣后查看前馆学生有汉文未能明晰者，著仍令归后馆学习汉文，午后再学洋文。

一、礼拜之日，各洋教习向不到馆，是日正宜温习汉文，虽后馆学生间有作诗文者，亦有名无实。嗣后前后馆学生，每遇礼拜日，加添汉文功课，试以论策，或翻译照会，以备他日办公之用。其有愿作诗文者，亦听其便。

一、馆中功课以洋文、洋语为要，洋文、洋语已通，方许兼习别艺。近来有一人兼习数艺者，难免务广而荒。且有不学洋文、洋语，仅习别艺，殊失当日立馆之本意。嗣后诸生务令先学洋文、洋语，洋文、洋语通后，亦只准兼习一艺。其有不能洋文、洋语者，即由提调会同总教习分别差等，以示区别。

一、每月向有课表，各生勤惰即责成各馆教习分别标注。每月课后，参酌平日之功课，定列等次。其新到馆及后馆各学生，学习洋文、洋语，限以一年为期，可否造就，即惟副教习是问。各副教习务当破除情面，据实呈报，以免滥等充数。

一、月课、季课及年终岁考，前后堂学生须分别考试。第一日考前后馆能翻译汉、洋文各学生，其翻译条子者即归次日考试。该提调务当实力稽查，严防枪替，其有不遵约束者，立即回堂，照章办理。

一、后馆学生向例早晨学习汉文，午后学习洋文。近来竟有午刻始行到馆，并不学习汉文，殊属有违馆规。嗣后前后馆学生仍照旧章自春分起限十点钟，自秋分起限九点到馆，当面画到，如逾时不到，即照章办理。午后仍著提调不时抽查，倘有画到后出馆者，即著从严惩办。其后馆学生有告假及不到者，即责成汉教习开列姓名，送提调处，与画到簿核对查核，以凭办理。

一、后馆学生功课近来未免疏懈，且闻有聚谈游戏诸事，殊堪痛恨。嗣后即责成提调实力稽查，每月认真校对日课、月课等簿是否符合，仍抽查各学生写字、背书、作文诸功课，倘不见长进，及任意作辍者，即交汉教习从严戒饬，以示惩儆。

一、汉、洋各教习及副教习，有成就人才之责，其或督课不力，任听学生因循怠玩者，即著提调随时稽查，会同总教习商酌核办，其汉教习即著回堂查办。如学生中有不遵教习及副教习指教者，立即斥退，以肃馆规。

——《同文馆章程及续增条规》，第 7~8 页

【研究与资料】

《清会典》记同文馆

凡教习有延订者、选举者、考充者。（总教习及洋教习，就各国儒士中延访。其通洋学之汉教习，由各直省选举。其汉文教习，就京师咸安官、宗室景山八旗已取未传馆之教习招考充当，额三人，总教习一人，洋教习视各馆学生多寡为定）。学生有出沪粤同文馆及直省咨送者，（由生监送馆者，准其咨送顺天乡试，本馆学生试列优等者，亦准作为监生，咨应顺天乡试。）月督其课，（每月由教习拟定文条，散给诸生，翻译誊卷，由教习分别等第注册。）季试其能，（季考定二月、五月、八月、十一月举行，出题等第，均如月课。惟试卷则呈堂裁定，乃注册。是月停止月课。）岁考其程，（岁试于每年十二月初十日前定期呈堂面试，考列一等者奖励。是月亦停止月课。）届三年，则大考，分别等第，奏请奖叙。不列等者，降黜有差。（大考由堂官出题，试以洋文译汉，汉文译洋，外国语言及天文、算学、格物、化学诸艺。总教习分而校之，合而衡之。汇其卷送堂官核定甲乙，优者奏请授为七、八、九品等官，咨行吏部注册，劣者分别降革留学。其由七品官历二次大考取一等者，应请授为主事，分部遇缺即补，仍留馆肄业。）总教习、洋教习则优其薪资，汉教习则视其成效，二年一保，又二年奏请优叙焉。（教习满二年者，无论举贡皆奏请以知县用。又二年，则奏请分省退缺即补，并加升衔。）教习学生，有俸银馆餐（总教习俸银随时酌定。洋教习岁条银一千两。汉教习月给薪水银十二两。学生七品官，年俸银四十五两；八品官，四十两；九品官，三十二两五钱。并量其造就，酌给膏火三两，递增至十五两有差，学生月课优等者，奖赏无定数，八旗学生并坐补马甲钱粮。馆费均由海关船钞项下支给。）

——《清会典》，卷 100，第 1155~1156 页

同文馆考试安排

（1933 年）

同文馆的设施，有许多地方，都仿照乾隆时所办的俄罗斯文馆的旧例，而略加修改，考试更是如此，同文馆把考试分作四种：

1. 月课：月课每月初一日举行。

2. 季考：季考于二月、五月、八月、十一月之初一日举行。

3. 岁试：每年十月，定期面试，在岁试的时候，该月月课季考，起初仍然举行，同治四年起，规定季考时停止该月月课，以免重复。

4. 大考：每届三年，举行总考试一次，由总理衙门执行。

每届大考后，凡优者授为七、八、九品等官，劣者分别降革留馆。七品官复考取一等的，则授为主事。考试的时候，总教习、提调、分教习都出来监场。学生考得官职以后，每年的俸银，由奏拨各海关船钞项下支给。

同文馆第一次的总考试，是在同治四年十月十一日至十九日举行的。当时参加考试的，有英、法、俄三文馆的学生。所考的内容，初试不过是把外国照会令学生译成汉文，复试则把各国条约摘出一段，令其翻成洋文，然后会同中外教习阅看。后来又考试学生的语言，密出汉话条子，令学生译成外国语言，共九日毕事。结果翻译各文虽未能通体贯串，亦尚有相符之处，外国语言亦多吻合。后来照章封官，但"优者亦不过翻译，究属一知半解"，仅授八九品官。大概在初年的考试，都是偏于翻译，后来课程内容扩充，始有作文与各种学科的考试。

——节录自：吴宣易著《京师同文馆略史》，载《读书月刊》，1933 年，第 2 卷第 4 号，第 1~15 页。

同 文 馆 考

（1935 年）

同文馆（英文意译 School of Combined Learning）创立于一八六〇年间，是中国教育制度中渗入现代观念的急先锋。开办的目的，本在传习外国文字；但是前后四十年中，它却按着近代的办法，给了学生们一种广博的训练，为中国政府造就一批翻译和外交人员。同文馆设在京师，又系直隶总理通商事务衙门，所以影响很大，学生也布满了全国。到了二十世纪初年，并入京师大学，同文一馆，便已不复存在；但是它在中国现代教育发展思想史上，占有很重要的地位；考考它的始末，也是值得的。

（甲）同文馆的前身

（一）四译馆

同文馆并不是一件创革，它的前身是乾隆朝创立的俄罗斯文馆，但是中国在乾隆以前，早就有外国文的传习了。明朝时候（一三六八至一六四四）北京有个四夷馆，毕业学生分发各部，充当翻译，外国人与中国政府来往的函札，交际的谈话，都由他们翻译。这个学院（College），伯希和（M. Pelliot）叫它作衙署，到满洲入主中原以后，大体仍无变更。

（二）俄罗斯文馆

俄罗斯文馆据说创于乾隆二十二年，直隶内阁，职在为政府造就俄文译员。学生人数，额定二十四名，全由八旗挑选。五年举行大考一次，成绩优异的，给予功名、官职，其余的留馆学习。有教习两人，提调一人；提调由内阁派充，管理馆内课程；此外还由理藩院派往官员一人，管理一般馆务。据俄国僧院长 Hyacinth 氏所说，学生每人每月津贴膏伙三两，教员由毕业生中派充。

学生考试成绩出众的，可以尽先分发理藩院，或边地须用俄文的衙署，……当初成立的时候，它对于训练学生读解俄文的工作，也许果有成效，但是到了十九世纪初年，成绩便显然不很好了。此馆一直存留下来，到一八六二年，拨归新创的总理衙门管辖，方告消灭；不过馆中的师生，都是一种领干薪的性质，因为此馆在移转管辖以前，馆中师生，曾经一度考试，结果教习中懂得俄文的只有一个，学生则一个都没有。

（乙）同文馆的创立

（一）最初的奏疏

同文馆的起源和总理衙门的创设，与其他几项外交善后办法，出于同一奏疏。奏由恭亲王、文祥、桂良联合具名，于一八六一年一月十三日呈上；关于设立馆事项，于同月二十日由上谕批准。

奏疏内述中国因为全不知道外国的实情，所以外交事件倍极困难。而不知外国文字，又为国际妥协的障碍。主张于广州、上海专习英、法、美三国文字的商人中，选其诚实可靠者，共派四人，携带书籍来京；并于八旗中挑选天资聪颖，年在十三、四以下者各四、五人，向其学习。俄罗斯文馆久已所无活动，并请妥议章程，认真督课。派来的四名教习，仿照俄罗斯馆成例，给其薪水；学生学有成效的，也给以奖励。

（二）天津条约的规定

恭亲王等的奏疏，虽以不知外国情形，不通外国言语则国际妥协无由保持为言，实则心目中也未尝没有想到中英、中法《天津条约》的规定。《天津条约》签字于一八五八年，换约于签订《北京条约》的一八六〇年，规定自后英、法两国送致中国的外交文件，概用本国文字书写，但在中国未能造就翻译人才以前，附以中文副本。以前西方各国与中国来往，差不多全是用中文或满文，从此以后，条约中加上了西方国际公法的规定，中国便不能不设法准备翻译人才了。

（三）同文馆的创立

（A）最初的班级：英文馆

一八六二年八月二十日总理各国事务恭亲王等奏陈开办英文馆，并拟呈同文馆章程。奏中对于上年奏疏所陈设立文馆，研习外国文字的必要，复有补充，说：

"臣等伏思欲悉各国情形，必先谙其言语文字，方不受人欺蒙。各国均以重赏聘请中国人讲解文义，而中国迄无孰悉（熟悉）外国语言文字之人，恐无以悉其底蕴。"

奏内接着呈明上年行文两广总督、江苏巡抚，派委能授外国文字的中国人一事，两广总督则称无人可派，江苏巡抚虽称上海有人可派，但艺不甚精，价亦过巨。是以不得不于外国人中延访。旋因英国使馆秘书威妥玛（Thomas Wade）的推荐，并经过一番察看之后，派英国教士包尔腾（J. S. Burdon）充任英文教习，并派中国人徐树琳充任英文馆的中文教习，于一八六二年六月始业。

（B）最初的章程

同文馆章程也于同时呈上。共计六条，都是根据俄罗斯文馆旧例草拟的。第一条规定每馆先传学生十名，俟后再行添传。学生入学年令（龄）须在十五岁上下，均由八旗挑选。将来如有空额，由八旗择其"资质聪慧者"，每旗保送两三名，再由总理衙门酌量录取。

第二条规定中外教习的设置和薪水。中国教习，最初每月支薪八两，如果服务尽职，再行予以官职。外国教习的薪水月没说明，大概是因为数目比中国教习的太大的缘故；外国教习不能得到官职，因为薪水已很够了。第三条规定设立两个提调，满、汉各一，由总理衙门司员选任，经理一切馆务。

第四、第五两条规定考试种类，和与考优异学生奖授功名办法。第六条规定学生钱粮，只能坐补本旗马甲。至于已得功名和担任助教各生，则能另得一定的俸饷。此项俸饷以及文馆经费，都由各地海关的船钞项下支给。

(C) 法文馆与俄文馆

一八六三年五月六日，总理衙门奏明法文馆、俄文馆业已开办。由法国公使介绍法国教士司默灵 (Smorrenberg)，俄国公使介绍俄国使馆翻译柏林 (Popoff) 担任教习；司默灵事先并担保不向学生传播教义。外国教习的薪水，这时都定为每年一千两。另派中国人两名担任教习，张旭升入法文馆，杨亦铭入俄文馆。成林、夏家镐任第一任提调。自此至一八六七年之间，同文馆虽经改组，外国教习只换了两次人：傅兰雅 (John Fryer) 于一八六三年继任包尔腾，丁冠西 (W. A. P. Martin) 又于一八六四年继任傅兰雅。

(四) 第一次大考增补的章程

一八六五年十二月二十二日，总理各国事务恭亲王等奏，同文馆第一次大考已由他们举行。英文馆虽然成立在先，因中途更换教习，学生功课，不免作辍，所以三馆能够同时考试。同日，又再呈拟章程六条。这六条章程内容没有前此的重要，内中规定学生每人每月支给膏伙三两，由船钞项下支付；制定月课、季考、岁试成绩优异学生的奖赏办法，并定下了甄汰劣等学生的方式。

(丙) 同文馆的扩大

(一) 提议加设科学一馆

一八六六年，同文馆决定扩充范围。是年十二月十一日奏请加设一馆，招收年长学生，传习西方的天文、算学。这个提议，非常重要，因为它的目的，不徒在吸收比八旗所送子弟较为年长的学生，而且自此除了外国语文以外，又开了一条研求别种科目的门路。奏中主张此馆招取满、汉人民，年在二十以外具有科名者，五品以下的年长官员；凡"少年聪慧"者，也可入馆学习。其他三馆毕业成绩优异者，亦得入馆。是年赫德（Robert Hart）赴欧游历，便请他为此馆代聘外国教习。

（二）克服了反对的意见

一八六七年一月二十八日，总理衙门又上奏疏，详论中国急须采用西方的科学，同时又增拟了同文馆章程六条。政府中守旧的人，对于这宗改革反对极力，为首的是一位有权有势的官员，大学士倭仁。他是翰林院的掌院学士，认为中国人而习天文算学，直是一种耻辱；就令当学，国人所知，也较外人为精，不得遽奉西人为师。但是总理衙门终获胜利，新设之馆，得以成立。

二月二十五日，呈请任命徐继畲为总管同文馆事务大臣，徐氏时为总理衙门大臣，对于外国事情，素负重望，并且有所著述。

同文馆自从加此一馆之后，加之各馆关系更为密接，已不似前此之仅为一个文馆，而具有学院的气派了。

（三）衰落时期：一八六七至一八六九

此后两年之中，领袖无人，创始诸人也都不复再存奢望，同文馆逐趋衰落。一八六六年，赫德聘致了化学、天文、法文、英文、军事诸教习，但是实际到馆授课的，仅有化学、法文两教习，毕利干（Billequin）与李璧谐（Lepissier）氏。一八六七年，丁冠西被任为富国与万国公法教习，但不久即到美国再求深造去了。一八六九年，中国学者李善兰被任为算学教习。

（四）一八六九以后重振旗鼓

一八六九年九月，丁冠西重返北京，文馆虽尚存在，精神已极不振。赫德对于文馆，自始就极热心，允许每年由海关支付整款，维持文馆，要求丁冠西担任总教习，而且关于文馆财务，也允由他一力经管。丁冠西便答允了担任此职。总理衙门因赫德之荐，便任丁冠西为总教习，于一八六九年十一月二十六日就事。自丁冠西任职以后，馆务即经改组，课程范围渐加扩大，学生人数也有增加，并且学生根底打好之后，立即进而续作高深的研究。当初文字各馆和科学一馆之间，似有深沟高垒，至此也渐消灭。一八七九年第一次印的 Calendar 中，载有课程一种，似为学生公共必修科目，里面即有语文一种，其余各科，也差不多都有相当研求的时间。

（丁）同文馆的组织

（一）学生

一八六七年，同文馆扩大组织以后，入学旗人，增加了一倍——原来的章程仅有三十人——同时，又自请求入科学馆者一百六十人中，额外取了二十七人。一八七二年，学生人数大略无异；一八七九年，增至一百，一八八八年，加至一百二十五人。一八六七年时，规定膏火额设一百名，到一八八七年，领受膏火的已有了一百二十人。同文馆的学生是准备为政府服役的，所以全部学生都由政府供给，自不足怪，正与美国陆海军大学学生同。

八旗选送子弟，在馆前三年分习中西文字。他们入学年岁很轻，所以中文程度往往不好。其他学生，因为入学以前已具科名，所以入学即能研求高深科目。他们来自全国各地，有许多是上海、广州两同文馆卒业的学生。丁冠西说他们"理解力强，不求近功……研求科学，很著成效。……语言文字，比较差点……所以从不令其学习一种以上的外国文字，……他们能学会一种已很难能可贵了"。

（二）学年

一年分为两期，两次假期，每次休假四五星期。另有放假四次，有两次是一天，有两次是三天，此外便须终年到馆研习。但高年级学生兼任政府差役者，不在此例；兼任差役，每月也以六日为限。

（三）学科

全部学科，八年毕业。自一八六七年起，外国文字授英、法、俄文，至一八七一年，又加德文一项。语文以外科目，都用英文或中文教授。但在一八八八年前，化学班上显然曾用法文教授。

愿习外国文学生，前三年的大部分时间都用在学习文字。第一年专习读法、书法、拼法；第二年专习读法、文法、会话、翻译句子；第三年专习世界史地、练习翻译电话；第四年习算术、代数、翻译公文；第五年除继续练习翻译外，注重格物、几何、平面及球面三角；第六年讲求机器、微分积分、航海测算；第七年讲求化学、测算、万国公法；第八年天文、地理、金石、富国。此外，第七、第八两年又须讲求译书，另有选习解剖学及生理学者一班。不习外国语文学生，五年毕业。

学生除作正课以外，须为总理衙门兼任译员，至必要时，并须出国任职。学生毕业以后自愿留馆者听。"其已在外交或领馆方面任职一两期，现在候差者，仍可入馆续学。"

（四）考试

馆中各班都有月课，年考于每届学年最末三月在总理衙门当庭举行。考试成绩优异的，颁给奖金，以示鼓励。每三年大考一次，成绩出众者，赏以九品功名。再考成绩再优者，授以官职。

（五）馆政与教员

同文馆馆政，按一八六二年章程规定，由提调二人主持，但一八七九年及一八八八年 Calendar，另列有副提调（Assistant Proctors）两人。总理通商事务诸大臣合任文馆总管大臣，提调归其任命。赫德任当然监察官，总理衙门所允文馆提用船钞由赫德拨付，赫德则监管文馆财务。文馆前后外籍教师，多在八九人之间，另有本国教习四人，助教若干。丁冠西始终膺任总教习，至一八九八年改任新创京师大学堂总教习止。

（六）设备

一八六五年，文馆新有兴建，以后文馆日扩，馆舍也时有增补。一八七三年，附设印刷所，备有中体与罗马体活字，及手摇机七部；文馆和总理衙门印件都由它印刷。一八七六年，设化学实验室及博物馆，一八八八年设天文台及物理实验室。

（戊）毕业生的活动

（一）留馆学生

上面说过，同文馆学生须为总理衙门担任翻译事宜，成绩特异的学生，并授以京师部院官职名目。后面一种，即是留馆学生，仍得在馆学习，有些并经任为副教习。

（二）翻译书籍

同文馆重要活动之一，即在中译西书。虽则中译西书一事，别处也已行之——最著者为上海制造局及福州船政学堂——但同文馆因与总理衙门关系密切，所作译事当然更重要。各种应用书籍都有译本，有万国公法与外文、富国、地理、化学、解剖、生理等门。多数译本，都系馆中印局自行印刷，免费遍送国内官员。上面说过，八年毕业诸生，最末两年都须译书，而留馆

57

学生也讲求翻译书籍。无论教习学生，译书有成的，均有奖励；一八八五年十一月，有两位教习升授官职，一半就是译书甚多之故。

（三）充当使节译员

出使外国使节，都有同文馆学生或毕业生随行，充当译员。斌椿使节的派遣，其理由之一，即在为同文馆三名毕业生增广经历。蒲安臣（Burlingame）使节有文馆学生六名，充当随习译员；虽则传译事宜实际都有英、法秘书全部担任，文馆学生，并没有效力，但是他们活动于外交界，此次出国经历，亦有价值。一八七〇年崇厚使法谢罪，也有两名文馆学生随行。

一八七六年，郭嵩焘被任为中国第一任驻英外交代表，自此数年之中，中国在其他国家相继设立常驻使馆五六处，都须文馆供给大量译员；中国外交界即以此等经过训练的人才为其骨干。同文馆学生除任外交译员外，亦多有被任为各省外交译员及顾问者。

（四）高等外交官职

年月易过，不久中国在世界重要国家，都有外交代表的设置，而同文馆毕业学生亦即渐渐任外交要职。一八八八年，即有任驻欧各国使馆秘书者，一八九六年已有任驻外总领事及代办者。一九〇七年，有出使日本的一人，出使英国的一人，出使法国的一人，及出使德国的一人，自此以后，同文馆毕业生在中国外交关系上已占有极重大之地位。

（五）外交界以外之活动

同文馆毕业生之活动，并非限于外交方面。有参与内政，任各地知县知府的，有加入电报局，或任制造局、船政局、军事学校之要职的。一八八七年，全国考试制度经过改革，候补官职的人，可以现代科学为与考科目之一，一半即系同文馆的影响；因此同文馆毕业生亦有被任参与考务者。此外，亦有担任教职的，有两位且被特派教授皇上的英文，一位即任文馆的数学教习。

（己）上海、广州两同文馆

（一）一八六三年李鸿章的奏疏

研究同文馆而不及上海、广州两同文馆，则研究为不完全。一八六三年三月二十八日，江苏巡抚李鸿章上疏言事。李氏疏中痛言中国不知外国情况言文；上海、广州二埠，与洋人的接触较多，求得西文书籍亦较容易，应仿京师新设同文馆办法，设立文馆。李氏又言，通商口埠华商，能说洋文，而不必即识洋文，更不知外国情实，是以亟须设立学校，延致外国教习，广收八旗以外之聪秀子弟。馆中除传习洋文外，更宜教授外国科学，以期造就制造、船政、翻译、外务人才。

奏疏既上，旋下上谕两道，允李鸿章在上海设立学堂，并谕广州八旗将军，同样设立。

（二）广州同文馆之创设

广州同文馆之创立，颇稽时日，因为当地官员直等上海文馆成立，方才援例草拟章程。一八六四年六月二十三日，广州文馆首次开馆。八月七日，上疏陈明文馆创就，并附章程。

章程规定招收学生二十人，须年在十四至二十之间——于驻防旗内选满汉子弟十六人外，本地四人。三年毕业，及第者分授本省衙署译员。二十名正规学生由政府津助，另收举监生员十人，火食（伙食）自备。设外国教习一名，每日教授西文三小时；设汉文教习一名，分教习二名，以其余时间教授汉文。教习薪水较北京同文馆为高，馆中经费由粤海关监督支拨。

（三）发展情形

一八六七年，北京同文馆知科学一馆所收学生，因为不识洋文，功课发生困难，所以，同年十月十二日总理衙门奏请于上海、广州两文馆毕业生中，择优送京，入科学馆，使原有学生于洋文一道，得其濡染。此例一开，此后上海、广州两馆毕业学生即多赴北京，再求深造，而两馆亦遂成了北京同文馆新生的主要产地。两馆后来范围日大，法文、俄文、日文各馆亦相继加设了。

（庚）同文馆的结束

一八九五年，中国败于日本，中国知道对于关系日切的现世，不能不图适应，于是更加讲求教育的改革，要求旧式书院加授西方科目的奏疏，纷至沓来，有些竟进而主张各省设立现代式之学院；自此二年之内，现代式学校之设置者有二：一在天津，一在上海。

一八九八年八月九日，北京设立国立大学一校，以孙家鼐为管学大臣，丁冠西为总教习，是为戊戌维新新政之一。同文馆往日所作的科学传授，悉数拨归新设大学——此为日后反动运动后惟一幸存的新政——而同文馆则专负训练外交人员的责任。但一九〇〇年拳匪之变，文馆受损极重；一九〇二年，全国教育制度经过改组，同文馆遂并于京师大学。

——傅任敢译，载《中华教育界》，第 23 卷第 2 期，第 13~26 页。

二、上海同文馆

李鸿章奏设外国语言文字学馆折①

（1863 年）

同治二年正月二十二日（1863 年 3 月 11 日）李鸿章奏：窃臣前准总理衙门来咨，遵议设立学习外国语言文字学馆为同文馆等因。伏惟中国与洋人交接，必先通其志，达其欲，周知其虚实诚伪，而后有称物平施之效。互市二十年来，彼酋之习我语言文字者不少，其尤者能读我经史，于朝章、宪典、吏治、民情，言之历历，而我官员绅士中绝少通习外国语言文字之人。各国在沪均设立翻译官二员，遇中外大臣会商之事，皆凭外国翻译官传述，亦难保无偏袒捏架情弊。中国能通洋语者仅恃通事，凡关局军营交涉事务，无非雇觅通事往来传话，而其人遂为洋务之大害。

查上海通事一途，获利最厚，于士农工商之外别成一业。其人不外两种：一、广东、宁波商伙子弟，佻达游闲，别无转移执事之路者，辄以学习通事为逋逃薮；一、英法等国设立义学，招本地贫苦童稚，与（予）以衣食而教肄之；市儿村竖，来历难知，无不染洋泾习气，亦无不传习彼教。此两种人者，类皆资性蠢愚，心术卑鄙，货利声色之外不知其他，且其仅通洋语者十之八九，兼识洋字者十之一二。所识洋字，亦不过货名价目与俚浅文理，不特于彼中兵刑食货、张弛治忽之大，瞢焉无知；即遇有交涉事宜，词气轻重缓急，往往失其本旨，惟知藉（借）洋人势力播弄挑唆以遂其利欲，蔑视官

---

① 上海同文馆，中国近代培养翻译和承办洋务人员的新式学校。清同治二年正月二十二（1863 年 3 月 11 日）江苏巡抚李鸿章仿京师同文馆例，奏设于上海。初名上海外国语言文字学馆，学校成立后名上海学习外国语言文字同文馆，四年后改上海广方言馆。初仅设英文一馆，后加设法文馆、算学馆。光绪十七年（1891）添天文馆。校址初设于上海城内旧学宫内，同治九年（1870）迁入江南机器制造局。归两江总督及所辖江海关道管辖。参阅：顾明远《教育大辞典》，上海教育出版社，1998 年。

长，欺压贫民，无所忌惮。即如会办防堵一节，闲与通习汉语之大酋晤谈，尚不远乎情理；而琐屑事件，势不能一一面商，因而通事假手其闲，勾结洋兵为分肥之计。诛求之无厌，挑斥之无理，支销之无艺，欺我聋喑，逞其簧鼓，或遂以小嫌酿大衅。洋务为国家怀远招携之要政，乃以枢纽付若辈之手，遂至彼己之不知，情伪之莫辨，操纵进退讫不得其要领，此非细故也。

京师同文馆之设，实为良法，行之既久，必有正人君子、奇尤异敏之士出乎其中，然后尽得西人之要领，而思所以驾驭之，绥靖边陲之原本，实在于此。惟是洋人总汇之地，以上海、广东两口为最，种类较多，书籍较富，见闻较广。语言文字之粗者，一教习已足；其精者，务在博采周咨，集思广益，非求之上海、广东不可。故行之他处，犹一齐人傅之之说也；行之上海、广东，更置之庄岳之间之说也。

臣愚拟请仿照同文馆之例，于上海添设外国语言文字学馆，选近郡年十四岁以下、资禀颖悟、根器端静之文童，聘西人教习，兼聘内地品学兼优之举贡生员课以经史文义。学成之后，送本省督抚考验，作为该县附学生，准其应试。其候补佐贰佐杂等官，有年少聪慧，愿入馆学习者，呈明由同乡官出具品行端方切结，送局一体教习，藉资照料，学成后亦酌给升途，以示鼓励。均由海关监督督筹试办，随时察核具详。三五年后，有此读书明理之人，精通番语，凡通商督抚衙门及海关监督应添设翻译官承办洋务，即于学馆中遴选承充，庶关税军需可期核实，而无赖通事亦敛迹矣。

夫通商纲领，固在总理衙门；而中外交涉事件，则两口转多，势不能以八旗学生兼顾。惟多途以取之，随地以求之，则习其语言文字者必多；人数既多，人才斯出。彼西人所擅长者，测算之学、格物之理、制器尚象之法，无不专精务实，渤有成书。经译者十才一二，必能尽阅其未译之书，方可探赜索隐，由粗显而入精微。我中华智巧聪明，岂出西人之下。果有精熟西文，转相传习，一切轮船火器等巧技，当可由渐通晓，于中国自强之道，似有裨助。如蒙俞允，一切章程及薪资工食各项零费，容臣督同关道设法筹画（筹划），或仍于船钞项下酌量提用。其广东海口可否试行，有无窒碍之处，应请饬下该省督抚体察办理。臣愚昧之见，是否有当？伏乞皇上圣鉴训示遵行谨。

——光绪乙巳年（1905），金陵刻本《李文忠公全书·奏稿》，卷 3

上海初次设立学习外国语言文字同文馆试办章程十二条

（1863 年）

一、肄业学生按照章程奏定以年十四岁以下，质禀颖悟，根器端静之文童充选，自愿住馆肄业，由官绅有品望者保送，取具年貌、籍贯、三代履历赴监院报名注册，随时呈送上海道面试，择时文之稍通顺者，记名备送四十名人馆肄业。其余备选者，候有缺出陆续补送。

二、馆中延订英国学问通贯者二人为西教习，或住馆或逐日到馆，听其自便。房虚星昴值日停止。其应否另订法国教习之处，续再酌行。

三、馆中延订近郡品学兼优绅士一人为总教习，举贡生员四人为分教习。分经学、史学、算学、词章为四类，而以讲明性理，敦行立品为之纲，就肄业生四十名中，度年岁之大小，记诵之多少，性情之高明沉潜，均匀派拨四人分课，学习西语西文之暇，仍以正学为本。

四、西人制器尚象之法，皆从算学出，若不通算学，即精熟西文亦难施诸实用。凡肄业者，算学与西文并须逐日讲习，其余经史各类，随其质禀所近分习之。专习算学者，听从其便。

五、馆中设立监院一人，由上海县学官承办。总办董事一人，馆中一切事宜皆归经理，三年更换。司事四人：一管肄业生名册，一管稽查出入，管什物，一管杂务，皆三年一更换。

六、馆中选派通习西语西文之委员董事四人，常川住馆，每日西教习课读时，四人环坐，传递语言，发明西教习意旨，使诸生易于领受。每月初一、十五，由总教习会同课试西语西文之进益，定其次第，按课送存上海道备查，不必榜示。

七、候补佐杂及绅士中，有年及弱冠愿入馆学习者，一体准保进馆学习，学成后亦许备翻译官之选，或住馆或按日到馆，均听其便，火食（伙食）由馆备办，保送员额以十名为率。

八、肄业诸生由总教习每月初一、十五两日课试，初八、二十四两日课试所业文，均取所读书，当面指问，如西学但问其所通言语文字之多少，所业文但验其语气之通顺，记存其优劣。由监试三月一送上海道考试，于西语西文茫无通晓者，即行撤换，如西语西文以及所业之文均有进益，酌赏银四两至八两，以示鼓励，以十名为率，佐杂绅士在馆学习者，一体送上海道考试，而免总教习分课。

九、肄业生三年期满，能一手翻译西书全帙，而文理亦斐然成章者，由中西教习知照上海道，送通商大臣督抚衙门考验，咨明学政按照奏定章程作为附生，通商督抚衙门及海关监督应添设翻译官承办洋务，即可遴选承充，不愿就者听。其精通西语西文，才能出众者，仍遵上谕由通商督抚专折奏保，调京考验，授以官职。其不能翻译全帙者，作为佾生，一体出馆。

十、肄业膏火每日银一钱，以代馆餐。旷馆之日勿给。每月归省不得逾三日，疾病事故不得逾百日，逾期者辞退，封印期内停止教习。

十一、外客有与师生通问者，由司阍延入客座，通报后出见，不得入学馆。肄业诸生出入，由司事稽查，其在馆起居动作，由分教习诚导。分教习有故假馆，必请人权课，不得率意离馆。

十二、馆中供奉至圣先师像，每月朔望，教习、委员、董事率肄业生，清晨齐集，拈香行礼，不准托故不到。

——《广方言馆全案》，第 9～12 页

江海关道涂上督抚宪通商大臣禀同文馆改为广方言馆
（1869 年）

同治八年十月（1869 年 11 月）敬禀者：窃查上海广方言馆学习外国语言文字，同治二年经黄前道任内建造馆屋，议定章程，详蒙具奏。……现在机器制造局开设学堂，译习外国书籍，与广方言馆事属相类，自应归并一处，以期一气贯串。职道拟将广方言馆董事、师生人等，一律移驻制造局学馆，由冯道竣光、郑守藻如随时就近督饬妥办，仍留广方言馆之名，以符前次奏案。其每月七成船钞项下所扣银五百两，即移归制造局专款存储核发，按月将支发各数，另立一册，以备将来赫税务司查考。至原建广方言馆房屋本与敬业书院毗连，既经腾出空闲，应即归入书院作考课之所，另筹闲款，置备桌凳什物，以便课试。愚昧之见，是否有当，理合禀请，仰祈俯赐察核。

——《广方言馆全案》，第 18 页

江海关道禀南洋大臣刘坤一奏设广方言馆章程

（1881 年）

光绪七年五月十三日（1881 年 6 月 9 日）刘坤一等奏：谨将闽省船政西学旧章参酌粤省情形，拟列西学章程，呈请采择。

一、专课　京师粤东设立同文馆，上海设广方言馆，学习外国语言文字，而未有专门。此次学馆为储备水师将材（才）计，应专习驾驶制造，仿闽省船政学堂章程而变通之。闽局初开时，专用法国人，故制造学堂专习法文。后以泰西水师英国为最，则驾驶管轮专习英文。管轮与制造事本同源，而分派船上，既用英文，未便以法文掺之，又设英文管轮一学。今粤东开西学馆，专习英文，分驾驶一途，制造一途，其制造之精者，除造船外，并可习开矿、制造、枪炮、水雷等学，其次则拨为管轮。此外习其语言文字，各随其才识，专习文义，以备出使参赞翻译之选。

一、择地　粤东工匠灵敏，制造坚固，工价又廉，购料亦便，中国造船未有胜于粤东者，亦为高必因邱陵之义也。今设学堂固是储备将才，亦为造船张本，应择离市廛远而近水者，度地建馆，方免异时迁移，并可联络一气。长洲船坞本近山麓，下是石底，可任汽锤，造船造炮均宜，惟自虎门至长洲，无险可守，稍嫌孤露。白鹅潭之西南芳村地方，较长洲稍为严密，该处亦有石底，可任汽锤，而面前水亦深阔，出入转运皆便。惟须另行购地，无现成之洋房，又须建盖，稍多费耳。两处皆可，请择定一处，开设学堂，预备将来船厂地步，留石底之地以为制造厂，庶为合宜。学馆内须有讲堂、洋房、住房、厨房、浴房、厕所，而操场花圃亦不可少。

一、任职　学馆设监督一员，专管局务，稽查学生勤惰，随时黜陟升降。副监督一员，帮同稽查局务，专司钱银出入，并约束丁役。洋教习二员，一教驾驶，一教制造。洋文教习三员，分教二班、三班、四班学生。汉文教习一员，专教各班汉文并算学。而正监督最为要紧，必须方正不狗（徇）情面而又有才识者，方能胜任。初开馆时学生只学外国语言文字、算学，可先在闽学堂挑选学生中学术精通者为二、三、四班教习，至学有进境时，选入一班，始延技艺精熟之西人接教，亦可略省经费。下此设门丁一名，听差四名，厨丁一名，茶丁一名，杂差一名。

一、选材　闽局选材分两途：一选诸童年十二至十五岁身家清白，有志肄业者，试以文艺，或作起讲破承题，或作诗，选其清通者为一途。一往香港选其曾读洋书数年者为一途，其曾读洋书者，收效较捷，但汉文多未通耳。凡选入者，皆须报明年岁、籍贯三代，并取具妥人保结，以凭查考。其有举贡生员年少有才者，亦准选入。然必须查明品行端方，始可收录。所分班次总以洋文为准，不能以汉文优长，遽跻一班。考选幼童时，并查其品质，如貌凶悍，资质鲁弱者，概不入选。

一、学规　学业贵专精有恒，以五年为准。五年内不许应文试，以免分心。每年正月二十日启馆，十二月十五日散馆。端午中秋两节给假五日，其归入一班，照西例礼拜日歇息。其从汉教习受教者，每月朔望初七、二十三歇息一日。如父母疾笃，禀明监督，准假一日。地在二十里外者，翼日早回，逾期戒责。一班者扣薪水，捏饰者斥退。如遇父母及承重之丧，给假五十日，如期内未葬，销假日禀明。临葬给假五日。祖父母、胞兄弟、叔伯之丧，给假半月。如该童有病，禀明监督延医调治，医资由公给发，许亲属进房问视。如实病重，监督验明，给假回家调理。平时不许出外探访亲友，凡亲友到访，止（只）许歇息半日。下午晤接，仍不得留饭住宿。考选时多为取录，入学后严为甄别，其有乖张、诡谲、轻浮、软弱、鲁钝者，随时黜退。五年内如有升至一班，中途告退者，除追缴火食银外，另每年罚银一百两。二班者除追缴火食外，每年罚银五十两。三班者追缴火食。四班不追并不罚银。其各班生徒，有因懒惰及犯事黜退者，除火食养赡银元照退外，均递发原籍，取保约束，以免中途逃作洋佣。如无银缴者，罚作学堂丁役三年，不给工薪，工满始准退出。

一、功课　初习西国语言文字，先切音，次字义，次文法；习算学，先笔算，次代数、几何、平弧三角、测量诸术。每日八点钟上堂，五点钟放学，每早录写上日所读西书，听洋文教习讲西文毕，随教习诘问答应。两年后均用西语以对。下午习西文，听讲算学，每逢歇息前一日，听汉文教习讲文义，作论一条，即日缴卷，不得抄袭。其升至一班者，随洋教习教授驾驶。学生至学业有成，将下船学习，前数月教以洋枪队伍步伐口号，每日早晚在场操演二次，均自六点钟至七点钟止。凡六月而毕。其制造学生，如制造厂与馆邻近，亦令其赴厂考究，其充管轮学生，令其赴厂兼学打铁，庶实事求是，学成后保以职衔，量材委用。

一、考较　学生列入一班者，由督抚宪考较。其二班可升一班者，亦由督抚宪考核后，方准升转。其余二班以下，由监督按月考课，随时升降黜陟。列入一班者，月给膏火银四两，大考前列三次者，每月加膏火银一两。前列六次者，赏品级功牌。颓惰者降罚，顽梗者黜退。每年四月、七月、十一月中旬大考一次，教习将历次小考所得分数开列名单，监督将稽察日记册，于大考时统呈查核。

一、分途　诸童算学有得升至一班者，择其体质强壮者，教以驾驶，习航海诸法，航海、天文、船艺集成各书；其文秀而心思灵敏者，教以制造，习重学、微积、化学、格致、汽机、造船、制炮各书；其稍次者教以管轮，习重学、汽机各书；文笔畅达者教以翻译，习《万国公法》《星轺指掌》各书；分门笃守，各专一艺。五年期满，再分赴工厂、轮船、外国学习，使之精益求精。

一、历练　每届六年十一月大考后，挑选超等若干名出洋，赴西国书院学习，官给资斧，每名每月银若干。三年后回籍，取具洋教习切实考语，呈请察核，从优保举任用。

一、经费　学堂初开，除买地建房置器购书外，闽局英、法正教习各一员，每员月支薪水二百五十两，副教习各一员，每员月支薪水二百两，月费各二十五两，共一百两，又医学杂费月共支银七十五两，另舢板、轿夫等费月共银七十余两，未免太费，应酌减裁。今设学之初，不用洋教习，用汉教习三员，每员每月多者四五十两，少者二三十两，汉教习兼算学每月三十两。其监督每月三四十两，副监督每月二十两。此外学生每名每月饭钱三千文，丁役酌量给发，务从节省，以免虚糜。闽省初开局时，诸事皆由洋人日意格布置，故洋教习不无糜费（靡费），其所荐洋教习有甚得力者，有甚不得力者。闻由驻英星使行文英国海部请其推荐，较为得力，应函致劼侯查明，是否属实。所有薪水杂费，并请其查明，应支若干，庶不致一误再误，合并声明。

——《广方言馆全案》，第 54~59 页

江督周札上海道袁观察文（为广方言馆改为工业学堂事）

（1905 年）

　　照得上海所设广方言馆，系李前大臣奏报创立。嗣以机器制造局开设学堂，译习各国书籍，与广方言馆事属一类，由前升任江海关涂道宗瀛，禀经批准归并制造局，以期一气贯串，办理以来，成效颇著。惟此项广方言馆，系专为储备译材而设，现在各省均已设立学堂，颇有兼习各国文字者，是机器局毋庸另设学堂。查现时工商各业，尚无进步，所有此项广方言馆，自应改为工业学堂，以期振兴实业。前据该局总办魏道允恭，曾创是议，应即责成该局，切实筹议，一面会商上海道酌定用款、给奖、出身章程，并将现在广方言馆学生，有不愿入工业学堂者，妥筹安置之法，一面访聘教习，慎选聪俊端正已通汉文之学生入堂学习，并应另设艺徒学堂，妥选识字勤健之幼童，援以制造艺术，统归该堂教员教授，或添设副教员助教，一切经费，务须核实估计，仍在原估内开支。所有课程规则，均应遵照奏定学堂章程办理。（每年禀候派员考试，并随时由两江学务处考查除分行外合行札饬札到该道即便遵照护抚院周准兵部转咨暂停派武学生到东饬派办处遵照札。）

——《南洋官报》，第 6 期，第 33 页

【研究与资料】

上海广方言馆纪略

（1875 年）

　　上海之广方言馆为西学而设也，昔在敬业书院之西偏，今在城南之制造局内。始创则李爵相主其议，冯中允桂芬定其规。馆分四：曰经学，曰史学，曰算学，曰文学。学生必择端谨聪颖子弟，年在十四以下者充其选，又必官绅保之，观察试之。先试以时文，录取者送馆监院注册，于是西国师教之，又中国之绅为总师者教之，又举贡四人分教之。自朝至暮，课分时刻，一定不移。何时就西师学，何时就中国之分师学，何时就中国之总师学，其经学、史学、算学、文学，则各因其质之所近，而各为专门之学，惟于西语则人人

肄习之，而无少间焉。然虽西学为主，而中祀之位则仍孔子也。自曾文正与李左两爵相创制造局，以西法造枪炮机器，而局建于上海之南门外，于是迁馆于局中焉。其总办者则粤东冯竹如观察，即今之官苏松太道是也。西师则林乐知、傅兰雅、金楷理诸人是也。诸生习西学者，惟朔望定课；至所学文词，则定期初八日、二十四日两次。监院总试别等第，以分优劣，每年定四次，送上海道考察。如西学不能通晓，则斥退，另行保送考试，择文理优长者补之。若西学、中学皆优列前十名者，赏给花红银两。三年学成，翻译通晓，中西教习之师公同保送，移咨通商衙门考察。倘考察如式，移咨学政作为附生，即备送通商衙门司翻译事兼理洋务。如当差勤奋，通商督抚保奏送总理衙门考察，授以官阶。余乃叹国家培养人材（才），不限一途，不拘一格，兼收并蓄，期于济时。会集中西之师，以培成有用之才，由是而中西交涉之事，其中利弊之所在，不患无识底蕴洞隐微之人，知己知彼，而有裨国是，其为国谋者深且远矣。

——《万国公报》，卷 361

广方言馆考核日记

（蠡，1943 年）

清同治元年（1862），苏抚李鸿章，就上海敬业书院设立广方言馆，官绅冯桂芬等拟定章程十二条，招学生四十人，延西人中之有学问者二人，为西教习，以近郡品学兼优绅士一人为总教习，举贡生员四人为分教习，分教经学、史算、算学、词章四类，学生于三年期满后，有能一年翻译西书全帙而文理成章者，由中西教习移道资送通商衙门考验，请奖为附生，其非全帙者佾生至同治九年，移并上海制造局之翻译馆。

当时之课程，颇为严格，课外尚有考核日记一端，其规约所定有"一考核日记，子夏曰日知其所亡，月无忘其所能，可谓好学也已矣。学人传习之勤怠，应事之敬肆，苟非笔之于书，朝考而夕稽之，在学者既无省察之功，在教者亦无从施其展善救失之法，兹拟照龙门书院课程，设立读书、行事日记二本，诸生按日登记，于课文之后三日，送交先生考核，其有告假出入及偶犯馆规者，先生随时稽查。另设一簿交学长存记是日调取查对，以定功过，月终则综核诸生日记，定上取一名，次取九名，又次取十名，备取五名，又备取十名，末等五名，酌量赏罚，以示功惩，共读书日记，若有抒写心得及疑义相质者随时送阅，俟先生订正发还，不限日期。"督励之勤，可以想见。

——《教育时报》，第 11 期，第 19 页

三、广州同文馆①

遵旨筹办广州同文馆折

（1863 年）

同治二年五月初八日（1863 年 6 月 23 日）晏端书、黄赞汤等奏：承准议政王军机大臣字寄："同治二年二月初十日奉上谕：'前据总理各国事务衙门奏，设立学习外国语言文字学馆为同文馆'等因。钦此。"伏查京师设立同文馆，学习外国语言文字，上海援案办理，洵属及时要务，粤东自应仿照一律举行。当经咨商署理通商大臣江苏抚臣李鸿章，询查上海章程去后。兹准先将大略情形函复，并声明一切规条，统俟议定咨会等因前来。

查上海设立学馆，尚须度地庀材，考选幼童，入馆肄业。粤省则应取诸广州驻防。署将军臣库克吉泰本已挑有八旗子弟百余人，令其勤习翻译，行之数年，训课策励，颇著成效。今即于其中选择年幼性慧者二三十人，较易集事。臣与库克吉泰会商，拟即修筑馆舍，订延英、法国人，教习外国语言文字。并聘内地品学兼优之士，课以经史文艺，仍兼习清汉翻译，以期融会

---

① 广州同文馆，又称广州广方言馆。清同治三年（1864 年）五月底广州将军瑞麟、两广总督毛鸿宾在广州设立。仿照上海广方言馆章程办学，造就外语人才。设提调一人、馆长二人，聘外国教习、汉教习各一人。学生限额二十人，其中从广东驻防满洲、汉军八旗子弟中挑选十六人，本地汉人世家子弟四人。课程有英国语言文字、汉文、经史及自然科学，学制三年，毕业后准作监生参加乡试，并派充各衙门翻译官，成绩优异者保送京师同文馆深造。光绪五年（1879 年），增设法文班、德文班等。招生限额不变。三十一年，更名为广州译学馆。参阅：郑天挺、谭其骧主编，《中国历史大辞典 1》，上海辞书出版社，2010 年，第 190 页。

贯通。所需各项经费，已与粤海关监督毓清筹商，酌提船钞备用，撙节核实支销。所有一切详细章程暨经费定数，容臣等会同悉心核议，奏请圣裁，钦遵办理。

——《筹办夷务始末·同治朝》，卷 16

遵旨妥议设立同文馆折

（1863 年）

同治二年五月十八日（1863 年 7 月 3 日）库克吉泰奏：承准议政王军机大臣字寄：同治二年二月初十日奉上谕："前据总理各国事务衙门奏，遵议设立学习外国语言文字学馆等因。钦此。"奴才当即知会署督臣晏端书，一体钦遵办理，并咨行江苏抚臣李鸿章，将上海办理一切章程，迅速详为移覆，以便会同商办。

伏绎谕旨，既于外国文词求其融会，又于经史大义为之讲明，自非赋质明敏清汉兼通者，未易入学。奴才前于到任时，窃见洋人在城，人心未定，恐其日久废弛。因令八旗子弟分别肄业，强而力者专习弓马，秀而文者兼学清汉。奴才复随时考校，列等奖励，数年以来，颇知奋勉。兹于翻译学生内详为拣选，尚可得人。俟抚臣李鸿章上海章程咨覆到日，当即同署督臣晏端书会商妥议，奏请圣裁。

——《筹办夷务始末·同治朝》，卷 16

请开设教习外国语言文字学馆折

（1864 年）

同治三年六月初十日（1864 年 7 月 13 日）两广总督毛鸿宾等奏：……案照承准议政王军机大臣字寄，同治二年二月初十日奉上谕："前据总理各国事务衙门奏设学习外国语言文字学馆，为同文馆，当经照所议行。现据李鸿章奏称，上海已设立学馆，广东亦应仿照办理。著于广州驻防内，公同选阅，择其资质聪慧，年在十四岁内外，或二十左右而清汉文字业能通晓、质地尚可造就者，延聘西人教习。兼聘内地品学兼优之举贡生员，课以经史文义，并令仍习清语，厚其廪饩，时加查考。一二年后，学有成效，调京考试，授以官职，俾有上进之阶。所有章程经费，即咨商李鸿章，并参以总理衙门原议，或酌提船钞，妥为办理。议定后，即行具奏，候旨裁定遵行。"等因，钦此。经前署督臣晏端书咨商李鸿章钞（抄）录上海设馆开办章程，并将粤省拟办大概情形，于上年四月十三日附片奏报。

旋准李鸿章咨会，恭录字寄上谕："李鸿章奏请饬广东设立学馆，已谕令广州将军等查照办理。惟该馆学生专习外国语言文字，不准西人藉端影射，将天主教暗中传习。仍当随时稽查，毋令滋弊。"等因，钦此。又经咨行钦遵查照，各在案。臣等先后抵任，当复公同悉心商办。

伏思学馆之设，教育人才，期于晓畅翻译，通澈（彻）中外事理，以备缓急之用，洵属及时要务。粤省先因勘择地基，建筑馆舍，并筹经费，一时尚难集事，致缓举行。现于省城大北门内朝天街，租赁房屋二所，稍加修葺，作为学馆，可省择地建筑之烦，并免再稽时日。一面遴派镶黄正白旗汉军协领王镇雄，为该馆提调。并委正白旗汉军防御谈广枡、候补县丞汤森为馆长。查有江西南丰县翰林院编修吴嘉善，品行端洁，文理优长，堪为汉文教习。又咪国（美国）人谭顺，精熟西文，人亦体面，堪为西文教习。均已延聘在馆，分司训课。即在广州驻防满汉八旗，向习清书翻译子弟内，拣选资质聪慧年岁二十左右者十六人，又访择汉人世家子弟才堪造就者四人，共肄业生二十名，送入馆中，于同治三年五月二十日开馆，认真学习，递年考试，甄别一次。若该生于中外语言文字无所通晓，即应分别黜退更换。如在馆三年，学习有成，即派充各衙门翻译官，准其一体乡试。其由翻译官出身之员，著有劳绩，均以府经历县丞升用。旗员愿就武职者，以防御升用，俾资鼓励。如有清白安分之人，自愿入馆附学，亦准公正官绅保送入馆，一律训习。考试仍定额十名，示以限制。所需馆租、廪饩、薪工等项经费，每年约共支银四千八百余两，由臣毓清在于粤海关征收船钞项下酌量提拨，移送支用，按年汇册报销，以归核实。其一切条款章程，均循照总理衙门原议，及上海定章，并就地方情形，酌中拟议妥办。臣等仍随时督饬，严密稽查，断不准有影射传习天主教等弊。并按期考试，分别激劝，务令精心研究，奋力学习，将中外语言文字，融会贯通，期著成效，以仰副圣主勤求实学，化育人才至意。

所有拟议章程十五条，谨缮清单，敬呈御览。是否有当，恭候谕旨裁定遵行。……

一、学馆已租赁省城北门内朝天街房屋二所，作为广东同文馆，议定每月租银一十七两二钱六分，将来如有迁移加增，总在二十两以内为度。

一、同文馆设立提调一员，由广州将军在协领各员内遴派充当，以资统率。另设馆长二员：旗人用防御，汉人用佐杂，经理馆务。

一、同文馆延请汉人教习一人，西洋教习一人，取能通算学，有裨西学之实用者，每日巳、午、未三时，由西教习训课。早晚各时，由汉文教习训课。仍随时兼习清字清语，以重本务。另添设背书分教习二人，由广州将军于驻防文生员内选派赴馆，俾资诵习。

一、同文馆肄业生额设二十名，内旗人十六名，汉人四名，年各二十岁以下，十四岁以上，拣选世家子弟之聪慧者，送馆肄业。

一、同文馆肄业生由旗汉各绅保举，提调总核保举人数，酌定等第，先挑选二十名入馆肄业，仍挑选存记二十名，以备肄业生或有事故，挨次挑补。

一、同文馆肄业生二十名，每年甄别一次，其于西洋语言文字无所通晓者，即行撤退，挑选更换。

一、同文馆肄业生以三年为期，能将西洋语言文字翻译成书者，分别派充将军、督抚、监督各衙门翻译官，准其一体乡试。其由翻译官出身者，以府经县丞为升阶。旗员愿就武职者，以防御为升阶。

一、同文馆肄业生，每日卯刻入馆，酉时出馆。其愿住宿馆中者，听，或因事乞假，先向馆长报明，违者撤退。其因事出馆者，馆长即回明提调，另行挑补。

一、旗汉年逾二十之举监生员，及候补流寓人员，有愿学西洋语言文字者，准其呈明提调，或由地方官绅保送入馆学习，火（伙）食由其自备。仍以十名为限。

一、同文馆一切事宜，及肄业生出入更换，由馆长呈明提调，随时申报将军、督抚衙门稽核。

一、同文馆经费，由粤海关监督衙门筹拨支放。所有一切事务及延请西洋教习，关订汉文教习，应即归监督总理。

一、汉文教习束修，每年四百八十两。纸张笔墨书籍等项银，每月四两。西洋教习束修，每年一千二百两。外国纸张笔墨银，每月十六两。背书分教习二人，每年各给膏火银三十六两。通事劳金，每年四百八十两。提调薪水，每年二百四十两。馆长薪水，每年一百二十两。书写厨役，月各给工钱三千文。门役打杂，月各给二千文。闰月俱照数加给，均由馆长领放。

一、汉文教习、馆长，每日饭食钱一百二十文。肄业生每日膏火银一钱。书写二名、厨役二名、门役二名、杂役二名及仆从人等三名，每名每日饭食钱八十文，均由馆长领放。

一、同文馆每月考查一次。一等二名，每名赏银二两。二等四名，每名赏银一两。一年约需奖赏银八十八两。

一、同文馆岁修房屋，添补什物油烛纸张，每年约需银二百两。

——《中国近代史资料丛刊·洋务运动2》，第105~107页

核查同文馆办理情形折

（1864年）

同治三年七月十八日（1864年8月19日）总理各国事务恭亲王等奏：据广州将军瑞麟等奏，广东省开设学馆章程一折，同治三年七月初六日奉旨："该衙门议奏。钦此。"由军机处钞（抄）交臣衙门。臣等查该将军所奏广东省设立教习外国语言文字学馆章程，系仿照臣衙门同文馆及上海设立学馆各章程变通办理，尚属妥协，应即准其照办。惟外国教习仅止美国人谭顺一名，查通商各国，以英、法、俄交涉事务为多，学习外国与语言文字，亦以英、法、俄为要。美国文字大略与英国相同。是以臣衙门分设三馆，同时并习。广东省与外国交涉事件，英法多而俄较少，是学习英法文字，实为粤省急务。今该省止延美国一人为西文教习，其英文自必其所素习；惟该教习是否兼精法俄两国文字，可期一手教导，不必再设法俄文馆，此层折内未据声明，应令该将军等查明声覆。

至所称三年学习有成，即派充各衙门翻译官，准其一体乡试，由翻译官出身之员，以府经县丞升用，旗员愿就武职，以防御升用一节。臣等查上年二月间奉旨饬令库克吉泰、晏端书办理设立教习外国语言文字学馆，系令其于学成后，调京考试，授以官职。今查该将军等原奏，于调京考试一节，未经议及。臣等公同商酌，该省同文馆学生如三年学成，驻防满汉旗人应准作为翻译生员，准其翻译乡试，并文乡试。其汉人世家子弟，应准作监生，一体乡试，并均准充翻译官。如有精通西语西文、才识出众者，即应遵照上年

二月谕旨，调京考试，授以官职，以拔真才而收实用。

——《中国近代史资料丛刊·洋务运动 2》，第 109~110 页

广东同文馆肄业学生酌量变通折

（1871 年）

同治十年十月二十一日（1871 年 12 月 3 日）文渊阁大学士两广总督瑞麟等奏：……窃查同文馆之设，原为教育人材，期于晓畅翻译，通澈中外事理，以备缓急之需。前经议拟激劝章程，经总理各国事务衙门核议覆准，是欲入学诸生，将西语西文勤学砥砺，融会贯通，以为国家有用之成材。现在体察情形，有不能不量为变通者。

查同文馆章程，额定正学二十名，内满洲、汉军子弟十六名，汉人世家子弟四名，如有清白安分之民人愿入馆附学者，亦准一律训习，仍定额十名，以示限制。如在馆三年，学习有成，照章程考试，作为翻译生员、监生，准其一体乡试，并准充当各衙门翻译官，当差得力，三年期满，并翻译乡试清文熟悉，点画无讹，文乡试三场完竣，文理平通，未经中式者，给予府经历、县丞、防御升阶等因。

设馆以来，诸生奋勉学习，著有成效者尚不乏人，两次考试，作为生监共十一名。旗籍诸生咸皆踊跃，惟民籍正学、附学各生，来去无常，难期一律奋勉，其学习西语者民间固有之，而偶有招入官馆肄习者，始愿不过希图月间膏火，迨学习一二年后，稍知语言文字，每有托词告病出馆，自谋生理，而于始终奋勉学成有用者，实难得人。奴才等公同酌议，似应量为变通，拟请嗣后同文馆学生专用旗人，毋庸再招汉民；其现经在馆者，仍听其肄业，俟民籍学生出馆缺额，即将旗人顶补足数，以收实效。旗人愿入附学者，亦如之。

至该生等学成考试，作为生监，派充各衙门翻译官，系属有名无实，并无差使。该生等虽仍在馆肄业，然皆专意汉文，冀图乡试文理平通，以为期满保举府经、县丞、防御地步，志安小就，不思愤强，致将西文荒忽，未能精深，殊失设立同文馆之意。奴才等再四酌核，拟将各衙门翻译官裁撤，以节糜费（靡费）。然各衙门每与洋人接晤，而总督事更纷繁，时有会商事宜。该洋人各带有通事人等，代传言语，往往颠倒错谬，或挟私自为增减其辞，

以致彼此意见不洽，枝节横生，不可不虑及之。奴才等拟请于各学生中择其尚能通晓西语者数人，遇有奴才等接见洋人时，令其来署代传言语，借以杜该通事诡弊，似较之专设翻译官、分派各衙门、徒拥虚名、终年闲旷者不同，庶于公事更有实益。但该生等枵腹从公，未免较苦，拟请每月支领经费银二十两，统于年终认真考核，择尤（优）犒赏，则于经费亦不致滥支虚糜，其该生等平日仍以生监在馆学习，三年后认真甄别，如实有精通西语西文、才识出众者，仍照章保奏，送京考试，授以官职。此外如止通晓西语西文，并翻译乡试，清文熟悉，点画无讹，文乡试三场完竣，文理平通，未经中式者，核其人品端谨，择尤（优）保举以府经、县丞升用；然犹以西语西文为先，不得仅以乡试清文、汉文定为去取。如此方能拔取其才，而收实效。

至旗人愿就武职以防御升用，未免过优，品级亦甚悬殊。且旗员向无中外交涉事件，殊觉用违其才，而防御有办理旗务，管辖兵丁、专司操练之责，必须谙练老成，方能胜任，非学习西文之年轻子弟可期称职。况该生监等学成，将有大用，或分派各口办理中外交涉事件，若以防御实缺而责令离任办理洋务，则本营少一专操之员，必于营制多所空旷，似莫若专以府经历、县丞文员差委较为妥协。所有由生监在馆学习三年后甄别，除才识出众保送进京后择尤（优）保举府经历、县丞之外，其旗人愿就武职，予以防御升阶一节，即毋庸议。

如系学业荒疏，不能长进者，即给予生监衣顶，旗人仍带本身钱粮，回旗当差，民人令其回籍安业，俾各生知所趋向，专意学习，或可收尺寸之效。其余一切，仍照旧章办理。

——《中国近代史资料丛刊·洋务运动 2》，第 117~119 页

核议广东同文馆肄业学生酌量变通事宜折
（1872 年）

同治十一年正月二十一日（1872 年 2 月 29 日）总理各国事务衙门奏：两广总督瑞麟等奏，广东同文馆肄业学生酌量变通一折，同治十年十二月初六日奉旨："该衙门议奏。钦此。"臣等查同治三年五月间，广东设立同文馆，其馆内肄业各生，前据广州将军瑞麟等奏，在广东驻防满洲、汉军八旗子弟

内拣选十六人，又拣汉人世家子弟四人，共二十名，如有清白安分民人愿入馆附学者，准官绅保送，仍以十名为额。如学习三年有成，准作为生监，一体乡试，并派充各衙门翻译官，其由翻译官出身者以府经历、县丞用，旗员愿就武职者以防御升用，等因，经臣衙门奏准在案。至同治七年十月间，该督等奏将翻译生监派充翻译官，拟议激劝章程，并附请教习等员奖叙，又经臣衙门会同吏、兵二部分别复议奏准亦在案。

今据该督等以馆内民籍学生未能专心肄业，请将送馆正附各生一概专用旗人充补，系为整顿馆务、期收实效起见，应如所请办理。所有该省额设肄业毕生二十名并附学生十名，嗣后均以满洲、汉军八旗子弟充补，毋庸再招汉民。其汉民现尚在馆肄业者，俟开缺时即以旗人充补足额。至翻译官一项，前准上海通商大臣李鸿章奏请派充，原为代传言语、藉（借）杜通事舞弊而设。今该督等奏称翻译官终年闲旷，别无差使，诚未免有名无实，自应即时裁撤，以节糜费。仍令该督等量择学生中精通西语之人，每于各衙门接见洋人时，随同代传言语，以杜通事诡弊。该生既兼有代传言语差使，自应酌加津贴，该督所请每月支给经费银二十两，以及年终犒赏各项，即在于裁撤翻译官经费项下酌量拨给。翻译官一项既经裁撤，以后每届三年例保之期，在馆肄业旗籍各生监，应照此次定章，专以府经历、县丞升用。仍责成提调、教习等员认真训课，随时考核。倘或旗籍各生不知奋勉，以及始勤终惰，即将该生在馆所请奖叙撤销，并咨回本旗当差，以示惩儆。查在馆旗人愿就武职者，向以防御升用。今据该督等奏称，防御有办理旗务、专司训练之责，若令办理洋务，与营制必多窒碍，所有旗人给予防御升阶一节，应照所拟即行停止。

——《筹办夷务始末·同治朝》，卷85，第12页

请添设学馆酌加经费折

（1879 年）

窃奴才等前准总理各国事务衙门函开："近因出使各国翻译需人，前后派委各学生随同出洋，惟办理公事，法文较为通用，而学习法、俄文者较少，布文更习之未久，均恐不敷任用。查广东同文馆均系专习英文，亟宜

量为推择，就学生之质性聪明者，赶令学习法语法文，务期学有成效。至俄文、布文能否并令学习，亦须并筹，期于使事及办理交涉事件均有裨益"，等因。当即酌议添设法布二馆章程，及加增经费银两数目，呈覆核议。旋准函示，即令英文学生兼习法、布二国语言文字，并于英文馆内略为扩充，毋庸另开生面，以期节省，等因。复经奴才等遵照，饬据提调摒节核实，妥为筹拟，开具节略，函呈总理各国事务衙门酌定，复令奏明办理，等因前来。

奴才等查广东同文馆原设西教习，只有英国一人，并未及法、布二国。现因遣使各国及办理公事急需法文，而布国交涉事件近亦不少，自应一律学习。至俄国向来无人在粤经商，即偶有船到港，而交涉事甚寥寥，虽储材非仅为广东之用，而此地一时难得教习之人，拟请将俄馆暂缓添设，先行兼习法文、布文。但英国教习不能兼通法、布文字，必须另延教习。既添教习，须增馆舍，若令三国同聚一堂，不但师生拥挤，学业混淆。且向定举生功课，每日以卯、辰、巳三时习西文，午、未、申三时习汉文，课余之暇，仍习清语，若再令其兼习法、布文字，诚恐驳杂不专，难期精进。奴才等再四筹商，当此经费难筹，须于无可如何之中，力求撙节，务使功归实用，费不虚糜，拟请即于原设同文馆内添设法、布二馆，每馆延聘教习一人，学生则于英馆中择其学有成效者十名分拨法、布二馆，每馆另挑质性聪颖、兼晓清汉文义者五名，合共十名。英馆原设二十名，今拨出十名，无须另挑，三馆俱以十名为额，如有愿入附学者，每馆不得过五名。三馆用功，仍别以时刻，不必互相兼习。其由英馆拨入法、布二馆学生，仍定以日期，温习英文，不使前功荒废。至法、布学馆二座，拟于原设同文馆侧近，另租房屋增建，仍并于一馆之内，估计修理及添置什物一切费用，现在本馆节省项内，尚可通融支出，毋庸另筹。惟新添教习修金、轿费、每月房租及购买西书等项，亦须与英馆一律办理，俾免洋人疏慢之訾。而英馆月领经费只有四百两，若令兼供三馆，实有不敷。除教习修金仍照英馆按月由税务司支给外，拟请每月加给银二百两，统由关库支领，归入七成船钞项下报销。如此略为变通，则经费无须多筹，而学业可收实效矣。

——《中国近代史资料丛刊·洋务运动 2》，第 120~124 页

四、湖北自强学堂

张之洞奏设自强学堂片（节录）

（1893 年）

光绪十九年十月二十二日（1893 年 11 月 29 日）张之洞奏：再，治术以培植人材为本，经济以通达时务为先，自同治以来总理各国事务衙门设立同文馆，创开风气，嗣是南北洋及闽粤各省递增设广方言馆、格致书院、武备学堂，人材奋兴，成效昭著。湖北地处上游，南北冲要，汉口、宜昌均为通商口岸，洋务日繁，动关大局，造就人才，似不可缓，亟应及时创设学堂，先选两湖人士肄业其中，讲求时务，融贯中西，研精器数，以期教育成材，上备国家任使。臣前奏明建立两湖书院，曾有续设方言、商务学堂之议，兹于湖北省城内铁政局之旁，购地鸠工造成学堂一所，名曰自强学堂。分方言、格致、算学、商务四门，每门学生先以二十人为率，湖北、湖南两省士人方准与考。方言学习泰西语言文字，为驭外之要领，格致兼通化学、重学、电学、光学等事，为众学之入门，算学乃制造之根源，商务关富强之大计。每门延教习一人，分斋教授，令其由浅入深，循序渐进，不尚空谈，务求实用。所需经费，暂就外筹之款凑拨济用。俟规模渐扩，成效渐著，再行筹定专款，奏明办理，以为经久至计。

——《张文襄公奏稿》，卷 21，第 20~21 页

招考自强学堂学生示并章程

（张之洞，1893 年）

本部堂于光绪十九年十月奏设自强学堂于武昌省城，分方言、算学、格致、商务四斋，惟方言一斋，住堂肄业；其余三斋，按月考课，历年循办在案。诚以尔时两湖风气未开，姑以四者开其先路。惟是自强之道，贵乎周知情伪，取人所长。若非精晓洋文，即不能自读西书，必无从会通博采。兹经本部堂详加酌核，更定自强学堂章程。其算学一门，中国古法及新译西书西

籍较多，可不假道西文，业经于上年五月改归两湖书院另行讲习。其格致、商务两门，中国既少专书，津沪诸局西人学馆译出诸编不过略举大概，教者学者无从深求。现将格致、商务两门停课，先行统课方言，以为一切西学之阶梯，将来格致、商务，即可自行诵译探讨。查京师同文馆分设英文、法文、德文、俄文等馆，规模大备，惟一馆学生，势不能应中外之求。此外各省堂局学习洋文，多系专习一事，取法一国。查西人学业，各国虽大致相同，而专长、兼长实非一致，办理交涉，尤贵因应咸宜，此英、法、德、俄四国语言文字必须分门指授之意也。本部堂意在造就通材（才），所期远大，欲使学者皆能自读西书，自研西法，则可深窥立法之本源，并可曲阐旁通之新义，既不必读辗转传译之书，致得粗而遗精，亦不至墨守西师一人之说，免致所知之有限。将来学成以后，通殊方之学，察邻国之政，功用甚宏，实基于此。此必须资性颖悟，身家清白，先通华文，先读儒书，义理明通，志趣端正，方能与选。今分立英、法、德、俄语言文字四门，每门学生以三十名为额，四门共一百二十名。英文、法文各省传习较久，目下四学始基，即派华员为教习。俄文、德文通习素罕，分派俄员、德员为教习，辅以华员协同课授。现已委员购地，克期添造诵堂，并学生所住斋舍，合行出示招考学生。至堂内原有英文学生，其未通华文者应行汰除，统计应行招足一百二十名之额。目下诵堂、住舍尚未造成，先行每门招十五名入堂肄业。其余十五名，俟诵堂、斋舍造齐，再行来堂。除该生饭食、书籍、纸笔等均由学堂备办外，每名每月给膏火费五元，以资安心学习。

为此示仰各省举贡生监职员官绅子弟人等知悉：凡有华文清通，年在二十四岁以内十五岁以外者，无论本省、外省，悉准报名与考，听候本部堂派员考试、录取、复试，挑选入堂学习。凡入堂学生，不论何项人员均须恪遵规矩，听授教习及管学各员约束。如不守学规，即行斥退，断不姑容。自出示之日起，以十五日为限，迅赴自强学堂报名，慎毋观望自误。并开列简明章程十二条于后：

一、自强学堂以一百二十名为额，分习英、法、德、俄四国语言文字。每门三十名，分四堂课授。

一、学生必须年在二十四岁以内十五岁以外，口齿较灵，志趣渐定。过二十四岁或不及十五岁，均不收录。

一、学生必须以华文为根底，以圣道为准绳。儒书既通，则指授西文，亦可得收事半功倍之效。此次挑取学生，非华文精通、义理明白、根基已立者，断不收录。

一、吸洋烟者，断不收录，勿庸投考。

一、挑取学生，先考华文一次，照定额加倍挑取，再行面试，并相其器宇端正、口齿灵敏、体质壮实、确无嗜好者录取入堂。并于定额之外，备取三四十名，俟入堂三月以后甄别一次，将不堪造就者剔去，仍照旧额留堂学习。

一、学生有年齿稍长或已列胶庠者，必已通晓儒书，每日除西文功课外，尽可自温旧业。其年齿稍稚、华文较浅之学生，另于该学堂设立华文教习，于西文之暇，课授儒书华文，并作论说，庶几中外兼通，不致忘本。

一、在堂学生宜专心致志，习学堂讲授诸课，不准在堂作时文试帖，亦不准并应各书院课试，以致两误。

一、学生凡已入学者，准其请假以应乡试，其一切岁科小试，概不准请假。

一、学堂以五年为毕业。学生留堂以后，即为官学生。其未毕业以前，若非实有紧要正事，不得自行请假。若藉（借）端求去，改习卑下之业，甚或不自爱惜，受洋行雇充翻译，须将其历年薪水、火食（伙食）及本身一切用费追缴。责成该学堂于学生挑选留堂之日，即将其家世考询明确，并须有同乡官员诚实可靠之人出具保结。

一、教授西文既忌陆续增收学生，新旧搀（掺）杂，不能成班，令教者穷于指授。该堂学生既经挑定以后，即应截止收录。至已留堂学生，或有因事撤退者，只可任令虚额，不能陆续收补。即使来堂求学者众，亦止（只）能俟下届招考新生之时令其投考，另作新班教授，不得中道收补搀（掺）入旧班。

一、学生凡在诵堂，听华洋教习约束；凡在斋舍或饭厅，听提调、总稽查并管学委员约束。如有犯规者，在诵堂即由教习酌量儆戒，在斋舍由提调酌量儆戒，不率教者斥退。

一、课程、学规条目，糊牌悬挂堂内。

——《张文襄公公牍稿》，卷28，第13~15页

札道员蔡锡勇改定自强学堂章程

（张之洞，1896 年）

照得本部堂奏设自强学堂，内分方言、算学、格致、商务四斋；除方言一斋招选学生在堂肄业外，其余三斋均按月考课，凭文甲乙，历办在案。查西学既极邃密，西书又极浩繁，探讨诚非易事。自强之道，贵能取人所长，若非精晓洋文即不能自读西书，若不能多读西书，即无从会通博采。本部堂再四推求，知舍学习洋文，广储高材，以探西书精微，更无下手取法之处。今更定自强学堂章程，除算学一门，中国书籍较多，可不假道西文，业于本年五月移归两湖书院另课外，其格致、商务两门，前经月课诸生，不免多空谈而少实际，莫若改课方言，可为一切西学之阶梯，而格致、商务即包其内。自后此两门毋庸命题专课，一律改课方言。所谓方言，即兼指各国语言文字，方言各国不同，择其最要分立英文、法文、俄文、德文四门，每门学生以三十名为额，四门约共一百二十名，各延教习，分门课授。查英文为东方各国所通用，故学者较多，法文、德文虽属无多，尚易访求。目下初学基址，可先延通晓英法德文之华人为教习。惟俄文向袛总理衙门同文馆一处专课，外省从未开设，殊属珍罕。中俄近邻，需用尤殷，况俄文原本希腊，与英、法、德文之原本拉丁者不同，更为专门之学，自宜延访俄人之通华语者为教习，庶裨指授。惟原有诵堂尚不敷用，该堂后尚有余地可添造数间。本部堂讲求各国语言文字之意，在于培植志士，察他国之政，通殊方之学，以期共济时艰，并非欲诸生徒供翻译之用。其如何严订课程，分延教习，添招学生，并酌量开拓诵堂学舍之处，亟应迅速筹定开办。

又本部堂前设化学学堂一区，延洋人骆丙生为教习，附隶铁厂，虽为化验矿产而设，其实该教习学术以及所备器具，均不止专化金石，兼可化验动植物各种原质与地土，所宜举化学之大纲。查西学事事原本化学，凡一切种植畜牧及制造式食式用之物，化学愈精则能化无为有，化无用为有用，而获利亦因之愈厚，是以总理衙门同文馆亦设有专科。今铁厂已招商承办，所有铁政局内原设化学一堂，即并入自强学堂，别为一门，旧日学生其学业已成者，半已分赴各省各局，堂中自应选补。惟化学精奥，非不通西文者所能受业，亟宜另选已通西文之学生，陆续挑补，仍令骆丙生接续教授，以副本部堂创始经营之意。

又西书之切于实用者，充栋汗牛，总理衙门同文馆所译多交涉公法之书，上海广方言馆所译多武备制造之书。方今商务日兴，铁路将开，则商务律、铁路律等类，亦宜逐渐译出，以资参考。其他专门之学，如种植畜牧等利用厚生之书，以及西国治国养民之术，由贫而富，由弱而强之陈迹，何一非有志安攘者所宜讲求，亦应延聘通晓华语之西士一二人，口译各书，而以华人为之笔述，刊布流传，为未通洋文者收集思广益之效。亦即附入自强学堂中，别为一事，其如何访觅西士，购求图籍，亟宜妥筹赶办。

所有自强学堂改课方言，兼课化学，并附译西书，以及添建堂舍各项费用，除原拨款项外，一并在本部堂新筹善后经费各款及银元局赢余（盈余）项下动支。其学堂事宜仍由总办蔡道锡勇、提调钱守恂、总稽查姚令锡光经理。其估工监造堂舍事宜，查有武昌府通判恒荣，堪以派委，合行札饬。

——《张文襄公公牍稿》，卷 12，第 8~10 页

自强学堂改课五国方言折

（1898 年）

奏为湖北自强学堂专课东、西五国方言，为各种实学之初基，以济实用而广译材，恭折仰祈圣鉴事。窃臣于光绪十九年在湖北省城创设自强学堂，分课方言、格致、算学、商务四门，曾经附片奏明在案。历课两年，风气稍开，渐有研求时务者，嗣思命题考试所课者仅已成之材，所读者仅已译之书，于今日新理、新学日出不穷之西书，尚无从探讨其菁华（精华），考究其利弊，以为救时之要策。是以上年春闲扩充规模专以方言及算术为功课，渐读地志、格致、理化等书，不复命题考试，分设日本及英、法、俄、德五堂，选已通中文者为学生，每堂三十人，共百五十人。其东文、俄文、德文兼延洋教习课授，其英、法两文，中国习此较多，即选华人为教习，学生中不乏聪颖可造之士。惟查总署同文馆以外，各省学堂无课东文、俄文者，臣前署两江任内设立储才学堂，亦仅及东文而未及俄文。去冬以来，时局紧迫，该两文尤为切时之用。总之，新理、新学非贯通洋文者无从得其底蕴，必士大夫多半谙晓洋文，而后各种政学有所措手，储译材于此，储通材亦于此。是方言一门洵为救时要策，一俟学生学有成效，即当仿照同文馆之例量予奖叙，并送入同文馆一并备用。所有改课自强学堂五国方言缘由，理合会同湖北巡

抚臣谭继洵恭折具陈伏祈。

——《张文襄公奏稿》，卷 29，第 33 页

【研究与资料】

光绪二十五年自强学堂翻译试题与文法试题

（1899 年）

这年（1899 年）冬天的总考，包括各门课程，除五堂汉文各二题外，各堂西语题目大概如下：英文堂出英文八题，其中，文法与改错五题，翻译三题。这三个翻译题为："译奥员虐待瑞民记一则""译通工、通商说一则""译游西克纪一则"。俄文堂出俄文十三题，其中四题属文法，余九题则翻译"微普斯克书"各课。法文堂出法文九题，其中文法二题，默写"欧溯史略各一段"一题，余为翻译，如"译大彼得传略""译合众国自主一章""译一千七百九十二年战纪"等。德文堂出德文九题，其中文法四题，翻译五题，如"译普鲁士自主战争纪一则""译矿说"等。东文堂出日文十六题，其中文法五题，论说二题为："阿非利加洲说"与"日本北海道说"；翻译九题，如："译支那史禹治水一章""译苏秦事迹一则""译孟尝君事略""译诸葛忠武侯前出师表一节""译后出师表一节""译日本古书二节"等。

——《张之洞与湖北教育改革》，第 103~105 页

五、其他文字学馆与西学馆

中西书院课程规条

（林乐知，1880 年）

启者：法界八仙桥，美界虹口中西两分院今岁落成，来年择日开馆施教，凡诸生肄业先在分院习学二年，然后选升大院习学四年，迨有进境，情愿再学又准在院二年，前后八年，庶可造就人材（才），以备它日大用。如欲精其法者必当加功而力求之也。果能考取，给与（予）凭单。每日八点钟进馆，

83

十二点放饭，一点半再进馆，春夏五点钟、秋冬四点钟解馆。

所有按年课程开列如下：

第一年　认字写字、浅解辞句、讲解浅书、习学琴韵，年年如此。

第二年　讲解各种浅书、练习文法、翻译字句、习学琴韵、习学西语，年年如此。

第三年　数学启蒙、各国地理、翻译选编、查考文法、习学琴韵、习学西语。

第四年　代数学、讲求格致、翻译书信、习学琴韵、习学西语。

第五年　考究天文、勾股法则、平三角、孤三角、习学琴韵、习学西语。

第六年　化学、重学、微分、积分、讲解理性、翻译诸书、习学琴韵、习学西语。

第七年　航海测量、万国公法、全体功用、翻书作文、习学琴韵、习学西语。

第八年　富国策、天文测量、地学、金石类考、翻书作文、习学琴韵、习学西语。

中学课程因诸生年岁大小不同，难以预拟，因材而施，各分班次。

凡肄业诸生，定以十二岁以上者习学西学，如有聪明子弟，十岁以上者亦可，即八九岁者亦准来馆读书，迨年稍长，再习西学。并有女师教授女生课程，同然兼教女红针黹。凡来院诸生理应衣服整洁，读书勤敏，确遵师训，毋得怠惰。至西书、石板、墨水、铅笔等院主代办，偿还值价。中书、纸墨、笔砚诸生自备。……

——《万国公报》，11 月 26 日，第 666 卷

设立俄文学馆酌拟章程请立案折

（1892 年）

光绪十八年九月十四日（1892 年 11 月 3 日）新疆巡抚陶模奏：窃新疆西北紧与俄邻，现在交涉事繁，非有通晓俄文、俄语之人，遇事动行隔阂。光绪十一年，前抚臣刘锦棠函请总理各国事务衙门派同文馆洋学生户部候选郎中桂荣前来新疆办理翻译。十三年，复仿同文馆章程，挑选学徒，于省城设立俄文学馆，即以桂荣兼充教习，并于候补人员内遴委汉文教习一员，分立

课程，督令肄业。当因事属试办，未经具奏。

臣到任后，按月考试，学业均有可观。现择其优者，派赴伊犁、喀什噶尔，充当翻译差使，并饬据署布政使饶应祺，详定学徒额数、课习功（工）程及膏火、薪资、岁需各项经费数目，教习学徒，三年期满，应予奖叙；仿照广东同文馆成案，略微变通，用资鼓励；仍由臣随时查察，务期文艺明通，翻译娴熟，仰副朝廷郑重交涉、储才备用至意。所有新疆设立俄文学馆，恳请立案缘由，谨拟章程四条，缮具清单，恭折陈明。伏乞皇上圣鉴，训示，施行。谨奏。

清　单

谨将新疆省城设立俄文学馆，酌拟章程四条，缮具清单，恭呈御览。

一、新疆设立俄文学馆，应设俄文教习、汉文教习各一员。俄文教习咨由总理各国事务衙门就同文馆选派精通俄文、俄语之人充当；汉文教习就新疆候补人员内，拣选由进士、举贡出身，勤于训迪之员充当。学徒以八名为定额。新疆兵燹后旗丁人少，先尽土著秀髦、次及在省文武官员子弟，既流寓客籍，年在二十以下，稍通汉文、资质聪颖者一并考选。入学肄业一年期满，由巡抚考试甄别。其翻译舛错、毫无长进者汰出；翻译吻合、材堪造就者准其留学。

一、学徒须常在馆住宿。或遇事请假，必察明教习，每月不过三日。每日课程，巳、午、未三时出俄文教习训课，早晚各时由汉文教习训示。每月由巡抚考课一次，或以汉文翻俄文，或以俄文翻汉文。分别甲、乙，酌给奖银。肄业三年翻译无讹者，派充各处翻译；其学业稍逊者，仍令在馆学习，遇有派出或经革汰，随时选补。

一、俄文教习一员，每月薪水银六十两，汉文教习一员，每月薪水银四十两，学徒八名，每名月给膏火、笔墨费用银四两五钱，麦面三百六十斤。其添买书籍、修整房屋及月课奖赏，碍难预定，应随时酌量支给，核实造销。以上各项银两，由善后项下开报；麦面由迪化县拨给。

一、俄文教习、汉文教习、馆中学徒三年期满，给予奖叙。拟照广东同文馆奖案，稍为变通。如教习三年期满，著有成效，系有官职人员，准保加升阶一层；系无官职人员，比照同文馆作为翻译官章程，再留三年，始终不懈，准以府经历、县丞，归部铨选。学徒三年期满，学业有成，派往通商各处，充当翻译委员；如当差三年，斯称得力，均准以府经历、县丞，归部选用；其学业稍逊、实堪造就者，并准随案酌保虚衔一二名，以示策励。

——第一历史档案馆，全宗号 3，卷号 56，号 0127

台湾设立西学堂招选生徒延聘西师立案折

（1888 年）

光绪十四年六月初四日（1888 年 7 月 12 日）刘铭传奏：窃惟中外通商，互准研学文艺。自京师设立同文馆，招选满汉子弟，延请西师，天津、上海、福建、广东仿造枪炮船械之地，无不兼设学堂，风气日开，人才蔚起，海防洋务，利赖良多。台湾为海疆冲要之区，通商务筹防，动关交涉。只以一隅孤陋，各国语言文字，辄未知所讲求。臣初到台，翻译取材（才）内地，重洋遥隔，要挟多端，月薪至百余金，尚非精通西学。因思聘延教习，就地育才，初拟官绅捐集微资，造就一二良才，以资任用；讵一时闻风兴起，胶庠俊秀，接踵而来，不得不开设学堂，以广朝廷教育人才之意，先后甄录年轻质美之士二十余人，延订英国人布茂林为教习。生童酌给膏火，厘定课程，并派汉教习二人，于西学余闲，兼课中国经史文字，既使内外通贯，亦以娴其礼法，不致尽蹈外洋习气，致堕偏诐。日以巳、午、未、申四时专心西学，早晚则由汉教习督课国文，遇西国星期，课试论策。每季委员会同洋教习考校一次，别其差等，分行奖戒。或有不堪造就者，随时撤退补更。计自光绪十三年三月起，迄今已逾一年，规模粗立。臣尝亲加考察所习语言文字，均有成效可观。拟渐进以图算、测景、制造之学，冀各学生砥砺研磨，日臻有用，而台地现办机器、制造、煤矿、铁路，将来亦不患任使无才。本年复添学生十余人，洋教习一员，月支修廪洋币三百五十元，汉教习二员，月各支修廪洋币五十元，共合库银三百二十四两。诸生由附生考入者，月给银八两；由文童考入者，月给银五两七钱；幼童月给银三两八钱。其学生座具，及随时应用外洋图籍等项，据实开支，约计修、膏、杂费年需七千余两。现在盐务项下动支，将来必须建造学堂，以资栖宿。应用经费，俟工竣后，再行造销。应恳饬部先行立案。

——《刘壮肃公奏议》，卷 6，第 483～484 页

天津中西学堂开办章程与功课设置

（1895 年）

……伏查自强之道，以作育人才为本。求才之道，尤宜以设立学堂为先。光绪十二年，前任津海关道周馥禀请在津郡设立博文书院，招募学生，课以中西有用之学，嗣因与税务司德璀琳意见不合，筹款为难，致将造成房屋抵押银行，蹉跎十年，迄未开办。可见创举之事，空言易，实行难；立法易，收效难。况树人如树木，学堂迟设一年，则人才迟起一年。日本维新以来，援照西法，广开学堂书院，不特陆军、海军将弁皆取材（才）于学堂，即今之外部出使诸员，亦皆取材（才）于律例科矣。制造枪炮、开矿造路诸工，亦皆取材（才）于机器工程科、地学、化学科矣。仅今十余年，灿然大备。中国智能之士，何地蔑有，但选将才于传人广众之中，拔使才于诗文帖括之内，至于制造工艺皆取材于不通文理、不解测算之匠徒，而欲与各国絜长较短，断乎不能，职道之愚，当赶紧设立头等、二等学堂各一所，为继起者规式。惟二等学堂功课，必须四年，方能升入头等学堂。头等学堂功课必须四年，方能造入专门之学。不能躐等，即难免迟暮之憾。现拟通融求速办法，二等学堂本年拟由天津、上海、香港等处先招已通小学堂第三年功夫（工夫）者三十名，列作头班；已通第二年功夫（工夫）者三十名，列作二班；已通第一年功夫（工夫）者三十名，列作三班；来年再续招三十名，列作四班。合成一百二十名为额。第二年起，每年即可拔出头班三十名升入头等学堂。其余以次递升，仍每年挑选三十名，入堂补四班之额，源源不绝。此外国所谓小学堂也。至头等学堂，本年拟先招已通大学堂第一年功夫（工夫）者，精选三十名列作末班。来年即可升列第三班，并取二等之第一班三十名，升补头等第四班之缺。嗣后按年递升，亦以一百二十名为定额。至第四年底，头等头班三十名，准给考单挑选出堂。或派赴外洋，分途历练。或酌量委派洋务职事。此外国所谓大学堂也。……

头等学堂功课

历年课程分四次第

第一年　几何学，三角勾股学，格物学，笔绘图，各国史鉴，作英文论，翻译英文。

第二年　驾驶并量地法，重学，微分学，格物学，化学，笔绘图并机器绘图，作英文论，翻译英文。

第三年　天文功（工）程初学，化学，花草学，笔绘图并机器绘图，作英文论，翻译英文。

第四年　金石学，地学，考究禽兽学，万国公法，理财富国学，作英文论，翻译英文。

二等学堂功课

历年课程分四次第

第一年　英文初学浅书，英文功课书，英字拼法，朗诵书课，数学。

第二年　英文文法，英字文拼法，朗诵书课，英文尺牍，翻译英文，数学并量法启蒙。

第三年　英文讲解文法，各国史鉴，地舆学，英文官商尺牍，翻译英文，代数学。

第四年　各国史鉴，坡鲁伯斯第一年，格物书，英文尺牍，翻译英文，平面量地法。

——《皇朝经世文新编》（卷5）《学校（上）》，第8~12页

水师学堂请奖折①

（1884年）

光绪十年十一月初五日（1884年12月21日）李鸿章奏：窃查北洋筹购碰快、铁甲等船，以管驾、员弁需材甚亟，经臣于光绪六年七月内奏请于天津建设水师学堂，请旨饬派前船政大臣光禄寺卿吴赞诚驻津督办。嗣吴赞诚

---

① 船政、海军、武备学堂等专门性学堂亦开设语言类课程，且将翻译作为提升语言技能的重要方式。如《北洋海军章程》中规定学生在堂四年功课包括："英国语言文字（按泰西各国各有水师，皆用其本国文字。即邻国时有新闻，自有译官翻译，无专使人习英文者。中国翻译人少，译馆未开，且水师事宜英为最精，故入堂学生先习英文，非为酬应通情，欲使他日温故知新，有所趋步，不致隔膜）。"并且规定英国语言文字考试内容包括"默写字音、文法、由汉译英、由英译汉一百分"。浙江武备学堂（1897—1902）开设有"日文翻译"和"日本语言"等课程。参见：《中国近代史资料丛刊·洋务运动2》，第245~252、257页。

因病回南就医，复经臣奏派二品衔分发补用道吴仲翔驻局总办各在案。迨七年七月学堂落成，始添招学生入堂肄业。

其时北方风气未开，学生入堂之初，非惟于西语西学咸所未闻，即中国文字亦仅粗通。经饬监督各员，严加约束，教习各员认真课导。欲其于泰西书志，能知寻绎，于是授以英国语言、翻译文法；欲其于凡诸算学洞见源流，于是授以几何、代数、平弧、三角、八线；欲其于轮机炮火备谙理法，于是授以级数、重学；欲其于大洋驾舟测日候星，积算晷刻以知方向道里，于是授以天文推步、地舆测量；其于驾驶诸学庶乎明体达用矣。然犹虑其或失文弱也，授之枪，俾齐步伐，树之梐，俾习升降，娴其技艺，即以练其筋力。犹虑其或邻浮薄也，教之经俾明大义，课以文，俾知论人，瀹其灵明，即以培其根本。为之信赏必罚，以策其倦怠，为之月校季考，以稽其知能。盖自开堂以来，一日之间，中学、西学、文事、武事，量晷、分时，兼程并课，数更寒燠，未尝或辍，迭经季考，诸生课业月异而岁不同。今年春、秋两季，经臣饬派委员罗丰禄邀同英、俄两国水师兵官到堂会考，该兵官等佥谓，欧州（洲）水师学堂所留，以俟上练船后指授之学，此堂均已先时预课。罗丰禄亦谓，堂中所授繁难诸学，多为从前闽厂驾驶学堂洋教习所未及课。计自开堂以来，甫及三年，而驾驶头班学生伍光鉴等三十名，均已毕业，堪上练船。又，课成肄业美国回华学生王凤喈等九名，或充学堂帮教，或经分派各船，成效历有可稽。伏思水师为海防急务，人材为水师根本，而学堂又为人材之所自出，臣于天津创设水师学堂，将以开北方风气之先，立中国兵船之本，际兹成效初收，允宜甄陶在事，激劝来兹，庶几人材（才）可期辈出。查广东设立同文馆，招募学生，课以西国语言文字，每届三年，奏请分别给奖有案。天津水师学堂所课西国语言文字，特其一端，此外诸学视同文馆实相倍蓰，在堂各员弁尽心教导，洵属异常出力，学生亦攻苦逾恒。现已届满三年，著有成效。据总办道员吴仲翔详请援案奏奖前来，臣查泰西各国水师强盛，皆以学堂为根基，中土创办之初，不得不多方诱掖，冀收拔十得五之效，理合酌拟奖叙。

——《李文忠公全书·奏稿》，卷52，第7~8页

奏设珲春翻译俄文书院

（1889 年）

光绪十五年七月十六日（1889 年 8 月 12 日）总理各国事务奕劻等奏：光

绪十五年五月初二日，军机处抄交吉林将军长顺等奏，珲春添设俄文书院，应需汉教习等薪工各项银两，请由税款动支等因一折，本日奉朱批："该衙门议奏。钦此！"

查原奏内称："珲春、宁古塔、三姓三城，与俄界接壤，交涉事繁，各城当差人员，于俄语、俄文未能熟悉，每遇往来照会，多有隔阂误会。光绪十三年五月，前将军希元奏调内阁中书庆全作为俄文翻译教习官，挑选八旗子弟在珲春设立学堂，俾从学习，曾奉谕旨允准在案。该教习庆全于十四年正月间行抵珲春，是年三月初一日设立学堂，名为翻译俄文书院，院中一切规模经费，援照京都同文馆删减酌拟。除洋教习一员月支薪水银六十两由防饷开支，曾经奏明外，所有该书院应设汉教习一员，月支薪水银十二两，司事、书手各一名，月支银七两，学生十五名，每月支膏火银二两，学生纸笔墨费、心红月支银五两，厨夫、火夫各一名，应役人二名，每名月给工食银三两，每月赁房租银十两，按年添买中外书籍需银三十两，每年共计需银一千零二十六两；初设书院，购买书籍陈设铺垫，共需银一百两；月课及年终岁考奖赏银两，难以预定准数，应随时核实报明。请于光绪十四年三月初一日起，按年由库存抵饷税银项下动支，每年年终造册报部核销。并所拟条规分咨立案，等因。"

臣等悉心酌度，边疆办理交涉，必须两国言语文字融会贯通，方无窒碍。珲春添设俄文书院，因地制宜，诚为当务之亟（急）。惟事属创始，固须节省浮费，毋致虚糜，尤须妥议定章，俾可持久。该将军等所拟设汉教习一员，司事、书手各一名，学生十五名，厨夫、火夫各一名，应役人二名，自可作为定数。至教习、学生等薪水膏火以及房租、工食、笔墨、心红纸张等费，初设书院应购书籍、陈设铺垫，并学生月课、岁考应有奖赏等款，户部查该将军所称珲春添设俄文书院。……

既据总理衙门声称添设俄文书院因地制宜，为当务之亟（急），所有汉教习等应支薪水等银，自应准如该将军所奏，自光绪十四年三月初一日起，由库存银两项下动支，年终造报核销；仍令该将军将该书院月课及年终岁考究系如何奖赏，先行酌拟报部，以备查核。

再，该将军所咨新设条规内开，"教习期满三年，援同文馆例，照异常劳绩奏请优加奖励"一节，吏部查京都同文馆汉教习系由举人、五贡考取文理精通者充当。今吉林添设俄文书院，专学翻译，未便援照办理。惟据称讲求两国言语文字，亦属现时要务，自应给予奖叙，以示鼓励。臣等公同商酌，拟比照广东同文馆翻译官奖叙之案办理，嗣后俄文书院教习，如系已有官职人员，三年教习期满，著有成效，准保加升阶一层；如由无官职人员，三年教习期满，拟比照同文馆准作为翻译官章程，再留三年，始终不懈，以府经历、县丞分发洋务省分试用，仍将教习衔名先行报部立案，以凭查核；如不得力，即行另拣通晓翻译之人充补。

——《中国近代史资料丛刊·洋务运动 2》，第 146~147 页

南洋水师学堂考试纪略（节选）

（1892 年）

学堂章程，每届若干时考试西学一次，彭、希二君面试，以各所进益评定甲乙。勤者奖赏，惰者责罚，以为鼓励之规。每年夏一大考，制宪亲临阅考，外派通西学者一二人到堂考试。本年八月二十七日为大考之期，桂观察禀请刘观帅特委三品衔办理江南制造总局翻译馆译书事务，英国进士傅兰雅者到堂主考，头班生徒连考五日，预拟洋文试题凡一百余道，于申先印成，考时按各门之学，人各一纸，各题特作颇深，每考限三点钟交卷。各门学内有行船法、天文学、汽机学、画图学、数学、代数学、几何学、平弧三角法、地志学、英国文法与翻译与诵读与默书与解字，并写英字作英文。

——《格致汇编》，第 7 卷，第 4 期，第 47~48 页

总理衙门议覆皖抚筹添学堂折

（1897 年）

光绪二十三年正月十二日（1897 年 2 月 13 日），准军机处抄交安徽巡抚邓华熙，筹议添设学堂酌议切实办法一折，奉朱批：该衙门议奏，钦此。臣等查原奏内称：今之讲求西学，必须实事求是，若但于旧有书院，令其兼习，究虞造就难成，应请各省均于省城另设学堂，学生自十三岁至十五岁止，择其读过经书，略通文理，姿性聪颖，体质结实，身家清白诚实，考选入堂肄业。堂设华文、西学各正副教习，华文教习由本省延请，教以书法、朱子、小学、史鉴、舆地、略策论等学；西学教习由京沪大学堂拣派，教以语言文字、翻译、策学、各国史鉴、格致、测量等学，是为二等学堂。现在京师、

上海奏准设立大学堂，即属头等学堂，各省议设二等学堂，所以开头等之先路。拟请于各省正款内，每年拨银一万两或八千两，以作束脩、膏火各项之费。学生以四五十人为额，四年之后，每年由各省将军、督抚会同学政面试一次。如果学业有成，即取若干员作为生员，并择其尤者，升送头等学堂肄业。如系自行从师传习，有志上进，准由地方官取结保送，一体与考。各教习四年之内殷勤教授，实效可观，由将军、督抚出具考语，分别保奏。各府州县绅民，有自筹款项，另设学堂，其教习所教学生，有堪选送头等学堂暨取作生员在十名以外者，亦与省城学堂教习一律请奖。若头等学堂教习诱掖生徒，精益求精，三四年后，均成有用之才，应如何优以仕途，或再加考试，作为举人、进士，由管理大学堂大臣议章奏办。倘各省二等学堂，四年期满可造者多，该省自欲建头等学堂，应届时体察情形，另行议奏等因。查该抚请于各省省城另设二等学堂，讲求西学，学成择其尤者，升送头等学堂肄业各节，系遵照上年十一月初二日钦奉上谕切实办理，与臣衙门同文馆近年咨调各省学堂学生来馆肄业之例，亦属相符，与泛言设学者有别，自应准如所请。如蒙俞允，即由臣衙门咨行各省，一体照办，其所请四年之后，每年由各省将军、督抚会同学政面试一次，如果学业有成，即取若干名作为生员一节，查同治三年广东议设同文馆，经臣衙门奏定，该同文馆学生如三年学成后，驻防满汉旗人，应准作为翻译生员，准其翻译乡试并文乡试，汉人世家子弟，准其作为监生，一体乡试。今该抚请即取作生员，有妨学额，且与向章不符，应请嗣后如有驻防省分，即照广东奏定章程为翻译作生员，各该省均准一体乡试。至所请各教习四年之内，殷勤教授、实效可观，由将军、督抚出具考语，分别保奏一节。查光绪十八年新疆设立俄文馆，拟定章程，如教习三年期满著有成效，系有官人员准保加升阶一层；系无官职人员，比照同文馆作为翻译官，再留三年，始终不懈，准以府经县丞归部铨选，业经奏准，遵行在案。该省延聘教习，事同一律，应即照新疆奏准章程办理。但论所教有成，无庸限定所教名数，以收实效。其西学教习，由京沪大学拣派一节，原可照办，惟京沪大学堂未立以前，应由各省督抚咨由臣衙门同文馆拣派前往。各州县等堂亦禀由督抚咨商拣派，以免悬宕。该教习六年差满，无论有无保奖，仍可回同文馆供差。至此项教习，由臣衙门存记，遇有洋务差事及出使随员，酌量派委一节，应由各出使大臣随时酌量奏调。至所称如系自行从师传习，有志上进，由地方官取结保送，一体与考，及各府州县自筹款项另设学堂，其教习由本省大吏考验派往各节，是否能归画，一应由各该省自行酌办。至如所称头等学堂教习，诱掖生徒精益求精，应如何优以仕途，或再加考试，作为举人、进士各节，查臣衙门自设同文馆以来，该馆学生，每届三年大考一次，择其学业精进，考取前列者，量予保奖，或分部学习，或分发省分，或由出使大臣调充参赞翻译等官，近且有径请简派出使大臣者，仕途不为不优。即在馆肄业各徒，每值乡、会试历科中式举人、进士者，亦复不少，正不必再加考试，此可毋庸置议。其各省二等学堂，四年期满，有欲自建头等学堂者，当系成效渐著，应令届时奏明办理，以昭郑重。至所请拨款一节，应由各该省妥定办法，即行奏明，请旨饬下户部酌量指拨。所有遵旨议奏缘由，理合恭折具陈。再，此折系总理衙门主稿，会同户部、礼部办理，合并陈明。

——《皇朝经世文新编》（卷 6）《学校（上）》，第 7 页

岳麓书院新定译学会课程

（1897 年）

一、书课

今年下半年（自上学之日算起），英文入门、拼法、写字，并学杂语、杂字。明年上半年，第一本英文、拼法、写字、作句，并学杂语、杂字。下半年，第二本文法入门、拼法、口述、笔录、作论、写字，并学杂语、杂字。后年上半年，第三本英文文法，上半本作论、翻译、口述、笔录、拼法、写字；下半年，第四本英文，一半文法，下半本作论、翻译、口述、笔录、拼法、写字、写信。再后年上半年，第四本英文，下半本作论、翻译、写字、写信、温文法，全本拼法、口述、笔录。

一、**考试** 每七天先生自行考试一次，每半年大考一次，小考两次，以五十日为一期。

一、**分数** 大考以五十分为足数，小试以二十五分为足数，每半年底总算其分数，过七十五分者为上等，五十至七十五分为中等，五十分以内为下等。

一、**时候** 今年下半年，每日上午三下钟；明年以后，上午三下钟，下午三下钟。

一、**班数**　今年下半年作一班，至明年上半年，将其中资质之智愚并学问之优劣，一一分清，智而学优者选为头班，愚而学劣者与新来学生合成一班。

一、**塾中读西书规矩**　先生入塾，诸生皆立，待先生坐后再坐。背书亦立，问字立，不许私语。出入时师生各宜问安。

一、**解馆**　每逢虚、昂、星、望日停课，逢端午、中秋大节停课三天。十二月初解年馆，二月初开馆，以两足月为限。

一、**请假**　学生在塾请假，须向先生请假票，票上须写明日期、事故，至期不到，须再发假票。

一、**补书**　开馆迟到并请假时所少读之书，晚间补读，或正课毕后再行补读。

一、**英语**　塾中师生问答均用西语，塾外相遇亦然，初学时随便。

一、**额数**　以四十人为限，额内随时补足，额外不得增加一人。

一、**黜退**　凡新来学生，试读二月，可学者收，不可学者退。学生学问虽优，不遵约束，或品行不端者，斥退。

一、**新来学生**　自明年起始，新来学生从未学习英文者，入二班，已学者即就其学问而分派入班。明年下半年以后，或有新来学生，未曾学习英文者不收。

一、**客人游玩**　学生课时，亲友来院探望，不能入塾，须待其课完后，始可到斋相见。

——《湘学新报》，第 10 期，第 4~5 页

南洋公学章程

（1898 年）

第一章　设学宗旨（共二节）

第一节　西国以学堂经费，半由商民所捐，半由官助者为公学。今上海学堂之设，常费皆招商、电报两局众商所捐，故定名曰南洋公学。

第二节　公学所教，以通达中国经史大义、厚植根柢为基础，以西国政治家、日本法部、文部为指归，略仿法国国政学堂之意。而工艺机器制造、

矿冶诸学，则于公学内已通算化格致诸生中各就质性相近者，令其各认专门，略通门径，即挑出归专门学堂肄习，其在公学始终卒业者，则以专学、政治家之学为断。

第二章 分立四院（共二节）

第一节 一曰师范院，即师范学堂也；二曰外院，即日本师范学校附属小学院也；三曰中院，即二等学堂也；四曰上院，即头等学堂也。

第二节 师范院高才生四十名，外院生四班一百二十名，中院生四班一百二十名，上院生四班一百二十名。

第三章 四院学生班次等级（共二节）

第一节 师范生分格五层。第一层之格曰：学有门径，材堪造就，质成敦实，趣绝卑陋，志慕远大，性近和平；第二层之格曰：勤学诲劳，抚字耐烦，猝就范围，通商量，先公后私；第三层之格曰：善诱掖，密稽察，有条理，能操纵，能应变；第四层之格曰：无畛域计较，无争无忌，无骄矜，无吝啬，无客气，无火气；第五层之格曰：性厚才精，学广识通，行正度大，心虚气静。外、中、上三院学生各分四班，每班三十人。

第二节 师范生合第五层格，准充教习；外院生至第一班递升中院第四班；中院生至第一班递升上院第四班，上、中、外三院学生皆岁升一班。

第四章 学规学课（一节）

本学校规则及授读之书，皆由交部后酌定颁行；但其初亦屡试屡改，然后定为令式。公学课程，参酌东西之法，惟其中层累曲折之利弊，必历试而后能周匝。师范院、外院课程，一年之内，已屡有更定，应由总理与华洋教习逐细再加考校，厘为定式。

第五章 考试（共三节）

第一节 每三月小试，总理与总教习以所业面试之。

第二节 周年大试，督办招商、电报两局之员，会同江海道关员亲试之。

第三节 上、中、外三院学生未卒业之日，均不应学堂外各项考试。惟师范院及上、中两院高等学生，经学政调取，录送经济科岁举者，不在此例。

第六章　试业给据（共三节）

第一节　师范院生考取后给试业白据进院，试业两月，察其合第一层格，换给第一层蓝据、第二层绿据、第三层黄据、第四层紫据、第五层红据，递进递给。

第二节　外院生考取进院，试业两月，去其不可教者。质性可造者给予分院生肄业据。递升中院，给中院肄业据，递升上院，给予上院肄业据。

第三节　上院生四年学成，给予卒业文凭。

第七章　藏书译书（共二节）

第一节　公学设一图书院，调取各省官刻图籍。其私家所刻，及东西各国图籍，皆分别择要购置庋藏。学堂诸生阅看各书，照另定收发章程办理。

第二节　师范院及中、上两院学生，本有翻译课程，另设译书院一所，选诸生之有学识而能文者，将图书院购藏东西各国新出之书课，令择要翻译，陆续刊行。

第八章　出洋游学（一节）

上院学生卒业后，择其尤异者咨送出洋，照日本海外留学生之例，就学于各国大学堂，以广才识而资大用。

第九章　教习人役名额（共四节）

第一节　南洋公学总理一员，华总教习一员，洋总教习一员，管图书院兼备教习二名，医生一名。

第二节　师范院并外院洋教习二名，华人西文、西学教习二名，汉教习二名，司事四名，斋夫杂役二十名。

第三节　中院华人洋文教习四名，洋文帮教习四名，汉教习四名，稽察教习二名，司事二名，斋夫杂役十六名。

第四节　上院专门洋教习四名，华人洋文教习四名，汉教习四名，稽察教习二名，司事二名，斋夫杂役十六名。

——盛宣怀著，《愚斋存稿初刊》（卷2），《奏疏》（二），第 18~26 页

盛宣怀奏陈设立译书院片

（1901 年）

再，时事方殷，需才至亟。学堂造士，由童幼之年层累而进，拔茅连茹，势当期以十年。欲速副朝廷侧席之求，必先取资于成名之人，盛才之彦。臣是以有达成馆之议也。顾非能读西国之籍，不能周知西国之为，而西国语言文字殊非一蹴可就。壮岁以往，始行学习，岂特不易精娴，实亦大费岁月。日本维新之后，以翻译西书为汲汲，今其国人于泰西各种学问，皆贯串有得，颇得力于译出和文之书。中国三十年来，如京都同文馆、上海制造局等处，所译西书不过千百中之十一，大抵算、化、工、艺诸学居多，而政治之书最少。且西学以新理新法为贵，旧时译述，半为陈编，将使成名成才者，皆究极知新之学，不数年而大收其用，非如日本之汲汲于译书，其道无由矣。现就南洋公学内设立译书院一所，广购日本及西国新出之书，延订东西博通之士择要翻译，令师范院诸生之学识优长者笔述之。他日中、上两院隽才，亦可日分暑刻轮递，有可以当学堂翻译之课，获益尤多。译成之书，次第付刻。倘出书日多，即送苏浙各局，分任刊印，以广流传。所需译书院经费，即在公学捐款内通融拨用，并归总理公学之员一手经理，以专责成。

——《李宗棠文集奏议辑览初编》，卷 12，第 399~400 页

陈南洋公学历年办理情形折

（1902 年）

光绪二十八年（1902 年）九月，盛宣怀奏：窃臣于光绪二十二年十二月十二日，奏请由轮、电两局集捐，筹办南洋公学，以育人材（才），奉朱批：该衙门知道，钦此。钦遵在案。开办后六年于兹，其始，风气未开，荐绅子弟观望不前，来学者大率寒畯为多，且有来而复去者。迨去冬新政诏下，各省人士承流仰风，以公学无籍贯畛域之分，自愿入学者麕至，而不能遍录，此诚见多士向学之诚，亦足征圣世作人之化，桴鼓相应，捷于影响也。

查公学所分设之目凡八：

曰上院，视西国专门学校，肄业政治、经济、法律诸科；曰中院，视西国中学校，肄习中西文普通诸学；曰师范班，视西国师范学校，肄习师范教

育、管理学校之法；曰蒙学堂，视西国小学校，专教幼童，为中院储才之地，分高等、补习二级，略如西国寻常高等之意；曰特班，变通原奏速成之意，专教中西政治、文学、法律、道德诸学，以储经济特科人才之用。其附属公学者，曰译书院，专译东、西国政治、教育诸书，以应时需及课本之用；曰东文学堂，考选成学高才之士，专习东文，讲授高等普通科学，以备译才；曰商务学堂，当以中院卒业学生递年升入，并招考外生，另延教习分门教授，以备将来榷税兴商之用。

计师范开于二十三年，中院开于二十四年，蒙学堂开于二十五年，特班、东文班开于二十七年，上院则以现在生徒卒业者，除已派出洋外所留无多，先设政治专班为预科，俟随后考升再行定期开办。商务学堂尚须添建房屋，专延教习，大约二十九年可以开办。此臣六年来办理南洋公学之大略情形也。

——《政艺丛书》，卷 4，第 45~46 页

第三章 1902—1911 年的翻译教育

一、京师大学堂译学馆

大学堂译学馆开办章程
(1903 年)

第一章 总纲

第一节 本馆以造就译才品端学裕为宗旨，务使具普通之学识，而进于法律交涉之专门，通一国之语文，而周知环球万国之情势，体用兼备，本末交修，上有以应国家需才之殷，下有以广士林译书之益，兼编文典以资会通。

第二节 本馆建于大学堂附近北河沿，乃大学堂购置房产，一切事宜应即分别办理，惟外国文教习由大学堂延聘。

第三节 本馆隶属于大学堂，由管学大臣遴派人员认真办理。重要事件由监督申告，管学大臣裁夺，寻常事宜由监督主持。

第四节 本馆一切事宜监督总其大成。教育责成于总教习，诸教习分任之。办事责成于提调，诸办事人员分任之。务当各尽心力，矢慎矢勤，无负朝廷与学育才之盛意。

第五节 学生修业以备当世之用，宜以敦品励学为主，功课务求切实约束，不嫌稍严。

第二章 延聘教习及教习之职务

第一节 本馆设外国文教习五员，普通学总教习一员，普通学教习四员，法律交涉专门学教习应于二年后再行设置。

第二节　外国文教习由大学堂聘外国人为之。普通学堂总教习由大学堂总教习兼理。普通学教习由本馆访求得人，经监督暨总教习认可，申告管学大臣派充，再由监督与教习订立合同。

第三节　外国文教习主授各国语言文字兼编文典。英文教习主授英文兼编中英文典。法文教习主授法文兼编中法文典。俄文教习主授俄文兼编中俄文典。德文教习主授德文兼编中德文典。日本文教习主授日本文兼编中日文典。

第四节　译学馆总教习主审量教法，研定课本，稽察教习勤惰，考验学生优劣，有实施教育之责，有整理学务、约束学生之权。

第五节　分教习主分任学科，按程讲授，亦有实施教育之责，约束学生之权。

第六节　开办之初，学生未能深通外国文，而外国教习亦未必尽谙华语，应暂设助教五员，随同外国教习在讲堂传授。

第七节　外国文教习授课勤惰，及能否胜任本馆，监督暨总教习均有稽查之权。如外国教习教课不勤及任意紊乱课程上之规约，或于馆中传授宗教，应照钦定大学堂章程第六章第七节第八款办理，由监督暨总教习申告管学大臣，将该教习辞退。

第八节　外国文助教宜深通外国文并当兼通中文，始能以中文达外国文之意，其任事勤惰及能否胜任，监督暨总教习皆有稽察留退之权。

第九节　外国文教习所用课本，每学期之前，应由外国教习开列名目并该书之大要，经监督暨总教习察定合用，然后购置讲授。每学期既毕，外国教习应将期内所授功课报知监督，由监督送总教习察核。

第十节　普通学教习于每学期开课之前，须作该学期内授业预定书，送总教习审定。所有该学期内应教授之事项，宜循序详载。学期既毕之后，所有该学期内已课之事项，宜作一授业报告书，送总教习察核。

第十一节　馆中设立学生功课记分册，每学科一本外国文记分册，由外国教习评记。普通学记分册由普通学科教习评记。学生有因事请假、旷课者亦记入记分册。

第十二节　外国文功课记分册，每星期由外国文教习送监督，监督送总教习察核一次普通学记分册，每星期由教习送总教习察核。

第十三节　馆中设立学生记过册，每教习处各存一册，教习应随时察看学生性情、行事有无过失，其有违背规则者应即记其事由于记过册，亦每星期送总教习察核一次。

第十四节　总教习处设立计分总册、记过总册，各教习处记分册、记过册送看之后，由总教习通计各学生分数、记过次数汇载入册，或总教习别行察出学生应当记过之处，亦载入记过册。

第十五节　讲堂授学教习应依照学生规则约束学生。自修及休息时，由办事人随时稽察。

第十六节　学生俟讲堂功课完毕，即以讲堂为自修之地，其自修时分，教习应到讲堂监视，以察勤惰，讲堂五处各教习分任之。

第十七节　总教习有因紧要事故招集（召集）教习会议之权，并得告知监督招集（召集）办事人员或数人会议。

第十八节　课程若有应更改之处，课本书若有应换用之处，或欲大更改授业预定书内所载之事项，或其次第者，应由总教习与教习商定。

第十九节　监督与教习订立合同以五年为期，五年之内不得他适。如遇朝廷录用，或家有要事必须离馆者，应先行举人自代。所举之人必经管学大臣及本馆监督总教习认可，该教习始能离馆。

第三章　学生入馆及卒业

第一节　学生由大学堂现设之速成科及渐次设立之进士科，择其略通外国文者调取入馆，以百二十人为额。

第二节　学生入馆，外国文深浅不齐，由外国教习察验，分班肄业。

第三节　学生入馆以五年为卒业之期，应于外国文外，兼习普通学二年之后，兼习法律交涉专门学。

第四节　学生五年卒业之后，业已奏定，援照大学堂章程，应得举人、进士、生员等出身。嗣后，外务部及出使各国大臣，南北洋大臣，各省督抚，咨取译员，并各处学堂延聘外国文教习，均以此项学生为上选。

第五节　五年卒业考验及格，平日未曾记过及记过较少者，具册禀报管学大臣，颁发卒业文凭，奏请赏给出身。遇各处咨取译员、延聘教习，即以最优者应选。

第六节　卒业考验不及格者，或五年之内有因事旷课不能及格者，应仍留馆中补习。

第四章　学程及计分考验

第一节　外国文分设英文一科、法文一科、俄文一科、德文一科、日本文一科，每人认习一科，务期专精，无庸兼习。但无论所习为何国文，皆须肄习普通学及法律交涉专门学。

第二节　外国教授方法，曰缀字，曰读方，曰译解，曰会话，曰文法，曰作文。二三年后，兼授各国历史及文学大要。

第三节　普通学之目八，曰修身，曰历史，曰地理，曰数学，曰博物，曰物理及化学，曰图画，曰体操。专门学之目二，曰法律，曰交涉。

第四节　普通学，用大学堂速成科现用课本，其有未备，由本馆教习编定。法律交涉学，用外国学校课本。

第五节　学科授受以五年为期，应次列学科程度配当表，以便教习依序讲授，学生按时肄习。

第六节　学生功课用计分之法，外国文功课，由外国教习按日计分，普通学功课由普通学教习按日计分。

第七节　学生功课每课以百分为额，届卒业之期，通各科平均计算得六十分以上者为及格。

第八节　功课应有考验，每月月尽之日，举行月考。每年第二学期期尽之日，举行年考，每五年期尽之日，举行卒业考。月考总教习暨教习莅之，年考监督暨总教习莅之，卒业考由监督请管学大臣到馆暨总教习莅之。

第九节　考验之法，但举平日所讲授者，随意发问令学生笔答，并论附加论说，以试其悟力，不别试其他项文字。

第十节　考试评定分数，兼视平日之修学勤惰，立品纯疵，以为多寡，所计分数应与平日分数平均计算。

第五章　学生规则

第一节　学生宜以敦品励学，尊师敬人，养成才学，以备国家任用为宗旨。

第二节　学生宜确守本馆规则，遵教习之指示，受教习之约束。

第三节　学生到馆，量功候之浅深，分别班次，优者不可自足，劣者尤宜自奋。

第四节 本馆稽考功课优劣，纯以通常功课分数及平日行为为衡，各宜自勉。

第五节 学生均须在馆居住，不得朝来暮散。

第六节 同馆学生宜互相亲爱，不得轻侮、嘲戏或致争斗。

第七节 馆中不得撰造匿名揭帖及违禁文字，不得有各种败劣之行为。

第八节 学生入馆除自备枕衾、帐褥、凉席及寻常衣服外，行李不得过多。其寻常衣服以质朴为贵，不得矜尚华丽，或别为新异之制。

第九节 馆中春分后，六点钟起，六点半早餐粥食，七点至十一点授课，十一点至十二点午膳暂憩，十二点至两点授课，两点后自修，晚六点夜膳，九点就寝。秋分后，七点钟起，七点半早餐，八点至十一点授课，十一点至十二点午膳暂憩，十二点至三点授课，三点后自修，晚六点夜膳，十点就寝。

第十节 晨与夜寝、授课、自修、餐饭、休息，各有定时鸣钟为号，不得参差违异。

第十一节 馆中无论何地何时，不得喧哗扰乱，不得歌唱戏曲，吃食洋烟及赌博等事。

第十二节 讲堂受学宜肃静、端坐，切实听受。不得任意跛倚，肆行谈论，擅离坐（座）位，亦不得作轻蔑之状，颓倦之容。

第十三节 讲堂受学，除携带课本、书、纸、笔、墨、石板之外，不许另携书籍及他物件。

第十四节 讲堂受学，不许吃食茶烟，不须曳履，不得叫唤伺役。

第十五节 讲堂夏设风扇，冬设火炉，学生不得自携炉扇。夏日不许肉袒，冬日不许戴风帽。

第十六节 体操非寻常衣服所能从事，本馆特置操衣操鞋发给。届体操分时，须一律更著，不得违异。

第十七节 操衣每年给发单操衣裤两套：夹操衣裤一套、棉操衣裤一套，操鞋每年给发四双。均照大学堂所定式样，如有遗失、破烂，概不补给，由学生自制。

第十八节 授课既毕，应自将所受（授）功课，研讨温习，谓之自修。馆中地址狭隘，不能另辟特室，即以讲堂为自修之所。每届自修时分，各就习外国文时所坐讲堂。如习英文则就英文讲堂自修，习法文则就法文讲堂自修，余以类推，依次列坐，不得紊乱。

第十九节　自修时，宜静肃奋敏，不得与他人往来谈论。若欲质疑求教，当在自修时分之外。

第二十节　自修时，不得歌咏、嬉笑及有粗暴举动。凡妨他人之自修者，皆禁之。

第二十一节　每日届就寝时分，应即灭火就寝，不得燃灯及烛。

第二十二节　学贵有恒，除例假辍学外，宜逐日上讲堂，入自修室，不得托病及他项事故，希图规避，不得贪眠晏起，有误功课。

第二十三节　年假、暑假及星期及章程所载停课之日，学生得任意出外，但遇行礼之期，须礼毕方可出外。

第二十四节　学生遇有亲友来访，应至会客处会晤，不得延至他处。

第二十五节　例假辍学之日，因事出门，应至提调处，请领名牌，悬之大门内，归时，缴送提调。归时宜在本馆扃门时分之前。

第二十六节　遇有要事，必须请假，宜将事由告知教习，并当呈有必须请假之凭证，经教习特许，于名籍上注明请假几日，再行告知提调，领取名牌，并于名牌上注明请假几日，始能出馆。销假回馆时，须面见教习。

第二十七节　请假期内所旷功课，应于星期辍学之日，自行补习。是日，教习不上讲堂，自向同馆学生求教。

第二十八节　学生遇有病疾，应即告知教习，并告知提调，听其指挥。

第二十九节　待伺役人等宜从宽厚，不得横施殴击，肆行丑骂。如伺役实系不堪使用，应告知提调，驱遣另雇。

第三十节　纸片、弃墨及他破坏之物，本馆有特设受贮之所，不得随意抛散。

第三十一节　身体宜洁，居室宜净，凡卫生事理，宜自知讲求。勿以一人之疏慢，延害众人。

第三十二节　食必至食堂，浴必至浴室，便溺必至厕所，不得于他处随意为之。

第三十三节　食堂不得碎碗、泼羹。如饭食不丰、不洁，应告知提调整顿。

第三十四节　门户窗壁及一切器用，不得有意毁坏。

第三十五节　外国文课本、格本、笔墨、石板之类，凡习外国文所必需者，由本馆按时发给。宜爱惜用之，其有意滥耗者，概不补给。

第三十六节 如有万不得已之故，欲中途退学者，须出具愿结，叙明情由。经监督暨总教习认许，方准告退，并须核计该学生在馆年份。馆中为该学生所用经费几何，责令缴偿。

第三十七节 不敦品行，屡加戒饬，而仍不悛者；学期试验，屡不及格者；困于疾病或累于他事，难望成学者；违背规则，有犯第七节所揭示者；一月之内请假逾期限及其他犯规各节，按照情节轻重，分别开除、记过，其记过章程均照大学堂一律。如有心违犯规则，志在剔退出堂者，仍须缴偿学费。

第三十八节 译学馆功课以语言文字为重，课有定程，亦有定日，宜整齐画（划）一，不便参差。凡入学诸生卒业后，既优于出身，自不必再应科举。此次核定章程，不得不与大学堂略为区别。诸生投考时，应申明情愿不应科举字样。凡遇科举年分（份），托故告假，即作为中途废学，追缴学费。

第六章 馆中礼节及学期

第一节 开学、散学之日每朔望日，由监督、总教习、教习暨办事人员率学生诣至圣先师位前行礼。礼毕，学生向监督、总教习、教习暨办事人员三揖，退班。

第二节 开学散学由监督申请管学大臣到馆，学生行礼后，应由监督带领谒见管学大臣。

第三节 每岁恭逢皇太后、皇上万寿圣节，皇后千秋节，至圣先师诞日，仲春仲秋，上丁释奠日，皆由监督、提调、总教习、教习暨办事人员率学生至礼堂行礼如仪。

第四节 学生见管学大臣、总教习、教习，皆执弟子之礼，遇监督及办事人员一揖致敬。

第五节 每年以正月二十日开学至小暑节散学放假为第一学期，立秋后六日开学至十二月十五日散学放假为第二学期。

第六节 小暑节散学放假为暑假，十二月十五日散学放假为年假，两假期合计在七十日。之外，每岁供奉皇太后、皇上万寿圣节，至圣先师诞日，仲春仲秋，上丁释奠日，端午中秋节，房虚星昴日，各停课一日。

第七章 文典

第一节 文典以品汇中外音名，会通中外词意，集思广益，勒成官书为宗旨。

第二节　文典应分英、法、俄、德、日本五国，每国分三种。一种以中文为目，以外国文系缀于后；一种以外国文为目，以中文系缀于后；一种编列中外专名系以定义定音。

第三节　文典办法以搜罗为始基，凡已译书籍、字典及本馆外国文教课译出之字或外来函告所及者概行纂录。

第四节　创办文典为中外学学术会通之邮，国家文教振兴之本，海内通儒游学志士，共有斯责研讨。有护印，当函告本馆以备纂录。

第五节　外国文字数十百倍于中国，且时有增益中文，势不敷用，应博搜古词、古义，以备审用，若犹不足，再议变通之法。

第六节　专科学术名词，非精其学者，不能翻译，应俟学术大兴，专家奋起始能议及。

第七节　外国文字翻成中文，有一字足当数字之用者，有求一名一义之允当而不可得者，本馆以兼收众说，戒除武断为主。

第八节　文典每成一国，送呈管学大臣鉴定之后，即行刷印，颁发各处学堂及各办理交涉衙门以备应用，并当另印多册，以备学者购取。

第九节　文典刷印应归官书局办理，其纸张印费由本馆开销。

第十节　文典编定之后，凡翻译书籍、文报者，皆当遵守文典所定名义，不得臆造其未备及讹误之处，应即告知，本馆续修时，更正其。随时审定之名词，虽未成书，可知照译书局及大学堂润色讲义处，以归画一。

第十一节　文典由监督主持陈告管学大臣核定，一切于馆中设文典处办理。

第十二节　文典处设总纂一员，总理文典事务并参议馆中一切事宜；分纂二员，主搜罗纂辑兼理外来函告；翻译一员，协理外国文字兼翻译馆中外国文件办理刊印书籍一员，主刊印文典及馆中一切刊印之件。

第八章　办事

第一节　监督主持馆务，稽查学规，选择人员，裁定经费。凡馆中开办章程及将来应兴、应革、应改之事，得博采馆中人员意见，呈明管学大臣核定施行。

第二节　提调受成于监督，有实行办事之责，开办时，经理工程及购置物件，平时酌度，应办事宜，稽察办事员役"办事自支应以下，提调应有稽察之权"，并照料学生出入。

第三节　文案主馆中文墨。凡馆中章奏、咨移信函等件，由管学大臣监督审定意旨、授与文案缮稿并管理往来文件。

第四节　支应主经手银钱收发，出入应设总分账籍，随时登载，务实并收掌，购给学生洋文课本及纸、笔墨、石板等项。

第五节　照料学生事务委员，主按照课程时刻，报发钟点，学生上讲堂时，按照班列查看坐（座）次，并照料学生晨与夜寝及餐饭、休息、自修时分，一切事宜。遇有学生违犯规则之处，应分别告知教习暨提调。照学生规则，施行其给发学生操衣、操鞋及发给洋烛等事，并向提调处承颁分发。

第六节　杂物委员监督馆中夫役切实照料监管厨务，如遇监督、提调有不时差遣，应即承应。

第七节　馆中章奏，由管学大臣主持，其余咨移信函等件，涉及教法者，由监督与总教习会商，涉及文典者由监督与文典总纂会商。

第八节　馆中遇有支发银钱之事，应先开单书明事由，计定数目经监督提调，认许各盖戳记，支应始得照数发给其单，即存支应处，以便查账时查验。如监督提调只有一戳或竟无戳，支应不得发给。监督、提调如有因事他往，一时不在，即以一戳为定。

第九节　馆中账籍，每月月尽之日，由提调查核一次，每学期期尽之日，由监督查核一次，年终送管学大臣查核一次。

第十节　馆中办事人员均应在馆中居住，其所任职务或无须通常住馆，或实有要事他往数日者，遇馆中有集议要事，一经知会即须前来。

第十一节　办事人员如自有要事必须出馆，其应办之事，应自行请人代理，所请非本馆人员不可。每次至久不过五日。如自有事故，竟须离馆者，应先告知监督，候派人接办之后，始能离馆。

第十二节　馆中放假日期，办事人员仍有应办之事，不得相率出馆。监督、提调必须有一人在馆，平日亦然。

第十三节　馆中办事各有定所，不得侵越开学、放学及诸行礼之日，或特别集议之日，由本馆先日知会一定时刻，届时来集不得稍迟。

第十四节　馆中章程议就，经管学大臣鉴定之后，馆中人员均应确遵，不得以一二人之私意，擅行更改或有违背。如有实在窒碍之处，应由馆中人员公同商改。

第十五节　附学生所缴附学费，应收入本馆经费项下，分别支用。如附学生人数过多，应于本馆另辟房舍，俟届时酌量办理。

第九章　附学

第一节　本馆为广育人才起见，特设附学一科，以待速成、进士两科之外，有志向学之士。

第二节　附学生以年在十二以上、二十以下，口音清利，中文通顺，无痼疾无恶习者，为及格。

第三节　附学生入馆，各人自行认习外国文一科，亦须兼习普通学及法律交涉专门学。

第四节　附学生一名，每年缴学费龙银一百圆（内计修金三十圆，火（伙）食五十圆，体操衣靴费二十圆，分两期缴纳，均于开学时缴齐）。其在本馆住宿者，每年另纳房舍金十圆。

第五节　附学生宜在本馆住宿，以便整齐画（划）一，其年稚或家离本馆甚近不在本馆住宿者，除假期外，每日应按时来馆，不得略迟。

第六节　附学生宜确守本馆学生规则及一切章程，如有违犯，轻者记过，重者除籍，照本馆学生一例办理。

第七节　本馆待附学生凡教育授课及办事人员照料学生之处，均与本馆学生一律。

第八节　原来本馆附学者应先具附学，愿结缴足一期附学费（在本馆住宿者并先缴房舍金），由该学生父兄带领来本馆，经本馆监督暨总教习察验合格，始行收入。

第九节　附学生来馆，除自备枕衾、帐褥、凉席及寻常衣服外（不住馆者，无庸备此），由本馆制备体操衣靴。发给其所需洋文课本及纸、笔墨、石板等项，可向支应处购取，照价取值。

第十节　附学生如犯有学生规则所载之重要事件，经本馆除籍者，所收附学费并不给还。

第十一节　附学生一学期毕，须将下期附学费缴足，始得留馆肆业，否则除籍，一年期毕，办法同此。

第十二节 附学生五年卒业考验及格者,亦由本馆申请管学大臣给予卒业文凭,得充各处译员及外国文教习之选。惟入馆不由考取,自不能与考取学生一例赏给出身,惟遇乡会试年分(份),许其应试。

第十章 经费

第一节 本馆经费由管学大臣于华俄银行余利项下拨充,开办经费约银一万五千两,常年经费约银四万四千两。

第二节 经费开销不得浮滥经理,务期慎重账籍,务期详明。

第三节 开办经费除本馆房产,已由大学堂购置外,以修整房舍,购置器具、书籍为大宗,但能计大概之数。

第四节 常年经费开销,除外国教习修金,归大学堂开支外,本馆应开经费计薪资一款、火(伙)食一款、通年杂用一款,详见附表。

译学馆预计表

(一)薪资项下

名位	人数	每人每月若干	月计 (银圆每圆按七钱五分算)	岁计总数
监督	一员	三百圆	合银二百二十五两	二千七百两
总教习	一员	一百两	一百两	一千二百两
普通学分教习	四员	一百圆	合银三百两	三千六百两
外国文助教	五员	一百圆	合银三百七十五两	四千五百两
文典处总纂	一员	一百两	一百两	一千二百两
文典处分纂	二员	五十两	共银一百两	一千二百两
文典处翻译	一员	一百圆	合银七十五两	九百两
文案	一员	五十两	五十两	六百两
提调	二员	五十两	一百两	一千二百两
办理刊印书籍	一员	四十两	四十两	四百八十两
照料学生事务	二员	二十四两	共银四十八两	五百七十六两
支应	一员	二十四两	二十四两	二百八十八两

续表

名位	人数	每人每月若干	月计 （银圆每圆按七钱五分算）	岁计总数
杂务	一员	二十四两	二十四两	二百八十八两
书手	八名	六两	共银四十八两	五百七十六两
杂役	五十四名	一两	共银五十四两	六百四十八两
合计			每月一千六百六十三两	每年一万九千九百五十六两

以上各项薪水工资每月需银一千六百六十三两，按常年十二个月计，共需银一万九千九百五十六两，闰年加银一千六百六十三两。

（二）火（伙）食项下

名位	人数	食例	月计	岁计
学生	一百二十人	每月每人三两九钱	共银四百六十八两	五千六百一十六两
办事人员	二十二员	每月每人三两九钱	共银八十九两七钱	一千零七十六两四钱
书手	八名	每月每人三两	共银二十四两	二百八十八两
杂役	五十四名	每月每人三两	共银一百六十二两	一千九百四十四两
各员跟丁	二十五名	每月每人三两	共银七十五两	九百两
合计			每月八百十八两七钱	每年九千八百二十四两四钱

以上火（伙）食每月需银八百十八两七钱，按常年十二个月计，共需银九千八百二十四两四钱，闰月加银八百十八两七钱。

（三）下文所列食例均遵照大学堂现发章程通年杂用项下

一、体操衣靴约银二千六百两

一、学生习外国文纸张、笔墨约银一千四百四十两

一、灯烛费约银一千两

一、炉炭费约银六百两

一、购运食用水费约银三百两

一、茶炉供用费约银二百四十两

一、搭盖凉棚费约银六百六十两

以上七项为约略可计之款共约需银六千八百四十两。

一、添置学科书籍仪器费

一、文典处购置外国书籍费

一、办事应用纸张册籍费

一、添置各项用器费

一、修葺房屋费

一、冬夏裱糊工料费

一、注意卫生费

一、不时应用费

以上八项为不能计定之款，而所费皆馆中万不可少之需，当备银六千两酌量缓急，核实开销，通年不得过六千两之数，如有盈余应归入留存项下，以备次年购置之用，至文典刷印不在数内应届时请款。

总计：

薪资项下：常年一万九千九百五十六两，闰年二万一千六百一十九两

火（伙）食项下：常年九千八百二十四两四钱，闰年一万零六百四十三两一钱

通年杂用一万二千八百四十两

预计常年经费共需银四万二千六百二十两零四钱

预计闰年经费共需银四万五千一百零二两一钱

常年、闰年均计应需银四万三千八百六十一两零

——《湖北学报》，1903年，第11期和第12期

大学堂译学馆章程：学科程度配当表

（1903年）

学科目 学年	修身	历史	地理	外国文	数学	博物	物理及化学	图画	法律	交涉	体操	计
每星期一周	一	二	二	十八	五	二	二	二			二	三六

续表

学科目／学年	修身	历史	地理	外国文	数学	博物	物理及化学	图画	法律	交涉	体操	计
第一年	伦理	中国史	中国境内	缀字读文译解	算术	生理卫生矿物	化理	白在画用器画			柔软	
同上	一	二	二	十八	五	二	二	二			二	三六
第二年	同	同	同	译解会话文法作文	算术代数	植物动物	物理	同			器具	
同上	一	二	二	十八	三				四	四	二	三六
第三年	同	东洋史	亚洲境内	同	算术代数几何						同	
同上	一	二	二	十八	三				四	四	二	三六
第四年	同	西洋史	外国	同兼文学大要	算术代数几何三角						同	
同上	一	二	二	十八	三				四	四	二	三六
第五年	同	同	同	同	代数微积						同	

附表说

原奏谓学语言文字二三年后，择其尤者授以法律交涉专科，覆奏谓于肆。习普通学外分习各国语言文字是前之说，则习专科学于学语言文字之后，后之说则习普通学，于语文字之初，今参酌二说，前二年于语言文字外兼习普通学后三年，于语言文字外兼习法律交涉专门学而普通学之最要者，仍并习之。

——《湖北学报》，第 11 期，第 20~21 页

译学馆招生办法

（1903 年）

京师大学堂日前咨行各省招考译学馆学生，并附告示，略谓译学馆办法。按照钦定章程，酌予出身，无非为将来各省中、小学堂洋文教习，并充当出使外洋译官随员，与各省税关、洋务局所委员。来学者限五年卒业。专习英、法、俄、德、日五国语言文字，年岁限十六以下、二十以上。自出示之日起，有报名投考者，须取具同乡官印结一纸。在旗取具本佐领图片，亲赴本大学堂总办处报名注册，填明籍贯。七月初一日考试头场，初二日考试二场。头场试修身、伦理大义一篇，中外史论一篇，各国文字六问，未经习过不作者听。二场试四书五经义一篇，物理学一篇，算学六问，未经习过不作者听。题分一深一浅，深者以待成材，浅者以观初学。临时取定额数百二十名，除由本大学堂速成专科拨入习会英、法、俄、德、日五国文字之学生外，尚须招考住学肄习。有志之士，不得自误云云。

——《新民丛报》，第 30 期，第 137 页

畿辅近事：译学馆近事

（1904 年）

闻大学堂、译学馆学生卒业后拟分五等奖，用最优等以主事，分外部、商部，补用优等以内阁中书或同知，用中等以国子监学正学录或外省直隶州补用，以上俱加。钦赐举人下等给以卒业文凭，最下等给以分数单，传闻如是。又去岁，考取入馆肄业之正班、附课各生第一学期已满。拟于三月中，一律甄别正班不及格者，降为附课，照缴学费。附课不及格者，革出。近日，诸生习课颇勤。

——《北洋官报》1904 年，第 249 期，第 5 页

译学馆招考附学章程节要

（1905 年）

北京译学馆现拟招考附学生四十人，限八月十五日以前赴馆报名。兹据

函寄招考章程节录如下：

一、取录附学生以四十名为额。

二、学生年岁以十五以上、二十以下为合格。

三、有恶习痼疾者不录。

四、曾习英文二三年或四五年始能收录。

五、须习过算术及代数学始能收录。

六、考试章程头场试英文论一篇，算学十问。复试试英文论一篇，国文一篇。

七、学生取录后，除邀请保证人出具愿书外，每人第一学期缴学费、操衣费、房舍金五十五圆，课本、书籍费十圆。入馆肄业，不愿者不必应考。

八、学生到馆后居公共寄宿舍、公共自修室，不愿者不必应考。

九、此次所录学生为丙级，附学生于本年九月入馆，庚戌年九月卒业。除英文、算学两项功课酌量程度与原有学生合班教授外，其余各项功课均分别教授，不愿者不必应考。

十、此次所录丙级附学生应俟甲级学生卒业后，乙级学生余有正额，始有正额可补。约在三年之后，其无正额可补之时，每学期每人收学费、房舍金、操衣等费五十五圆，不愿者不必应考。

十一、五年卒业后，一切奖励与甲、乙两级学生一律。

——《北洋官报》，第 707 期，第 6~7 页

京师译学馆招考章程

（1907 年）

此次考取诸生入馆后，专习德文，无论已否习过他国语言文字，其德文概从字母教起。

此次投考诸生以年在十六岁以上、二十二岁以下，性行纯谨，体质坚实，曾在各地中学堂肄业或与中学堂程度相当之学堂修业至二年以上者，为合格。报名时，需开呈该生学业程度，并在学履历书由各本堂监督备文咨送盖用学堂之钤记，其未经领有钤记者，用学堂自刻之印记以为凭信，如有未经学堂咨送者，旗籍取具本旗图片，民籍取具同乡官印，结以昭慎重。

报名时，各带本生四寸影一张，或点名时面交亦可，纸背亲笔注明年貌、

籍贯、三代寓所，交本馆存查。无者，概不收录。入馆后，如面貌与投考时所交影片不符，随时查出除名。所交学费，概不给还。其自行告退及因事经本馆开除者，亦照此办理。

考试分为二场，首场试国文，一篇历史、中国史五问，舆地中外地理五问；二场复试，寻常理化二问，博物二问，算术二问，数学百分法，代数次方程。

考取入馆，须邀同乡京官作为保证，到本馆当面填写愿书并签押。

此次考取各生所有学衣、操衣、靴帽均由自备，学衣、操衣等费勿庸缴纳，复试揭榜后三月到本馆支应处先缴第一学期学膳费，并到操装处阅视学衣、操衣靴帽式样，从速仿制，以便入学应用，不得迟延。

此次考取各生，不在馆中寄宿，每学期每名按照新章应缴午膳费十三元，每日午膳由馆中备办，惟逢星期日及寒暑假时，不备午餐，至于学费亦按照新章每学期每名应缴十八元，统计每学期每名学膳费共三十一元。如逢闰月，午膳费加二元六角，学费加三元，所有应用物件，除本馆所发铜印讲义外，其书籍与地图课本、纸、笔、墨水等件概由诸生自备。

本馆现有之四年生为甲级，三年生为乙级，二年生为丙级，一年生为丁级。此次所招学习德文生为戊级，其普通科学均一律肄习，五年毕业，除原设正额，现归甲、乙、丙三级学生分补外，其余一切应遵现章，与各级学生一律。

本馆详细章程除分别悬示外，如有部颁新章及本馆增添规则，诸生应一律遵守。

——《教育世界》，第 152 期，第 3~4 页

奏为补考大学堂译学馆毕业学生分别请奖折

（1910 年）

窃，臣部于本年三月据大学堂译学馆将上年毕业因丁忧未与考试及补习期满各生，送请补考前来。臣等当饬令该生等与各省来京复试之高等学堂毕业生，一律在臣部考棚分场严密扃试，试毕核其平均分数。计大学堂预科毕业生取列优等一名、中等六名；译学馆毕业生取列优等二名、中等一名。查，奏定学堂奖励章程内开：大学堂预科毕业考列优等者，作为举

人内以中书科中书尽先补用外，以知县分省尽先补用；考列中等者，作为举人内以部寺司务补用外，以通判分省补用；译学馆毕业考列优等者，作为举人出身以内阁中书尽先补用外，以知县分省尽先补用；考列中等者，作为举人出身内以七品小京官分部外，以通判分省补用各等语。此次补考各生其分数，既能及格自应照章分别请奖以资鼓励，除大学堂学生陈电祥一名现在丁忧期内，此应得奖励应俟服阙后再行发给凭照。咨照吏部分发外，所有取列优等、中等各生，谨缮具履历分数清单恭呈御览。如蒙俞允，即由臣部咨行吏部钦遵办理所有补考大学堂译学馆毕业学生分别请奖缘由谨恭折具陈。

——《学部官报》，第 131 期，第 3 页

学部奏译学馆戊级学生拟准其随同丁级毕业折
（1911 年）

宣统三年七月初六日（1911 年 8 月 29 日）学部：奏为京师译学馆戊级学生拟准其随同丁级毕业，恭折仰祈圣鉴事。窃查京师译学馆创设于光绪二十九年，历年所招学生分为甲、乙、丙、丁、戊五级。甲、乙、丙三级自光绪三十四年以来，业已陆续毕业，丁级于本年秋间亦届毕业，惟戊级学生肄业四年，尚未届毕业之期。而该级学生共只五十余名，内分英文、法文、德文、俄文四班，每班少者数人，多者十余人。分班教授，学科不能减，教习不能去，即经费不能节省。预计明年用款尚需银四万余两，且近准内阁咨已定议就马神庙之大学堂房屋设立新署，明年分科大学虽可迁至城外，而现时附设于大学堂内之京师高等学堂，除移入译学馆房屋内，别无位置之地。是为经费计、为房屋计，皆非令译学馆戊级学生随同丁级毕业，殊难以便推行而节经费。臣等查各项高等学堂本皆以三年毕业，惟译学馆则年限较长，而奖励亦为独优。今该馆戊级学生已修业四年，虽未届毕业，而比之他项高等学堂，修业之期已多一年，若令随同丁级毕业而照高等毕业给奖，并准其升学，尚不得谓之过优。从前进士馆因学员日少而经费不能省，曾经奏准变通办法送入日本法政大学速成科毕业者，虽未满三年亦准其一律考验给奖。此次译学馆戊级情形与当时之进士馆相若，而提前一年毕业者不得照原章请奖，则比之进士馆之办法更昭核实。如蒙俞允，即由臣等饬令该馆

监督钦遵办理。所有京师译学馆戊级学生拟准其随同丁级毕业缘由，谨恭折具陈，伏乞皇上圣鉴。

——《内阁官报》，第 14 期，第 14 页

【研究与资料】

译学馆沿革略
（1903 年）

咸丰十年（1860）冬，恭忠亲王等奏请：饬广东、上海各督抚等，分派通解外国语言文字之人，携带各国书籍来京，选八旗中资质聪慧年在十三四岁以上，俾资学习。据原奏，嗣以铁钱局改为总理衙门，因炉房修葺之，作为馆舍，以居学生。同治元年，广东、上海各督抚皆无咨送来京之人，英使威妥玛荐英人包尔腾为教习。包尔腾号通汉文，因于五月十五日挑选学生十人入馆，肄习英文，此同文馆开办之始也。其后于同治二年三月初六日，复开法文、俄文二馆，延法、俄二国人为教习。而乾隆二十二年，于内阁所设之俄罗斯文馆亦并入之。各馆学生皆由八旗咨取年在十四岁内外者。同治五年十一月又奏请添设一馆，招取满汉举人以及恩拔岁副优贡，年在二十以外，并准举人五贡出身五品以下之满汉京外各官，愿入馆者，一并与试，规模始渐扩充。除语言文字之外，兼习天文、算学、化学、格致、医学。总教习美国人丁韪良于同治四年到馆，充英文翻译教习。同治七年始任总教习。其课程则由洋文而及诸学，卒业需八年。其年齿稍长者不能肄习西文，仅藉（借）译本以求诸学者，卒业需五年。光绪十四年添设德文馆。自甲午以后，乃设东文馆。二十余年以来，所造就人才颇众。光绪二十七年十二月奉旨以同文馆归并大学堂，而常年开支，在海关船钞项下拨用三成之款扣留。外务部经费无著，大学堂房舍又不敷，乃于北河沿购宅一区稍加修理，改名"译学馆"。于光绪二十八年十一月十九日奏定变通办法，于华俄银行余利项下，拨用四万余金习英、法、俄、德、日本五国文兼他科学。复经外务部议，覆所有学生均与大学堂学生一律予以出身。此"同文馆"改"译学馆"之沿革大略如此。（光绪二十九年癸卯三月禊日记。）

——《湖北学报》，第 11 期，第 2~4 页

京师译学馆建置记

（张缉光，1905 年）

光绪二十八年（1902），学务大臣既于东安门内北河沿购宅一区，将辟为译学馆，以之赓续同文馆，为外国语言文字专门学校。奏派湘乡曾京卿广铨为监督，鸠工庀材，葺治横舍，购置仪器，采集图书，延访中外学者为教习，冀有以扩同文之旧规，益其学之所不足。事未竟，而曾京卿以母故，辞去学务大臣，奏以开州朱大令启钤代之，经营数月，规模粗具。乃召学子试之，得百余人。廉其学有根底、曾习外国文者，年幼质敏、易于造就者，及仕学师范两馆学生之能习外国文者，隶译学馆，都七十余人，开校授学，时二十九年九月十四日也。既而仕学、师范两馆，有遣派学生游学欧美之议，求通欧文者不可多得，乃择译学馆学生之曾习欧文，历有年所者，遣派数人，分赴英、法、德、俄诸国，而译学馆亦再添招学生，合之前所隶入凡百人。

监督朱大令以馆地湫隘，旁无林木旷地，非学堂所宜，讲堂及自修室，因民居修葺，尤不中法式，请于学务大臣，谋所以扩充之，议良久，乃奏请拨用御骡圈地，以资推广，得旨允行，又益以光禄寺之官地、民屋数所，建置斋舍，即今甲级学生所居之忠、信、笃、敬四斋也。斋舍式为长方四周，周凡三层。初议，以下层为仆役栖息及储藏器物之所，中层南北为学生寝室、东西为会食、阅报之所，上层南北为学生自修室，东西以居教习。而论者皆以公共寝室、公共自修室为不便，必一人一室，诵习坐卧，皆在于是，以为可以利独修之士，持其说甚力，不得已迁就应之。以上、下二层南、北居学生各占一室，余如前议。今岁夏仲，增建斋舍，既将落成，复议以甲级学生旧居之公共寝室，添招附学生，增建议堂，以便教授。再请得允。而有志就学者千人，学务大臣亲莅再试之，取百二十人，命为乙级附学生于九月初二日入馆，受学，其增建讲堂已先是告成，并已辟建公共自修室，为附学生修业之所。其原有自修室之不中法式者皆去之，复改建理化讲堂，增置藏书室，购中外图书储之，规模稍稍完备，其他房舍，则一仍其旧，不尽协于学堂规制也。夫学堂之设在精神不在形式。校舍其形式也，学科其精神也，海通以来，士夫言西学者莫不以语言文字为先务，而沿江、沿海之民，能是者盖亦不乏。进叩其人，有盲于国文者矣，有奴于彼族者矣，有挟以自重卖国渔利者矣，有身渐欧化、心仪西俗不知所生何国者矣。此其人岂初心若是？盖国家未能广设语文学校，以待之迫，而以商人、教士为师所从受者如是。其卑鄙龌龊，种瓜得瓜，不足异矣。缉光更有说于此。前之习外国文者，非心欲之，乃外界所驱使，所激刺也。庚子以前，长江流域之生计为英人商业势力所操纵，而英文盛于南。庚子以后，长城内外之人心为俄人东略政策所震撼，而俄文唱于北，其杰然自异者，有见于交涉日棘，要言结约，取正法文，或以是相号召，独德以科学擅胜五洲而治其文字者绝鲜。呜呼！是可以见吾国人志学之目的矣。本校之设以英、法、德、俄、日五国文字为主科，各占其一，而辅之以普通科学，继又改日文为普通科以资骖靳。固欲有以正吾人志学之目的，匡饬而光大之。来者喁喁，其所志若何不得而知，而学务大臣所期望、所责成，则不惟育译才而在育学问完备之译才，不惟习外国语言文字，而在习外国语言文字以求外国之学术而保存灵粹归墟于国文，扶植品范，趋重于伦理。南皮张宫保厘订学章，尤斤斤焉。近者陈子祖良自法贻书于光曰，倾心洋文，吐弃科学，吾国人之通病。科学不备，虽通洋文无能为也，学者宜自省。林子行规自英贻书于光曰，吾国于新道德无所得，而旧道德日就退落，长此不返，无以为人。欧洲之矜尚道德十倍于我，欲治欧学、成国民自道德始。林、陈乃本校前所遣派之游学英、法者也，而能见及此。吾党其知免乎？夫国以学成人，人以学存国，无安全之人格不足以言学也，无普通之知识不足以治学也。今之为学，未敢遽语高远，求具人格而已，求备知识而已。至于吸聚文明，邮介道艺，能力所至，微治外国文字者，其谁与归？缉光以荒陋之身，谬董教务，无以自效，今开校既一期，承学之子，濯磨行谊，鼓进知能，英英振振，日有以自异，因编次同学录，并述本校建置始末，与夫匡往诏来之宗旨之责任，以相敦厉，跂前途之声烈，昌学界之光荣，是在吾党，是在吾党。（光绪三十年十月十一日，善化张缉光记。）

——《教育杂志（天津）》，第 6 期，第 41~42 页

记 译 学 馆

（陈诒先，1940 年）

《宇宙风》编者周黎庵兄要我写一篇"记译学馆"，这可把我难住了。我对译学馆虽说印象颇深；然而毕竟已离开了三十年。兹就记忆所及，叙述

如下：

京师译学馆继同文馆开办，校址在东华门内，当时仅办甲、乙、丙、丁、戊五级，即于宣统三年结束，归并北京大学，改为法律院。一向来，译学馆与北大学生均称同学。在甲、乙、丙、丁、戊五级中，每级分为四系，即英文系、法文系、德文系、俄文系，盖以外国语言为主，其余学程为人伦道德、中国文学、历史、舆地、教育、交涉、理财、博物、物理及化学、算学、图画、体操十二科。学校监督前后四人，为黄绍基、章梫、王季烈、邵恒浚。教员有蔡孑民、汪荣宝、韩朴存诸人。韩朴存先生为地理专家，其所著讲义东邻人士极重视之。译学馆停办多年，予在教育部编审处时，曾在东安市场一书摊，见有韩先生所编地理讲义多部，隔数日再到市场，则一部无存，询之摊主，则云为东邻人士捆载以去云。予前在学校时读书，讲义书籍本留存杭州西湖自己庄子内，此次战争，湖庐所存籍字画，被劫一空。韩先生之地理讲义，亦在其内，将来尚拟觅致之。

译学馆授课情形，为每晨六点兵式体操，一小时操毕，吃粥以后，为外国语言三点钟，午前授毕，十二点午饭，下午为普通课程，五点钟完毕，晚饭后自修二小时，九时后入寝，寝室分为仁义礼智信五斋。甲、乙两级学生住校，丙级半住校半走读，丁、戊两级全为走读生，甲、乙两级为免费生，予属丙级，入学时交费一学期，第二学期经同学谢冰、易克枭诸人力争，结果丙级同学一百人，学期考试在前二十五名者免费。

予为英文系，最初教员为胡复先生，后为美国人，所读为 Gold Smith 之 *The Vicar of Wikerfield* 及 Addison 之 *Spectator*，Scotts 之 *Ivanhoe*，此为底班；高班之教员为一英国人，所读为 T. R. Green's *A Short History of the English People* 等书，译学馆五年毕业，同学谢冰，中西文均好，自入学至毕业，包办第一名，毕业后在教育部任事多年。光华大学成立后，教部所派视察员即谢冰同学也。统计译学馆五级同学，几无一伟人；但均能自食其力，多数皆能以气节自励。如徐世章同学为徐世昌之弟，当徐世昌为总统时，世章为津浦路局长兼交通部次长炙手可热，同学以并肩一字王称之；但均不求其谋事。最近译学馆某教员在南京粉墨登场，罗致同学去者也寥寥无几，这是译学馆同学所引为足以自傲的。

——《宇宙风：乙刊》，第 27 期，第 519~520 页

京师译学馆始末（节录）

（蔡璐，2000 年）

我是译学馆甲级俄文学生。回忆本馆创立的时期，是在清光绪二十八年（1902）壬寅，其开学在二十九年（1903）癸卯，因思同文馆设立有 40 余年，译学馆设立有 10 年，在教育史上有记述的必要。是以把译学馆创立始末及各方面的事实，分别回忆记述出来，以为参考资料。

译学馆的前身——同文馆

译学馆的前身是同文馆，同文馆创始于清咸丰十年（1860）庚申，从前有大学堂提调湘乡李希圣先生写的一篇同文馆始末文字，记述颇详。

……

当同文馆设立之初，对于延聘外国教员教习天文、算学一事，朝野颇多反对。御史张盛藻奏称天文、算学宜归钦天监，工部无庸招集正途学习，致与士习人心大有关系。又大学士倭仁（字艮峰，谥文端）亦曾具折以同文馆延聘夷人教习天文、算学，恐滋隐患，请立罢前议，以维大局。其时正值候补内阁侍读学士钟佩贤以抗旱请饬廷臣直言极谏，奉旨允行。于是有候选知州杨廷熙应诏陈言，以天象示警，人心浮动，请撤消同文馆，以弥天变，而顺人心，杜乱萌而端风教，具奏。奏折内容有十不可解，即：一曰忘大耻务小耻，二曰舍中国师夷狄，三曰费钱粮劳人力，四曰舍人事习天数，五曰震惊外洋机器，六曰圣贤之道不修，士林气概不讲，七曰不操出奇胜算，而为依样葫芦，八曰西教本不行于中国，而请尊之使行，九曰略其大而举其细，十曰溃夷夏之防为乱阶之倡。并以"同文馆"三字非美名，在宋代为监狱，引证宋史谓蔡京等残害忠良排斥正士，有异己者，即下同文馆狱。今令翰林等相聚其中，既失考据，又非嘉予士林云云。三折均持之有故，言之成理，杨廷熙折长数千言。奏上均未俞允，同文馆仍旧进行。

译学馆述要
沿　革

译学馆于同文馆归并大学堂之后，因馆舍及经费关系，遂于光绪二十八年（1902）壬寅十一月十九日，由学务大臣孙家鼐、张百熙、荣庆奏定变通办法于华俄银行余利项下，拨用 4 万余金，习英、法、俄、德、日本五国文字，兼他科学。旋于东安门内北河沿路西购宅一区（尚书徐用仪旧宅），赓续同文馆为外国语言文字专门学校。奏派湘乡曾京卿广铨为监督。修治校舍，置仪器，购图书，延访中外学者为教习。事未竟，曾广铨以母故辞去学务大臣。奏以开州朱大令启钤代之。经营数月，规模粗具。乃招试学生得百余人。选学有根底，曾习外文，及年幼广敏，及师范仕学两馆学生之能习外文者，隶译学馆，约 70 余人。于光绪二十九年（1903）癸卯九月十四日开学授课。嗣仕学、师范两馆，有派遣学生留学欧美之议，就译学馆学生之曾习欧文有年者，遣派数人，于是译学馆再招学生合之前所隶入凡百人，此为译学馆创立之始。（我于第二次招考时入馆，原名蔡宝瑞，在第九学期时呈奉监督批准更名蔡璐。）

译学馆自光绪二十八年创立至宣统三年停办，凡历 10 年。我自光绪三十四年甲级毕业后，虽经离馆，对母校一切情况均颇注意。其后知悉，当张之洞管理学部时，拟扩充大学，将本馆并入大学文科，戊级以后不再招生。迨宣统三年，分科大学规划既定，丁级亦已毕业，学部主管议以戊级仅只 50 余人，以全部经费培养此少数学生，殊不合宜。监督邵恒浚颇愿节资续办，会川路事起，于是戊级提前毕业，照给奖励。此后即行停办，对房屋文物分别办理结束，时宣统三年十月也。

建　　置

译学馆正式开学后，朱启钤（桂辛）监督。以馆地狭隘，旁无林木旷地，请于学务大臣奏请拨用御骡圈地，以资推广，得"旨"允行。又益以光禄寺之官地民屋数所，建置斋舍，即甲级学生所居之忠信笃敬四斋斋舍。式为长方四周，每周三层。议定上下两周，南北居学生，各占一室。上层东西两面居教习，中层东西为阅报会食之所，下层为仆役栖息器物储藏及沐浴厕所之用。光绪三十年（1904）壬辰夏，斋舍建成。又以甲级旧居之公共宿舍，添招附学生增建讲堂，另辟公共自修室为附学生授业休息之所，其不合实用之房屋皆去。嗣又在馆之西部改建理化讲堂，增置图书室，规模略备。其他房舍，虽不合于学堂规制，以节省经费，暂仍其旧。嗣朱监督因事辞职，黄监督绍箕继任。又于其北数十武建造西式楼屋一座，中为门庭，门楣砖上刻

"译学馆"三字。楼上下各三楹，左右为耳房，门内拓广场（大学堂召开北京各学堂第一次运动会本馆运动场即在此广场内）。右面绿色车门，上刻篆书"天下同文"四字于书卷之上。馆址四至，东临河沿，南为民房，西与孔德西巷相通，北为孟公府胡同。孟公府东口本馆东北墙角立护墙石碣，上刻五字曰"京师译学馆"。理化讲堂亦称大讲堂，在旧斋西北隅为高大楼房，地势较高，拾级而上，楼前点缀湖石，上下各区分为二讲堂，楼颠悬铜钟，派专人司击之，以为上下课及自习兴息之号。复于楼之西偏，在监督章梫莅馆后，建广大玻璃罩棚，为考试及礼堂之用，本馆各级学生期考，学部临时命题会考，甲级学生毕业典礼，及清室慈禧太后光绪帝哭灵仪式，皆在此处。

学　科

译学馆学习年限为五年。学习科目以国文及外国文为主。国文分讲课及作文，外国文有英、法、俄、德、日本五国文字，其余为普通科，有中外历史、中外舆地、算学、物理、化学、博物、植物、生理卫生、体操、图画，后增授人伦道德。三年后普通科习完，就所余钟点改授专门学为教育、理财、交涉三科，又为考察修业进德另设勤学立品两门。

学　级

译学馆学生自开办起分年招考计五次定名五级为：

甲级　光绪二十九年考入 92 人

乙级　光绪三十一年考入 120 人

丙级　光绪三十一年考入 73 人

丁级　光绪三十二年考入 300 人

戊级　光绪三十三年考入 50 人

职　员

译学馆自创立至停办有 10 年的历史。所有职员教员达一百数十余员，除监督、提调、教员姓名列举外，其他均只记人数。惟所记并非定额，乃 10 年来在职之人数，有无遗漏，尚待查考。

监督　曾广铨　湖南湘乡　光绪壬寅年任

　　　　朱启钤　贵州开州　光绪癸卯年任

　　　　黄绍箕　浙江瑞安　光绪甲辰年任

　　　　章　梫　浙江宁海　光绪乙巳年任

　　　　王季烈　江苏常州　光绪丁未年任

　　　　邵恒浚　山东文登　光绪戊申至宣统辛亥年任

教务提调　罗良鉴　湖南善化

　　　　张缉光　湖南善化

　　　　陈　苣　湖南

　　　　白作霖　江苏南通

　　　　王寿彭　山东潍县

斋务提调　陈　琦　福建闽县

　　　　端　绪　满洲正白旗

　　　　周景涛　福建侯官

　　　　史锡永　四川万县

庶务提调　于德懋　贵州贵筑

　　　　李　深　广东香山

斋务襄办二人　文典纂修官一人　文案五人　监学十人　检察十一人
收支一人　中医三人　西医三人　教务司事一人　支应处司事二人　操装处
司事一人　杂务司事二人　供事处领班一人　供事十五人

教　员

国文教员　张缉光　蔡元培　顾栋臣　杨守仁　缪纶藻　刘　焜
　　　　郭立山　谢绪墦　陈云诰　喻长霖　高振霄　曾广垣

伦理教员　陈云诰　刘　焜　喻长霖　陈　衍　高振霄

教育教员　伍崇学　范源濂

理财教员　陆梦熊　楼思诰　陆世芬　陈　威　钱应清　袁荣麦

交涉教员　王鸿年　顾　鳌　周宏业　曲卓新

中国史教员　汪荣宝　杨敏曾　林锡光

西史地教员　许寿裳　叶　澜　蔡元培

舆地教员　韩朴存　冯明馨

算术教员	丁福保	周道章	吴葆诚	薛光椅	顾　澄	何燏时
	王文持					
理化教员	陈　骧	王季烈	王季点	姚志光		
博物教员	叶基桢	姚志光				
卫生教员	丁福保					
图画教员	杜　超	钱崇垲				
体操教员	杜　超	张金芳	杨恩波	彭国嘉		
英文教员	欧阳琪	胡　复	萧　敏	魏　易	王建极	胡振平
	林葆恒					
英国籍	巴克斯	双浩德	何福爱			
美国籍	安德生	傅玉珂				
法文教员	郭家骥	德　生	胡德望	恩　庆	彬　熙	水钧韶
	沈崇勋					
法国籍	何世昌	苏　馨	柏良材	卜朗西	华仁寿	贾思纳
	铎尔孟					
俄文教员	余大鹏	范绪良	郝树基	陈嘉驹		
俄国籍	伊凤阁	葛理格				
德文教员	周英杰	唐德萱	恩　祐	陈应宗	程经邦	
德国籍	孔拉德	师德威	徐　乐	浩　尔	华根纳	褆芬斯
日文教员	汪荣宝	祝惺元				
日本国籍	安井小太郎					

考试及记分办法

译学馆各项考试，分入学考试、临时考试、月考、期考、毕业考试。国文临时考每月一二次，月考三个月一次，期考半年一次，毕业考试在五年期满后。计分办法：系以外国文国文成绩分数，与其他普通及专门成绩分数，加入勤学立品分数（固定 60 分有功过者增减之）为总分数平均计算。

译学馆各科考试分数，国文卷于评定甲乙后，在卷面上填写发交本人存阅，优良者传阅观摩。月考期考卷于发阅后收回存案。所有月考期考分数，每次用巨幅朱丝格宣纸分写姓名、科目、分数、名次，置玻璃镜框中揭示。

至毕业分数，则在本馆所给毕业文凭上分别注明，试卷由学部存档。

学生各项供给及津贴

译学馆正额学生不收学膳等费，附学生每学期应缴费 60 余元（我初入馆时曾缴费一次，第二学期即补正额）。正额学生书籍服装一切由公家供应，除被褥、内衣、鞋袜、面盆自备外，均按时发给。计各种课本、家典、讲义等，蓝布长衫（通称学衣）四件、冬季操衣一套、夏季操衣两套、草帽、皮靴、哑铃、步枪、图画、仪器、纸、笔、墨水以及洋烛，无一不备。至于津贴系由各省筹寄，并非普遍皆有，湘粤两省数目较多。我为浙籍，经具呈本省长官，并由同乡京官函托，至光绪三十年甲辰九月浙抚汇到津贴，每人每月八元，自七月份起支。

毕 业 奖 励

译学馆学生五年毕业，经外务部议复，所有学生均与大学堂学生一律予以出身，奖给举人。考试及格者，最优等（成绩 80 分以上）内用主事，外用直隶州、知州，分发通商口岸省份，尽先补用。优等（70 分以上）内用内阁中书，外用知县，分发通商口岸省份，尽先补用。中等（60 分以上）内用七品小京官，外用通判。

毕 业 人 数

译学馆学生毕业共五次计为五级：

甲级　光绪三十四年九月 41 人

乙级　宣统元年九月 69 人

丙级　宣统二年九月 40 人

丁级　宣统三年八月 139 人

戊级　宣统三年九月 61 人

各国留学人数

译学馆派遣各国留学，前后凡四次，计为八国，共 50 人分列于下：

英国：林行规等 9 人　癸卯七，甲辰二

法国：陈祖良等 14 人　癸卯七，甲辰二，丙午五

俄国：陈大岩等 3 人　癸卯

德国：顾兆熊等 5 人　癸卯

比国：郭则范等 3 人　丙午

奥国：龙绂慈 1 人　癸卯

美国：王珽等 6 人　乙巳五，丙午一

日本国：徐鼎元等 9 人　癸卯四，甲辰二，乙巳二，丙午一

……

总　结

京师译学馆自光绪二十八年经始筹备，二十九年考取甲级学生入馆开校，至三十年添招乙级学生入学止，是为本馆成立时期。自三十一年至宣统二年添招丙丁戊三级学生，及甲乙丙三级学生毕业止，为本馆全盛时期。宣统三年丁级于暑假毕业，戊级以学生人数无多，当局议不续办，又以四川争路事起即赶习课程，提前于九月举行毕业考试，办理竣事，即将房屋器具文卷检交学部接收，是为本馆结束时期。迨民国元年教育部成立后，将本馆北河沿房屋拨归国立北京大学校，改设第三院，法科大学。

至是而译学馆在地区上的历史迹象，仅有东北墙角的护墙石碣存在。至 50 余年后，于 1962 年此项石碣由天安门东侧建立的中国历史博物馆收集保存，置于同文馆展品之次，成为京师译学馆历史之一页。

——中国人民政治协商会议全国委员会文史资料委员会编，《文史资料选辑·第 40 辑·总第 140 辑》，中国文史出版社，2000 年，第 191~208 页。

二、各省方言学堂

民立南洋中学堂章程

（1905 年）

第一章　总则

第一节　本学堂宗旨，务使幼年子弟研究必须之高等普通科学，以能用

世及进专门为归。

第二章　学科　　修业年限及卒业

第二节　本学堂以中学普通科为本科，其年岁过幼不能及格者，入附设小学预备科。

第三节　本科定五年卒业，预备科二年卒业。

第四节　修业期满试验及格者，授予证书，否则仍留本班修业。

第三章　课程

第五节　本学堂课程列表如下：

学科	第一学年	每周时数	第二学年	每周时数	第三学年	每周时数	第四学年	每周学年	第五学年		每周时数
修身	人伦道德之要旨	一	同前	一	同前	一	同前	一	伦理学之一般		一
国文	讲读作句口译习字	六	讲读文典作文习字	六	讲读伦理作文习字	六	讲读修辞作文习字	六	文史学		三
历史	本国史	三	同前世界史	六	世界史	三	近代史	三	法制大意	经济大意	三
地理	本国地理	三	同前世界地理	三	世界地理	三	地文学	三	地质学		三
数学	数学	六	高等数学	六	代数	六	平面几何实体几何	六	实体几何平面三角学		六
图画	毛笔临图	三					用器图	三	同前		三
理化			动植物及生理学	三	同前	三	化学	六	化学物理		六

续表

学科	第一学年	每周时数	第二学年	每周时数	第三学年	每周时数	第四学年	每周学年	第五学年	每周时数
英文	读本 文法 习字 拼音 口译 默书	十二	读本 文法 拼音 造句 口译 默书	十二	读本 文法 拼音 作论 翻译 默书	十二	文法 作文 翻译	六	作文 翻译	三
日文									读译、书法	三
体操	柔软 兵式	三	同前	三	器械 兵式	三	同前	三	同前	三
每周时数	三十七		三十七		三十七		三十七		三十七	

第六节　学者须全习本校之课程。或有故应舍却者，须得学监特别之许可。

……

——《直隶教育杂志》，第1年，第18期，第56~62页

方言学堂报名踊跃

（1907年）

赣省所设之方言学堂，原系造就外交人才，以为出洋之预备，至关紧要，现在因有缺额，特出示招考新班报名者，甚形踊跃。

——《北洋官报》，第1471期，第11页

预备开办方言学堂

（1907年）

江督端午帅，近因交涉日繁，译才颇不易得，拟设立方言学堂一所，招选聪颖子弟，专授以各国语言文字，已于日前札委方州牧宾穆充方言学堂监督，饬令妥订章程，详候定期开办矣。

——《北洋官报》，第1536期，第11页

准拨方言学堂经费

（1908 年）

南洋方言学堂前经江督端午帅拨发开办经费六千两，现已用去五千两，仪器尚未购办，工程尚未完备，所余千金及学生所缴膳宿各费，只敷本月额支垫款之用，特由该堂监督方宾穆预算将来添设班额，校中器具并工程一切每年约应活支经费三千两，禀请督院筹备，已奉批饬照拨矣。

——《北洋官报》，第 1602 期，第 12 页

江西省城设方言馆

（1905 年）

（江西）省城开办实业学堂，报名者实繁有徒，无如定额只八十名，诸生多向隔之难。学务处总办傅苕生观察、卢绥珊观察面禀胡中丞，会商周方伯，另设一方言馆。即借农工商矿局内开办，定额一百余名，教授英、俄、法、日本四国语言文字。闻每年经费不过三千金，裨益学界甚大。

——《山东官报》，第 76 期，第 3 页

学部奏各省方言学堂添招学生各办法片

（1908 年）

再，查译学馆及方言学堂之设，系承同文馆及广方言馆之旧。当时因风气未开，习外国文者鲜，是以特设此项学堂，以培交涉人才及外国文教员。现在各处高等学堂无不注重外国文，而各省法政学堂皆有交涉学功课。外务部又特设储材馆，以培交涉人才。此后外交专家不患无人，臣等拟咨行各省，凡方言学堂已奏咨有案者，准其照旧设立。惟以后添招学生，必须遵照本年四月初六日臣部奏案考选中学堂毕业学生升入。若无中学堂毕业学生，即不必添招新班。俟现时在堂学生毕业后，应就各该省情形酌改为他项学堂。至现在未经设有方言学堂之省分，拟令其注重高等学堂及中学堂之各项课程，将来自不乏精外国文兼习普通学之人才，不必再立方言学堂，以一统系而免

纷（分）歧。谨附片具陈，伏乞圣鉴。

——《南洋官报》，1908 年，第 118 期，第 34 页

督宪端尚书南洋方言学堂开校勖诸生词

（1907 年）

今日为方言学堂举行开校式之期，本部堂仰体国家培植人材（才）之意，所以期望于诸生者，不能不为诸生言之。考《奏定学堂章程》统系图京师设译学馆，外省设方言学堂，盖以世界交通文明日进，而西人富强之道无不载于西书，其间条理万端，本末兼备，历时千百年以讲求之，聚众千百辈以讨论之，著书千百种以发挥之。苟不读其书，徒据外貌以臆度其短长，虽大贤不能也。欲读其书，而不谙其文字，其道无由。昔辽耶律德光谓，晋臣曰"中国事，吾皆知之。吾国事，汝曹不知也。"区区之辽，尚能若是矜声明，文物、制度、典章远出辽人万万可不亟求专门研究之才哉？南洋方言学堂之设，取诸生之中国文学具有根底者，肄习其中且得柯君，随时详示德文途径，津逮来学吾知，诸生处交通之世，成明达之才，必能善于交涉因应咸宜蔚为国家有用之器，而备异日重要之需，可断言也。今仅分德文、法文两班，其俄英各文，仍须陆续添招以求完备，而今日开校之始，其影响于前途者甚大，故不惮于设学之原因，与求学之宗旨，为诸生剀切言之，诸生其三致意焉。

——《南洋官报》，第 100 期，第 9~10 页

吉林将军副都统附奏吉省设立满文专科片

（1907 年）

再，光绪三十二年十二月二十九日准学部咨议复编修吴士鉴奏请，于京师八旗及各省驻防各项学堂特设国语满文科一折，奉旨依议，钦此。钦遵钞奏咨行到吉。查原奏内称，京旗各学堂内特设翻译课程，遴员督课，时加稽察，务令八旗子弟专心学习，日臻纯熟。各省驻防学堂自应仿照京旗，均设国语满文专科。其他学堂，如子弟聪颖，经费充裕，亦可任听兼习。现在科

举停止,凡各衙门需用满文人才,自应取之于学堂毕业生,嗣后该生毕业除与各学堂一律给奖外,并择其翻译明通、写字端楷者,咨送各馆录用。并仿照译学馆之例,另设清文专门高等学堂,以备中学堂之毕业生升入。此科并考取举贡生监之与中学堂程度相等者附入学习,其毕业奖励悉援照译学馆向章办理等语。吉林为国朝根本重地,清文国语尤宜加意讲求。现遵部议,奴才等于本年四月初四日,由本省翻译生员内当堂考试选取,得翻译生笔帖式胜春作为校长,翻译生员委笔帖式明林、保昌二员均为中学堂教员,并拣选学生四十名。先行一并送入中学堂肄业,俟通省旗署续有拣送学生,再当随时送学,扩充办理。所有一切学堂章程,均由提学使司经理督饬。除咨部查照外,所有吉省设立满文专科缘由,理合附片具奏。伏乞圣鉴,饬部立案施行,谨奏。

——《学部官报》,1907年,第27期,第42~43页

江督端奏创设南洋方言学堂办理情形折

(1908年)

光绪三十四年(1908)二月二十九日:窃查奏定学堂章程内称,译学为今日要需,向来学方言者于中国文词多不措意,不知中文不深则于外国书精深之理不能确解悉达,且成就必不能远大等语。诚以五洲交通,译才重要,若使略无根底仅识西字,不特于彼中兵刑、食货、张弛、治忽之大端无从深求,即文词语气轻重缓急之间,推算、格物、制器、尚象之法,亦不能得其本旨所在,而阅其未译之书。近年以来,京师有译学馆之设,外省如直隶、湖北皆有方言学堂。两江为江海要冲,储养办交涉、教译学之人材(才)较他省为尤亟。上年八月间,经奴才饬署江宁提学使于省城创设南洋方言学堂一所,略仿京师译学馆附学章程,变通办理。先招德文、法文两班,学生各六十名,以年龄在十六岁以上二十岁以下、国文通畅、口音清利、品行端正者为合格。考其程度稍优者作为甲班,五年毕业,其余学生分作乙班。每一学期大考,准其推升,至于不任推升者,毕业时再定年限,令其补习。其普通学之目九:曰人伦道德,曰中国文学,曰历史,曰地理,曰算学,曰博物,曰物理及化学,曰图画,曰体操。专门学之目

三：曰交涉学，曰理财学，曰教育学。所有分年学科程度悉遵奏定章程办理。其英文一科因习者已多，俄文一科因行用不广，俟财力稍充再行增设，以期完备。开办经费需银三千九百两，常年经费务从撙节，计每月额支需银一千二百两，每年活支需银三千两，均即饬由江南财政局拨给动用。据署江宁提学使陈伯陶详请具奏前来，奴才覆核无异，除分咨查照立案外，所有办理南洋方言学堂缘由谨恭折具陈。

——《南洋官报》，第 110 期，第 31~32 页

广州将军寿署粤督岑奏优级师范学堂改造译学馆
预备两馆仍请归并改为两广方言学堂①折

奏为优级师范学堂业经兴工建造，译学、预备两馆仍请准照原议归并为两广方言学堂，恭折具陈，仰祈圣鉴事。窃照光绪二十二年七月二十六日，准学部咨议奏，整顿广州译学馆，并议改两广游学预备科为优级师范学堂一折。奉旨依议。钦此。抄录原奏咨行钦遵办理。

伏查光绪三十一年，臣春煊奏办游学预备科馆，原拟预备两年派遣日本学习高等师范，其时预备学科系英、日两国语文及普通学，嗣因调查日本高等师范学校定额有限，不能多收中国学生，即拟俟语文普通学预备完全后派送日本高等专门各学校。一面由粤省筹款，自行建设优级师范学堂。三十一年九月奉旨停罢科举，即由臣春煊督饬学务各员，悉心筹画（筹划），议将贡院拆卸改建并调查日本高等师范学堂校舍图式，恭酌损益，测绘勘估已于三十二年五月兴工建造，春夏之间迭接学部电咨各省，限制游学章程，并令全力注重师范其游学预备科暂可从缓等语。是时，臣寿荫以广州译学馆办理多年，毫无成效，迭次会商臣春煊，设法整顿，正在筹商改办间，又准学部咨给事中陈庆桂奏广州译学馆亟宜整顿一折。奉旨学部咨议奏钦此，钦遵抄折。咨行到粤臣春煊会同臣寿荫，即转行提学使调查筹办，当日提学使派员查明原奏各条，均属确实。查译学馆原有房屋系驻防旗员旧署改造，一切因陋就简，空气尤浅，皆不合学堂格式，校具更不完备。如就原馆改建校舍及制备

---

①　两广方言学堂为晚清政府在广州创办的外国语专科学校，于光绪三十二年（1906年）由两广游学预备科馆和广州译学馆合并而成，设有英文、德文、日文和法文四个班。

器具则需费不赀。预备科房屋系上年建筑校舍校具，均极整齐。预备课程本系外国语文并普通学尚未及教育等专门学，核与奏定译学馆章程前二年功课大致符合，臣等前折所称两馆性质相近者，意实指此也。

今方言学堂章程系仿照京师译学馆办法。如各生肄习东西语文及普通学二年后，果具游学之热诚，确有游学之资格，届时严加试验，仍准择优派往东西译学，以期符合当日建设游学预备科馆本意。如愿在本堂学习专门者，则仍照奏定章程，于后三年加习交涉、理财、教育各专门学，五年毕业。是以议将两馆归并至译学馆所遗房屋，即酌量修理，作为八旗高等小学堂之用。此中委屈经营，具有苦心，所有方言学堂用中外教员，均以分别选聘，东西各国有名教员及留学美国大学毕业各生，并选择监督教务长，详慎经理堂内一切布置，尚称完备。原有译学馆学生已由提学使，严加甄别，其程度能合者，悉留其有年齿太幼中文未通者拨回八旗小学堂肄业。预备科学生严加考察，其品学均优，愿入方言学堂者，仍行收学，其品行不端者，则加淘汰。间有志学不同，愿入他项学堂者，则听其便。一面招考新生至，学额拟定驻防旗籍学生一百五十名，两广民籍学生三百五十名，合计五百名。现在先招足三百名，即行开学。其驻防中小学堂已由提学使饬派专员将校舍分别修改。另定妥善章程，选派教员，切实整顿，原有经费未裕，并当酌量拨补，务使八旗子弟人人均得就学，以期教育普及。臣等为整顿学务，力求核实起见，彼此会商，意见均同。故敢再为陈请，所有优级师范学堂业已另行兴工建造译学、预备两馆，仍拟请归并改为两广方言学堂，缘由谨恭折具奏。

——《北洋官报》，第 1198 期，第 2~4 页

学部奏核议湖北方言学堂仍照该省原议停办折

（1911 年）

奏为核议湖北方言学堂仍照该省原议停办恭折仰祈圣鉴事。窃臣部于上年十二月二十六日准军机处片交，钦奉谕旨，陆军正参领卢静远奏湖北方言学堂关系译才未便轻议停办一折。著学部知道钦此钦遵在案。嗣准湖广总督臣瑞澂咨称湖北方言学堂本科各班学生毕业后，预科人数无多，不能成班，又乏中学毕业生可以升入。去年学务筹备表内拟定本年将该堂停办，经谘议局议决在案，是该学堂按之部章，揆之财力，准之舆情，均应停办，所有预

科毕业各生，拟即分别转入相当学堂，插班肄业，庶于该生等之求学毫无阻碍，而鄂省可以节省巨款等情前来。臣等查外国语文为探索各种学问之管钥，然专习文字而不以攻究科学为归宿，则致用甚隘，不足以成专门之才。是以造就人才者，上之当求之于分科大学，次之亦当取之于各项专门学堂。近来京师、北洋均已设立分科大学，各省亦皆有高等或高等专门学堂，在学生徒无一不注重外国语文，以为参考西书、研究学术之用，毕业以后自能各就所学，或任外交，或司教育，或兴实业，以专精之才任专门之事，较之该参领所拟以方言一门之人才供行政、教育、科学、实业各途之使用，其收效为倍宏。是以臣部于光绪三十四年五月具奏，各省方言学堂已奏咨有案者，以后添招学生须遵照奏案考选中学堂毕业生升入，若无中学毕业学生，即不必添新班，俟在堂学生毕业后，酌改为他项学堂等语，奉旨允准在案。今该督所拟将预科毕业学生转入相当之学堂，而将该学堂停办以节巨款，既与臣部原奏之意相符，复与该省谘议局议决之案吻合，自应准如所拟办理，该参领所请各节，拟请无庸置议。所有核议湖北方言学堂仍照该省原议停办缘由，谨奏折具陈，伏乞皇上圣鉴。

——《湖北官报》，第 36 期，第 3~4 页

三、其他译学馆和专门学堂

直隶总督袁世凯拟订中学堂暂行章程（节录）

（1902 年）

第二章　学堂课程

第一节　中学堂课程，分中学、西学两项。中学课程分四科：一经学，二文学，三史学，四政治学。西学课程分七科：一英文，二算学，三地学，四外国史学，五格致学，六外国浅近政治学，七体操。先习初级，循序递进。其教科图书，统由总督颁行饬遵，以归一律。俟小学堂学生有进阶，然后再将中学堂课程随时增改。

第二节　中学堂肄业时刻，须归一律，以免彼此参差，造诣不齐。每日

以七点钟为限，二点钟习中学，四点钟习西学，一点钟习体操。其起止时刻及逐日详细课程，均由教习商同监督随时榜示。

第一年课程：中学，经学（"四书""五经"温习讲解），文学（经义、策论），史学（国朝掌故［讲解］），政治学（三通辑要），西学英文（英文入门初阶、英文类编初集、英文浅学读本习写字），算学（数学），地舆学（地理论略、各行省地图译本），柔软体操

第二年课程：中学，经学（"四书""五经"温习讲解），文学（古文、经义、策论），史学［历代史鉴（讲解）］，政治学（三通辑要），西学英文（文法、英文读本、翻译、作尺牍、习写字），算学（数学、代数），地舆学（亚细亚洲全国），史学（各国史记），柔软体操

第三年课程：中学，经学（"四书""五经"温习讲解），文学（古文、经义、策论），史学［历代史鉴（讲解）］，政治学（九通详节），西学英文（诵读、翻译、作论、作尺牍、习写字），算学（代数、平积几何），地舆学［环球地势（欧亚美非澳五洲全）］，格致学（格致入门），各国浅近政治，器具体操

第四年课程：中学，经学（"四书""五经"温习讲解），文学（古文、经义、策论），史学，历代史鉴（讲解），政治学（九通详节），西学英文（文学进阶，作论、作尺牍、翻译），算学［立积几何、平三角（即八线）］，史学（泰东西十九世纪新史），格物（性理学），各国浅近政治学，器具体操

——《中国近代教育史资料汇编·学制演变》，第 87~88 页

钦定考选入学章程（节录）

（1902 年）

第一章　预备科考选入学章程

第一节　预备科学生，定为二年卒业，按照学期，约分六班。

第二节　预备科选取生徒之法，约分两项：一由各省咨送应考，一由大学堂报考。

第三节　考选生徒法，预备科现定功课程度甚高，考选入学生徒，必须于各学科大概通晓，方能取进肄业，所有考试之法，不嫌过严。各省按照咨定学生数目，倘取不足额，任缺毋滥。

一、中文论著一篇。

二、英文论著一篇，至少须三百字以上。如兼通他国文字者，随时报明。

三、翻译二篇，由英译中，由中译英，至少须二百字以上。

四、中、外历史十二问。

五、舆地及地文、地质十二问。

六、算术及代数各六问。

七、几何及三角各六问。

八、物理及化学、矿学各六问。

九、名理及法律学各六问。

以上九门考课，分两日或三日试之。其各项问题，由教习按照学级，逐条发问，生徒随时笔答数语，但取简明，不须成篇。试毕，比较优劣，以得全分者为满格，得十分之六以上者为及格；如有一、二门其分数为无者，为不及格，不及格者不录。

——《钦定学堂章程·钦定考选入学章程》，第 306~307 页

奏船政学堂培养翻译人才片①

（1902 年）

光绪二十八年十月初三日（1902 年 11 月 2 日）沈翊清奏：再，船政制造、驾驶两学堂，自左宗棠、沈葆桢创设以来，规模该备，人才辈出，为中国南省开学风气所最先。近各省奉旨设立大学堂，武备学堂。而船政三十年前所立之学堂，若以费绌而不设法鼓舞，殊未克以继前功而责后效。臣等于视事之初，察看英、法文学堂各生，尚有七八十名，所历堂课均在五六年以上。随又招考聪颖子弟七十名，以实两堂。时为黜陟；冀成后起之秀，将来

---

①　船政学堂，又称求是堂艺局。中国近代最早的海军学校。同治六年（1867 年）由左宗棠创办，附设于福建马尾造船厂。招收 16 岁以下学员，分为前后两堂。前堂学习造船，由法国人主持，课程有法文、算术、代数、几何、三角、天文、地理、航行、翻译等；后堂学习驾驶，由英国人主持，课程有英文、算术、几何、画图、机械图说、机械操作等。此外，两堂都要学习《圣谕广训》《孝经》和策论。学制五年，学生毕业后授予海军官职或任监工、船主，1913 年前堂改为福州海军制造学校，后堂改为海军学校。参阅：张念宏《中国教育百科全书》，海洋出版社，1991 年，第 922 页。

于水师制船、驾船二艺，更番接替，不至乏材。业于七月初一日，统令入学。除算学教习，已有法员迈达一人外，其制造学堂就已聘洋员内，令矿师达韦德兼教化学，并令洋书记伯乐兼教测量。其驾驶学堂令管坞洋员那戴尔兼教驾驶、天文之学。庶诸生艺学之外，于英、法文字亦有进境。臣等以船政经费支绌，即整顿学堂，聘请洋教习亦多，就船厂取已有薪水之洋员兼为教授。此外则多派堂中已毕业之生徒，帮同课导，藉（借）通语言。时为翻译，以期仰副圣主作育人才之至意。

——《船政奏议续编》卷 1，第 5 页

政务处奏变通会试事宜宗室翻译会试举人复试折片（节录）

（1903 年）

本年六月臣奕、李具奏停止考试一折附片声明，揆度情形，会试难在京城举行等因，常经奏准行知礼部在案。礼部查向来办理会试题，派总裁官四员同考官十八员，其知贡举提调监试搜检钤榜及外帘等官先后请旨，简派收文造册办卷各事官统归礼部承办。上年，两江总督刘坤一等奏准辛丑、壬寅恩正并行会试归并。壬寅年举行，自应先期筹备，只得移借外省乡试贡院。除停止考试地方及离京较远省分（份），未便移借外。查山东、河南较近，惟总裁同考等官，同日驰驿，沿途夫马尖宿供应太繁。且两省内帘房宇均系十四房，只有江南贡院两省会考，向系十八房总裁同考提调等官，改由火车、轮船亦觉便捷。该三省情形，臣等未能深悉，何省较为合宜。伏候圣裁。届期总裁同考内场提调等官应由礼部奏请，简派其余执事各官及一切应办事件，即请饬下该省督抚。臣查照历届乡试章程办理，再查知贡举督理会试核与监临办理乡试。事同一律，拟请即照乡试监临之例，将该省巡抚派充知贡举。俾场内外应办事宜，不至隔阂，其详细条目，理合另缮清单。恭请钦定。

再查定例，宗室会试于各士子三场完竣后举行，向派宗人入场弹压，并由宗人府章京到场识认翻译会试于文闱，揭晓后举行。向派满洲考官并左右翼副都统入场弹压。其外帘分所任事，亦均另行咨取。各衙门满洲司员今文会试拟借闱举办，其宗室翻译各举人若皆借闱会试办理，俱多窒碍。历查宗室翻译，向来应试人数至多均不过百人，拟请将明年宗室及翻译会试均在保和殿分场命题考试，其驻防翻译举人亦附于殿廷考试，以归一律。

再查各省新科取中及前三科未复试，举人向请简派阅卷大臣于贡院扁门考试，复试今会试借闱揭晓后，另办复试一场，即以会试总裁官派充阅卷。无庸另行奏派大臣前往。其复试题目一并由总裁官恭拟，似办理较为简易。

——《选报》，第 46 期，第 1~2 页

给事中陈庆桂奏请整顿广州译学馆折

（1906 年）

窃查广州自同治初年设立同文馆，直接总理衙门，为西学权舆，数十年来培养八旗子弟，得人称盛。惟当开办之始，专习外国语语言文字，以备译才，此外仅有粗浅算学，科学既不能完全，国文亦未讲究。上年因其旧制，改名译学馆。虽稍有损益，然按之奏定章程，仍未悉合。现当停罢科举，专办学堂，尤须及时整顿，以副明诏，谨酌拟数条伏乞谕饬该将军等妥筹办理。

一、管理宜得人。查学堂章程，各馆均设总理或监督一人，专司堂务。译学馆内，分英、法、日、俄四馆，学生约二百人，事极烦杂。从前设提调一员，近则改为总办现以协领兼充稽官差务较多，每月到馆数次于一切堂规，势难认真督率，其次仅有副办一人稽查照料亦难望。其周匝必须有通晓学务之员，专任总理，并须设委员以重责成。

一、教习宜精选。译学馆有东西洋教习四人。英、俄两国教习，向由税务司代请，率以关员滥充，绝无深明教育之人。上年将军函请出使大臣杨枢由日本专聘东文教习，合馆称善，拟此后无论何国教员，均由自行延访，勿庸税务司代定，庶期得力。至该馆原有汉文总教习一人，分教习数人，分教薪水每月只数十余金，难免迁就，亦请增加月糈，延聘通才，以资训迪。

一、学生宜甄别。查同文馆初设，专教英文，学生仅数十人。每十人中，旗籍八人，民籍二人。近年添东、法、俄三馆，学生屡有增加，较前已及数倍。每遇缺额，均由八旗学堂勉强考取，不免滥等充数，难期得益。拟请全堂考核一次，其年齿太幼，中文未通者，仍拨回原堂肄业。现科举已停，愿学者众并请查明旧例，酌定民籍额数，准挑选汉人入馆，以广造就。

一、学科宜补习。查译学馆章程，学生须在中学堂毕业，方为合格。现该馆人数太多，未能画一。同文馆本专重洋文，故有习东西文多年而中学全未通者。若因循不改，再过数年，仍难考取入格，徒形冗滥。拟请择其才可

造者，令补习各种学科一二年，其年岁已长，不能再学中文而长于外国语言文学者，准照从前同文馆例保奖，以免废弃。

一、学费宜预算。查译学馆经费由粤海关及善后、厘务两局，发给每月共千余金。惟所请洋教习四员，薪金甚巨，余款无多。今若特派总理添设学员，恐有不敷之处。应由将军商之督臣，预计全堂用度，酌量补助，俾臻完善。

以上五条，举其大要，至于分别学科，详定规则，奖励出身，自应遵章办理。将军臣寿荫殷殷，以兴学为急，期欲改良。去年来京，复到各学堂调查，详求办法，惟旗籍款无可筹，难于展布，其属吏又皆武职，指臂之助，不易得人。窃维总督有管理全省学堂之责，断不至稍分畛域，自可统筹兼顾，相与有成。所有译学事宜，应请饬令广州将军两广总督提学使认真经理，以期渐收成效，蔚起人材。臣愚虑所及，谨恭折具陈。

——《南洋官报》，第 55 期，第 37～39 页

直隶学务处拟设翻译储才所详文（附第一期试办简章）

（1906 年）

为详报事案照本处前总理严折呈，现今译才缺乏，凡日本各科教员，遇讲习、演习、批评等会，每以不得译员，未能切实举办。保定东文专修科，学期五年，为期尚远，而从前京津等处，于日文曾经肄习、功亏一篑者当不乏人，听其废弃，殊为可惜，稍令补习，即可量才录用。现与顾问官，渡边龙圣商议，拟在本处附设一翻译储才所，招考学生十五人，每月由渡边顾问担任四十点钟上下。另聘日文教员二三人分教。以点钟计算，教员薪水约一百二十金，学生火（伙）食约七十五金，以备各处翻译员之选。惟此举行止以招考时有无合格之人为断等因，业蒙宫保批准在案。嗣因筹办北洋师范学堂，李守士伟拟将该堂开学后所需译才一并由该所造就，故将顾问官渡边原拟章程所载科目略加更易，招考学生改作暂以四十名为限，学生在堂时除火（伙）食外，又以每月给予津贴银四金，其余均仍其旧。惟本处现在并无房屋，附近对面尹姓有房一所，年租京钱八百吊外，有茶水钱二十吊，现已租赁此房。开办即由本处管理照料甚便，亦可节省另派管理员之经费。惟尚须略添什物器具即可开学，将来该所所有费用若干拟均由本处经费项下开支。

现订期于正月初九日报名，二十九日截止。另行示期考试，届时再将办理情形续行详报。所有拟设翻译储才所造就译才缘由，理合折录章程，备由具详。为此详请宪保鉴核，伏乞照详批示遵行须至详册者。

【附录】 翻译储才所第一期试办简章

第一条　本处特设东文翻译储才所，以造就北洋师范学堂译员及各处翻译之用。

第二条　本所第一学期学生暂以四十名为限，以中文通畅，曾习东语一年半以上者为合格，考验之法如下。

（一）报名：自光绪三十二年正月初九日起，至二十九日止，连同妥保，书名履历，到处报名。

（二）试验日期由本处定期揭示。

（三）试验科目：汉文、东文语及素习科学，但候补人员愿入肄习为学务处总理所素知者，准不考验入学附习。

第三条　修业时期至少以六个月为限，或加延长，届时酌定。

第四条　学科分必修、选习两种。一、日文日语；一、教育学；一、伦理学；一、教授法（以上为必修科目，三个月后加翻译实践）；一、数学理化门；一、图画博物门；一、历史地理门（以上为选习科目，须认定一门专习）。

第五条　授业时间：每班星期以三十小时为度（必修科目共十三小时，选习科目共十七小时），但翻译实践一门不在此限。

第六条　凡六个月毕业各生，虽经派差，如有余闲，仍应赴所随班加习，藉（借）资深造。

第七条　延聘日本讲师三员，分担以上两种科目，分门直接教授。

第八条　所用教科书以日本通俗课本为准。

第九条　毕业试验分甲、乙、丙、丁四级。登甲、乙、丙三级者为及格；丁级者仍令补习。

第十条　学生毕业后由本处量才派差，薪金月额约六十金以下、三十金以上临时酌定，其当差勤奋志趣可造本处更酌派东洋留学。

第十一条　学生在堂火（伙）食皆由本处供给。每月给津贴银四金，如半途退学及毕业后未经本处派遣、擅就他项差使者，皆须追缴学费，惟保人是问。

第十二条　以上各条暂行试办，其有未尽、未妥之处，随时改良增订。

——《南洋官报》，1906 年第 38 期，第 32~34 页

学部奏议复八旗及驻防学堂特设满文专科折

（1907 年）

光绪三十三年（1907 年）十一月十三日学部奏：准军机处钞交翰林院吴士鉴奏请饬学部于学堂特设国语满文一折，奉旨：学部议奏。查原奏内称：先朝所创之满文宜为专门之学，可否请旨饬下学部，于京师八旗各等学堂及各省驻防学堂，特设国语满文为专科，即其他学堂学生有颖异过人者，亦任听兼学等语。臣等查国语满文经列祖列宗之创制，凡八旗子弟，人人皆当研习，以期襄庙堂之隆仪，赞车书之盛治。臣荣庆前与孙家鼐、张百熙充学务大臣时，业于宗室觉罗八旗小学堂内特设翻译课程，于国语满文极为注重，钟点加多，授课綦严。又经臣部遴聘翰林院侍读学士恩祥督课满文，时加稽察，务令八旗子弟专心学习，日臻纯熟，与该编修之用意正复相同。至各省驻防学堂，自应仿照京旗，均设国语满文专科。其他学堂，如子弟聪颖、经费充裕，亦可任听兼习。惟现在科举停止，凡各衙门需用满文人才，自应取之于学堂毕业生。兹拟就中小学堂现设之清文班内，再加推广，俾八旗子弟咸知国语清文之为重。嗣后该生毕业，除与各学堂一律给奖外，并择其翻译明通、写字端楷者，咨送各馆充当翻译官、译汉官暨誊录等差，以资效用。并仿照译学馆之例，另设清文专门高等学堂，以备中学堂之毕业生升入此科，专心研究清文，务臻完备。并考取举、贡、生、监之与中学堂程度相等者，附入学习。其毕业奖励，悉援照译学馆向章办理。至详细章程，容俟臣部拣择妥员悉心筹拟，再行奏明办理。

——《东方杂志》，1907 年 11 月，第 11 期

造 就 译 才

（1907 年）

（山西）晋垣教育总会，近为普及教育、广储译才起见，特于该会师范

传习所内，附设一英文专修科，学额暂定六十名，不拘年龄，不论籍贯，月纳学费一元，一年毕业，并纠合精通英文者，每日自下午五点钟至七点钟，轮班教授，刻已妥定章程，示期于本月十五日开课矣。

——《秦中官报》，1907年11月，第35页

保定译学堂招生简章

（1908年）

一、年龄：凡年在十八岁以上、二十五岁以下，文理明顺、身体强健者为合格。

二、课程：本堂为造就翻译人材（人才）起见，所有课程日文日语、国文、算学、地理、历史、法制、经济、日文理化、日文博物、体操。

三、学费：每月学费三元。惟于开学前先交足一学期学费始准入学。

四、报名：自本月初六日起至十二日止。报名处：南白衣庵。

——《北洋官报》，1908年，第1892期，第9页

第四章　1912—1949 年的翻译教育

一、抗战以前的翻译教育

朱将军陆军译学专修馆开馆训词

(1914 年)

今日为浙江陆军译学专修馆开馆之日，诸学员跄济一堂，向往之城，进取之锐，故其盛也。本将军遐瞻世界，若英、俄、德、法诸国，军事、学术日新月异，实导吾人之先河。苟非通其文字，稽其载籍，取资借镜，其道末由，用特严定资格，选派之外，加之考取，藉弘造就，举译学重任，勤勉相期，深望尔学员学业有成，以效国用。

顾西学浩如烟海，文字之繁琐（烦琐），尤未可一蹴而就也。矧专修译学，更非拮撼肤浅之词，以为能事。必穷其根源，探其奥秘，庶几所得者精，无买椟还珠之弊，所衍者博，无刻舟求剑之拘。即如尔学员，欲探讨吾国之典章史乘，亦非粗识之无便能成乃事也。欧洲文字之祖为拉丁、为希腊；法、俄主拉丁，而副以希拉；庆主希腊，而副以拉丁；英则合拉丁、希腊一炉共治之，成为条顿文字。英之文字，较之俄、法、德为后成立，修改文法，及今十一次矣。其为文法明简，近年法国学者，亦偶议修改其国文，而天主教士之淹博者阻挠之，遂仍其旧。究之各国文字，纵机变幻，增减之观，骇贻心目。考其范围，不出拉丁、希腊以外，此西洋文字、源流之大较也。

各国之军备战术、军事教育各有特长。故各国上中下级将校大都能二三国文字语言，且于政治外交之事，亦多从事研究，以辅军事之用。欧洲各国，以军人任外交官，而能奏功成名者，不可胜计。今译学专修馆课程，订有国际公法等项，亦系此意。

诚以军事外交，关系尤密，非知彼知己，不足言战，非联络友邦，善为操纵，亦不能与大国为敌。观于近代各国之殷殷于互相同盟，互相协约，则军事外交，相联之作用，显然可见。今我亦方苦人材（才）之不足用，而财政困难之故，各处军事教育之设备，于不免有所欠缺。本省同处此经费支绌之际，筹设此馆，良非易易。诸学员知本省办学之艰难，益当奋各人求学之志向，三年攻苦，专一心志，毋使分惊，异日所得，讵可限量。而吾国所以取资借镜者，用是益精鑿而不肤，益弘廓而不隘。国家需才之用甚殷，诸学员致用之途甚广，行远自迩，登高自卑。尔学员勿为初学之难，嗒然自画也。本将军有厚望焉。

——《教育周报（杭州）》，第 60 期，第 27~28 页

陆军译学馆之学期试验

（1915 年）

陆军译学馆长艾宗琦日昨牌示各学员，本馆第四学期考试定于二月二十八日起至下月一日为止，二日给慰劳假一天，其考试科目列下：

第一日：上午 国文；下午 政治地理；

第二日：上午 国际公法；下午 外交史

第三日：上午 外国文；下午　体操。

——《兵事杂志》，第 12 期，第 5 页

中东译学馆定期开课

（1927 年）

静安寺隔壁中东译学馆，现除函授科外，新添面授班一班，三月毕业。另设面授处于北浙江路底华兴沪江振□学校内。近日报名者甚见踊跃，特订于阳历十月五日开课，余额无多，有志东文而欲得速成之效益者，可向该馆

或面授处索章报名云。

——《新闻报》，1927 年 9 月 29 日，第 11 版

中东译学馆新开函授班

（1928 年）

静安寺隔壁泰利巷中东译学馆之东文函授班，自去岁十一月以后，迄未招生。近以各地向该馆索阅详章者甚多，故自即日起再招一班，额定四十人，有志东文者，可向该馆函索章程。又，该馆出版之"东文翻译速成法"一书，存量无多。凡不识东文，而急欲译看东文书报者，手此一书，无不得速成之效益。该书每册定价三角云。

——《新闻报》，1928 年 4 月 12 日，第 11 版

中东译学馆增设面授班

（1929 年）

静安寺隔壁泰利庵中东译学馆，开办已十余年，成绩卓著，毕业学子达千余人。原有函授班分速成与普通两种。速成三月毕业，普通六月毕业，现正开始招生。又，该馆应远近学者之要求，增设面授班一班，额定四十名，亦三月毕业。另订详章，不日与函授班同时开学云。

——《新闻报》，1929 年 3 月 31 日，第 19 版

上海日语函授学校招生 分初高级及翻译三班

（1934 年）

上海日语函授学校，系由国立暨南大学及法政学院日语教授袁文彰等发起，袁君留日多年，对日语造诣甚深，曾著《当代日语读本》三册、《速成日语会话》及《日语书信》等。该校分初级、高级及翻译指导等三班。初级备初学者学习，教授发音，有特别方法，故学习发音，毫不困难，其效力与直接面授者相同。高级班研究文艺作品、高深文法、书信作法及会

话等，翻译指导班专门指导翻译日文书报，学生试译，可以代为修改指正，现在各班均已开始招生，学生不限资格，有志研究日语者，均可入校，入校手续及纳费等，均载章程，章程函索即寄，校址暂设上海四马路五五二号中学生书局，又闻该校所聘教授，均系社会知名之士，如张资平等均已被聘为该校教授云。

——《新闻报》，1934 年 2 月 20 日，第 16 版

二、抗战期间的翻译教育

沙磁译训班已开学上课 六百余大学生欣然应征

（1944 年）

（本报沙坪坝特约通讯）军委会沙磁区译员训练班业已正式成立上课。该班于本月十日至十二日举行体格检查，十三日公布结果，报名应征六百余人，不及格仍准留校者三十六人。该班于十二日下午三时举行开学礼，该班主任董副部长显光、军委会外事局商主任震、副局长汪世铭、中大朱教育长经农、重大张校长洪沅均会出席训话。该班十四日举行英语编级测验，十五日开始上课。英文班级共分八组，另有一组成绩较优者则免修一切英文课程。十五日下午军训编队时，教部次长顾毓琇亦亲临训话。该班受训时间共计两月，现定四月八日结束。凡毕业同学即分批听令分发。闻最早者于四星期后即可出发。训练班原定每日上课八小时，后以中大校方考虑为同学补习，最后一星期必修课程之时间问题，遂请求训练班将每日上课时间改定为六小时。（二月二十二日罗治）

——《燕京新闻》，第 10 卷，第 16 期，第 2 页

沙磁译训班全部课程共分五类

（1944 年）

（本报沙坪坝特约通讯）军委会沙磁区译员训练班班址暂设在中央大学。训练班主任由中宣部董副部长显光兼理，此外并请中大教育长朱经农及重大

教务长郑衍芬二氏任副主任。兹将该班全部课程探录如下：

沙磁译训班课程类别与时间安排表①

类别	时间安排
（甲）英语类 一一二小时	一、读本 一六小时；二、翻译 三二小时 三、作文 一六小时；四、会话 三二小时； 五、口译 一六小时
（乙）技术类 三六小时	一、空军常识 一〇小时；二、步兵常识 一二小时； 三、炮兵常识 六小时；四、中国军事组织 二小时； 五、美国军事组织 二小时；六、军事术语 四小时；
（丙）文化类 三二小时	一、中国文化概述 四小时；二、东亚地理 四小时； 三、美国史地 六小时；四、美国民族性 四小时； 五、社交礼节 四小时；六、日本概况 六小时；七、应用心理 四小时
（丁）小组会议	
（戊）各种竞赛	

——《燕京新闻》，第 10 卷，第 16 期，第 2 页

北碚译员训练班包括三大学同学

（1944 年）

（本报北碚特约通讯）重庆五大学被征通译同学受训地点共分两区，中大及重大在沙坪坝区，复旦、交大及中华在北碚。复旦四年级应征名单，计共□百三十二人，业经校方公布。该校章校长日前曾召集应征同学训话，颇多勉励。其他各年级学生如志愿赴调者，校方亦允代予呈报，与本届应征学生同受训练。北碚区译员训练班已于本月二十日举行开学典礼，军委会外事局并派员参加指导。译员之体格检查，复旦方面已于十六、十七两日举行。检查及格之译员，均入班受训。（二月二十二日）

——《燕京新闻》，第 10 卷，第 16 期，第 2 页

---

① 本表由编者根据新闻原文内容编制而成。

征调译员声中中央大学一瞥

（1944 年）

（本报沙坪坝特约通讯）自政府征调学生从军之令颁下，联大四年级同学刚刚集体从军之后，重庆五大学——中大、重大、复旦、交大、中华——的四年级男生也相继入受译员训练班训。中大同学在一月二十一日由校方听到征调的消息后，次晚学生自治会即召开文、理、法、工、农各系科四年级男生代表大会，教育长朱经农氏出席报告此次征调情形，当称正式公文尚未到校，惟以事关同学本身前途，故愿先行告知，以表示关切。

当时正值旧历新年，故直至一月二十八日下午三时，校方召开行政会议，当即决定四年级男生提前大考，凡在校修满七学期而未留级者，一律在征调之列，以前曾服务军中任通译官者得自由参加。至一月三十日乃将应征名单公布，计四百七十一人。

三十一日全体应征同学在大礼堂举行"应征服务同学会"成立大会，决定建议数点，分别向校方及军事当局转达。二月四日晚应征服务同学会复在大礼堂开全体大会，教育长朱经农及教务长胡焕庸出席答复同学所询问题，并说明此次被征同学工作在充任军中通译，服务两年，期满后得由校方正式发给毕业证书。

四月至十日，四年级男生即举行学期考试。五日下午三时军委会外事局副局长汪世铭莅校训话，对征调意义、目的、工作以及同学所询问题皆有详细解答。同学甚表满意，全体欣然应征。（二月二十日）

——《燕京新闻》，第 10 卷，第 16 期，第 2 页

联大通译员本月初受训

（1944 年）

（本报昆明特约通讯）联大四年级征调服役学生四百余人，于月前举行身体检查，除极少数因病不合外，余均及格。军委会通译人员训练班第二期专训练该批学生，现正积极筹备中，此批译员将于三月一日全部入班受训。（二月十八日）

——《燕京新闻》，第 10 卷，第 17 期，第 2 页

译训班电四大学造应征学生名册

（1944 年）

成都基督教四大学（华西、金陵、齐鲁、燕京）顷接军委会外事局昆明译员训练班负责人吴泽霖、戴世光二氏来电，通知将各该校四年级男生人数造册电覆（复），并即将派员来蓉办理调训事宜。四大学当局接讯后，于本星期三（十二日）上下午分别举行校长会议及联席教务会议。重要决议计有三项：（一）各校四年级下学期（即本年学期历届毕业）男生一律呈报，至于四年级上学期（即三十三年度春季应届毕业）男生因学业问题暂不呈报。（二）毕业论文必须于译训前完成，始准毕业，俾各生对其主修科目得有完整之造诣。惟因时间仓促做不及者，可将论文内容写完后简单呈报。（三）五大学决联合具文向军委会外事局请求在蓉设立译员训练班，以利各生毕业论文之写作及课程之补修。兹探悉四大学本季应届毕业学生，除医科及女生外，其有征调通译资格者，计华大六十一人、金大五十二人、齐大十四人、燕大二十六人。各校应征同学即刻均积极整理论文，并作其他应征准备。

又国立四川大学及私立光华大学，截至本星期三止，尚未接到征调电文。

——《燕京新闻》，第 10 卷，第 23 期

渝译训班已结束 学员按成绩分发

（1944 年）

（本报重庆特约通讯）沙坪坝译训班已于本月十六日结束。所有受训学生，将按成绩分三部分发。第一部任译员，第二部调昆明续训，第三部或将担任政治工作。分发地点为桂林、昆明、缅北等地，以少校译官任用。各学院即暂返原校，候命出发。（四月十七日）

——《燕京新闻》，第 10 卷，第 24 期，第 2 页

核定泰缅越语译员待遇

（1944 年）

关于泰缅越语译员待遇，顷经军政部规定办法三项如下：一、考取受训

期间，准援无底缺学员例月支薪俸六〇元，生活补助费二四〇元，并公给主副食。二、毕业分发后，照五级英语译员规定，月支薪俸一五〇元，生活补助费六〇〇元，另给勤务津贴五〇〇元，并照陆军官佐例发给眷粮代金副食费及服装等。三、本规定自本年元月份起实施。

——《陆军经理杂志》，第7卷，第5期，第136页

为盟国效劳　西文系同学充翻译员

（1944年）

西文系四年级同学温典光、陆熙鑫、包剑星、陈作述、林纪熹等五人，被聘为盟军翻译员，曾于八月廿九日开始工作六星期，现已期满返校。每逢同学谈及生活状况及任职经过，多皆红光满面，状殊得意云。

——《协大周刊》，第23卷，第1期，第1页

军事委员会征调各专科以上学校学生充任译员修正办法

（1944年）

一、本会为同盟国间军事联络之需要，特征调国内各公私立专科以上学校学生，经短期训练后，担任翻译工作。

二、此项翻译人员，由本会外事局或战地服务团会商教育部饬令全国各公私立专科以上学校遵选各该校在学男生应征之。

三、专科以上学校学生均有被征调之义务，一经征调到会，即作服任辅助作战勤务论，不再另作动员召集，原校并须保留其学籍。

四、每期开始征调训练时，由本会外事局或战地服务团派员前往各大学办理选手续或拟定试题，迳行委托校方举行试验由校方将试卷连同载明系别年纪之名单及体格检查单封寄本会译员训练班评阅核定，经核定录取各生，由该班通知校方□饬前往指定地点报到，一面咨教育部备查，每期各校征调名额由本会外事局商请教育部决定之。

五、各校学生经征试录取后须交二寸半身相片三张，并填具保证书由妥实保证人担保，（其保证人以在本地文武机关之荐任或少校以上人员，并居住

151

本地者为限）或由原校当局予以保证。

六、征调之学生受训期满后，由译员训练班将各生各科成绩抄送原校，各生服役期满后，应呈缴服务报告，由外事局加以审查转送原校，其在军中能自修之科目，返校复学时经考试及格者酌给学分，并准酌予免习英文、军训及体育。

七、各大学四年级第一学期修业期满学生，应征服务期满二年，而成绩确属优良者，准予发给毕业证书，仍作为原毕业年度毕业。

八、被调各专科以上学校学生，充任随军通译人员，其服务期间规定为二年。

九、学生经征调后，由译员训练班施以短期训练，训练期间两个月（必要时得变更之）。训练期间除由训练班供给膳宿外，并给生活津贴（包括文具纸张费用），每名每月三百元。

十、学生受训期满，由外事局分派：（一）干部训练团；（二）盟军队部；（三）本国远征军；（四）航委会等机关服务。

十一、服务期间待遇及津贴：（一）译员分为五级，除有特殊能力者外，均应比照同军佐阶级如下：一级同中校、二级同少校、三级同少校或上尉，四级、五级同上尉。但在空军服务者，比照前项规定低两级。（二）薪俸及生活补助费，分五级支给：一级月支国币一千零九十元，二级月支国币九百八十元，三级月支国币九百三十元，四级月支国币八百元，五级月支国币七百五十元。（三）普通津贴眷属米照规定按年龄报领。在国内之译员不分等级，每人月支勤务津贴一千元，并另给副食津贴，按当地市价八斗米价折发。在印度服务者，伙食由公家供给，除照军政部规定支给印币津贴外，加发勤务津贴，不分等级，每人每月印币五十卢比。（四）译员服装规定发给夏季军便服两套，军常服两套，冬服一套。

十二、战事结束后，得择优保送国外留学。（名额以不超过译员总数十分之一为限）。

十三、学生于服务期间须遵守各服务机关之规则，如有因过失经服务机关开除，或私自离职者，应取消其学籍。

——《国立中央大学校刊》，第5期，第2页

增加昆明译员训练班副食费

（1944 年）

据外事局昆明译员训练班黄主任请将副食费增为连原有每人每月一千五百元，教员钟点费增加每小时二百元一案，业已奉准自八月一日起实施云。

——《陆军经理杂志》，第 8 卷，第 2 期，第 107 页

译员训练班第三期开学

（1945 年）

中央训练团译员训练班第三期学员日前举行开会典礼，到陈教育长仪、该班正副班主任何浩若、向理润及中美教授暨全体学员三百余人，由陈教育长及何主任相继致训，典礼举行后，即正式上课，闻本期学员，大部分系自各机关借调之公务员，其中并有留学生多名云。

——《训练通讯》，第 88 期，第 2 页

军事委员会外事局考选翻译官简章

（1945 年）

一、考选宗旨：本局为适应同盟国间军事联络之需要，特分期分区考选翻译官，分发美军担任翻译工作。

二、取录名额：视程度而定。

三、投考资格：凡曾在国内外大学或专科学校毕业或具有同等学力，英文程度优良，富有爱国热忱，思想纯正，体格强健，无不良嗜好，年龄在二十岁至四十岁之男性，皆可报名。

四、考选地区：视实际需要，随时规定。

五、报名：

1. 手续，填具投考报名单及最近二寸半身照片二张；

2. 日期及地点，依各期、各区情形而定。

六、考试：

1. 科目：A. 笔试（英汉、汉英对译，须自备笔墨）；B. 口试（会话测

153

验）；C. 党义测验；

2. 日期及地点：依各期、各区情形而定。

七、揭晓：依各期、各区情形定期公示或分别书面通知。

八、报到手续：凡经取录之翻译官，应于揭晓或接到通知后依照规定日期来局或向主办考选处所，办理如下报到手续。

1. 体格检查：领取请检证赴指定之军医机关受检。

2. 填缴保证书：凡取录者自觅殷实保证人担保，其保证人以在本地文武机关之荐任或少校以上人员或经本局认可之商定为限。

九、任用待遇：办理报到手续后，除遇盟方紧急需要，立即从考试成绩特优人员中以三级翻译官起用。分发美军工作外，一律送往重庆或昆明译员训练班严格训练六星期。在受训期间由训练机关供给服装、伙食，并酌给补助费。训练期满即按照成绩分别核委并分发美军工作，详细待遇另有规定。

十、附则：

1. 本简事自核准之日施行，如有未尽事宜，得随时呈请修正之；

2. 投考人员如尚有询问事项，可迳函本局一处三科接洽。

——《云南大学史料丛书》（学生卷）（1922—1949 年），第 564~565 页

关于修毕四年级第一学期课程充任译员学生毕业及复学办法
（1945 年）

（教育部训令 第五八四五一号）关于上年一月间征调之各大学四年级学一学期修业期满充任译员学生现因战事结束，任务完成，缴有外事局发给离职证明文件者，准由原校及行办理毕业手续，至同时征调之该项学生非因过失而中途免职，经外事局证明，并照规定办法在其他机关服务者，准予至本学期终了再行由校办理毕业手续，均作为原毕业年度毕业呈报。毕业时除应依照专科以上学校学生学籍规则第一一五条之规定办理外，并应附缴前项证明文件，又去年下半年及本年外事局自行招考之学生其已修毕大学四年级第一学期课程而受训后尚未服务或服务为时不及一年半者，应返原校复学，惟得由校酌予免修一部分课程，除函外事局并分令各校外合行令仰知，遵照办理此令。

——《教育部公报》，第 17 卷，第 11 期，第 9 页

译员留学出国期有待

（1947 年）

（本社讯）教育部第一期翻译官留学考试，录取译员共九十七人。内文法学院三十九名、理工学院三十二名、农学院十三名、商学院五名、医学院四名、师范学院二名，及高中毕业何万化、何万修二兄弟。录取各生近已分别向留学国洽取大学入学许可证，纷向教育部国际文教处申请办理出国手续。据悉：教部国际文教处以译员留学经费虽已呈请政院拨发，但一时恐难到部，故译员出国势须待至明年夏季，方可成行。因此录取译员，以洽取明年秋季入学许可证为最合时效云。

——《教育通讯（汉口）》，复刊第 4 卷，第 4 期，第 30 页

在美留学三译员核给官费

（1947 年）

（本社讯）第一届翻译官留学考试，名额为一百人，录取者为九十七名，待留出三名额，给予已经自费赴美留学之译员，以审查成绩之方式选拔。此事由教育部留学考选委员会主持，通知在美留学生之译员后，申请者共计三十余名，教部特请陈裕光、萨本栋、何浩若，三人负责审查成绩，经录取唐自东君，现肄业乔治敦大学，习医科；凌大伟君，现肄业德（得）克萨斯大学，习石油工程；张念智君，现肄业明尼苏打（达）大学，习电讯。三名，成绩特优，闻其余申请者，成绩皆优良，惟限于名额，未能录取。

——《教育通讯（汉口）》，复刊第 4 卷，第 6 期，第 36~37 页

译员与从军同学定期举行总补考

（1947 年）

本校因曾任译员及从军后转任译员或其他军事工作之学生，尚有未曾补考者，兹为结束起见，特定于明年第一周星期一举行总补考，并定十一月二十四日起至二十九日止，一星期内先向注册组申请登记，以便审核，逾期不

得补行登记或登记后而不参与考试者即作为放弃论，以后不得再予补考。

【研究与资料】

译员的征调问题

（1945 年）

在盟军来华的人数逐渐增加以后，需要翻译人员的数目也逐渐加大。以前两年间的确曾发生过问题。西南联大当局为应付此种局面，曾经强征四年级同学前往参加。此种措施一经见诸实行，其他各大学无论同意与否，都不得不邯郸学步。风气既开之后，愿作译员者渐多，于是译员问题近来算是部份的（部分地）得到了解决。

我们的看法，觉得这个问题，似乎还有考虑的必要。第一，我们认为目前的解决，只能算作暂时的解决，并不是永久的解决，第二，我们尤其以为这只是表面的解决，而不是澈（彻）底的与合理的解决。以下愿稍述我们的理由。

译员的需要，本来是随着美国盟友来华作战而发生的。需要人数的多寡将随着盟军的人数与活动的范围而定。近几年来，译员需要之所以缓和者，因缅甸的弃守，再由于去年湘桂的□□，盟军活动的地面一经缩小，当然就不需要很多随军的通译员了。然而，我们必须承认：这只是暂时的现象。随着盟军在太平洋战局的进展，在我们东南海岸的登陆，自目前看来恐只是时间问题。虽然这个时间的久暂是军事秘密，无人敢于确言，但其为期不远，或者即在本年内发生，恐怕也并非不可能，一旦盟军在中国海岸登陆以后，其所随来的军队之多，与活动面积之大，将远超过现在，那时必然立刻需要大批译员。将来假如登陆的地点若是在广东的话，容或一部分华侨尚能充当翻译，可是也为数有限。或即是说，只能部分的（部份地）缓和，而不能从根本上解决译员的大量需要问题。同时即使政府再多设几个译员训练班或是再行征调全国各大学四年级生前往充当，恐怕也难免有缓不济急或是供求难应之感。何况送不能胜任的译员前往工作，时常会贻误军机大事呢。

因此，我们愿在此提出一个更澈（彻）底与合理的解决办法：即请求中国政府立刻正式通知美国政府，以后倘如需要大量译员时，请美国政府斟酌需要情形，自目前尚在美国的留学生中征调。大凡在美留学二年以上，而功课尚能及格者，其英语的娴熟程度，必远较国内大学四年级学生再受短期训练者为佳，可以断言。我们虽尚不知此刻在美国留学生究有多少，但自抗战以来，其经过公私考选以及各种不能向人道语的理由而出国者，委实不在少数。倘能使美国政府加以公平的征调与合理的派遣，虽不能解决将来全部的译员需要问题，亦可相去不远。

这种办法当然最为合理。因为这些留学生多数在抗战前几年去到美国的。利用官价的便宜外汇，度着悠闲适意的生活，对于国内后方的痛苦，尚未曾稍尝一点。这些人假如真的竟自庆幸，亦（抑）或自托庇荫，居然想在抗战结束以后，再回国来做统治阶级（美其名曰建国工作）；即便能够成功，试问：深夜扪心，能不愧死，在良心上要感觉到此种在国外等待胜利的办法的不安，同时又不愿于此时回到后方吃苦受罪，那么现在随着配备优良的美军去作既不危险又不辛苦的翻译工作恐怕是这些"作壁上观"祖国战争已久的人们的最后的也是唯一的贡献了。

有人谓：目前在美的那些留学生绝大多数是要人的儿女或亲眷，所以从前曾经特别向美国政府亲求过，希望不加征调。如果实在的情形如此，那么我们还有什么可说的呢。

——《自由论坛》，第 16 期

昆明的译员训练班

（金光群，1945 年）

今天译员的训练已列入作战人员训练的五大部之一，由军委会在重庆、昆明设了两个译员训练班；当然美国朋友对这两学校是非常帮助的，实际上也是美军设立的。

笔者曾经在昆明译训班受过两周训练，现在将这一个新型的学校介绍出来。

远在"飞虎队"刚来中国的时候，这边译训班已经成立了，起先七期委托战地服务团办的，当时不叫译训班而叫干部训练班，等到第七期以后，改由军委会主持，现在，已经是第六期了。

班址在昆明的西站，是一块最美丽的地方，房子是两百万美金建筑的，相当舒适合用而壮观，可以容纳四百到六百人，设备虽不豪华，但很合卫生条件了，有很好的图书、娱乐、教育、卫生设备，学生们舍宿非常整齐，床是宽大的双人床；伙食过去是很好，现在昆明物价涨，一千六百五十元一月的菜金是没有办法吃得像样的，听说外事局正准备增加一些。

每期的训练时间大概是六周至八周，如果需要特别急的时候，成绩比较好的，可能只训一二周也就可以毕业了。

训练内容主要有三种：军训、政训、英语。日常生活完全军事化，因为译员们就在这个学校内由大学生改造成一个军人，当然需要一些军事常识、技术与心理的准备。

政训是包含文化及政训讲演，每周四小时请些专家作有系统讲演，使你对我们国家有一个比较客观的认识。这边的作风是告诉你各种人的看法，是容许你有自己的意见的。

英文共有会话、作文、日用英语、英语练习、美军会话五种，一共每周十八小时，是供给一些最必需的材料。

其他还有体育、音乐、政训活动、小组讨论，每周七小时。星期一、三、五晚上有电影，另外在受训期内有两次爬山比赛，各中队、区队之间还有一次各种球类比赛。总之，生活是紧张、愉快而合理的。

这边各主要工作人员全是联大名教授。教员大部分是联大教授，小部分是美国朋友。都是非常热心，非常负责，办事的人都非常认真，效率极高，无论什么事都能很快的办得妥妥贴贴（帖帖），所以凡是由昆明译训班毕业的译员，没有一个不感念她的，这里没有半点官僚气息，只有高度服务精神！

——《联合画报》，第 123 期，第 4 页

生活在译员军训班

（任舒平，1946 年）

一、第二次从军

从战争的激流中下来，胜利真给一种惊异的兴奋，去年九月在昆明市上，手舞足蹈的美军和翻译官，是两种最会真正领略胜利快乐的人，可是好景不

常，美军回国的结束是翻译官遣散，这群从来没有考虑过战后职业问题的乐天军人，一方面由于和美军弟兄相处日久情深，感到难分难舍，一方面服务美军流动生活中，已疏远对外界的联系，他们唯一的亲人就是政府，现在忽然得到遣散的命令，而没有具体复员办法的指示，于是不免感到投奔无路，而对当局有所抱怨并感到胜利的惘然。

昆明一向是翻译官的集散地，当时共集中两千余人，领了遣散费就天南地北的各奔前程，十分之八都和我一样，来到抗战司令台的重庆。十月初旬，一千余身穿美军制服的翻译官使重庆街头大为生色，可是渐渐的都因找到新职业而星散，在到重庆的第二天，我就接了世界日报之聘，担任外勤记者。到今年一月十四日译员军训班开学的时候，为了想继续从盟友美军那里多学点长处，我又辞去记者职务，第二次投笔从军。此次报到参加受训的翻译官，共二百八十五人。

二、美丽的大坪

班本部设在重庆西南五公里的大坪，傍依中训团本部雄峨巍巍的复兴关，是一块水草丰美、田林环绕的小平原，从重庆两路口有公路可达。这里本是军事委员会干部训练团的原址，在去年知识青年从军运动正热烈的时候，这里曾训练过成千成万的青年军干部，胜利后干训团裁并，由中训团接收，但从营房建设环境布置及各处惊心怵目的巨型标语上，还可看到当时青年军干部，接受革命教育时，卧薪尝胆刻苦训练雄伟的盛况。在这清净大自然环抱中的革命军摇篮，使每个投入它怀抱的人，都为一种至大至刚的活力所充沛，小我利害自私郁闷的块垒，完全从胸中扫除。

从大坪车站下车，一条光坦的"青年路"向田野中伸去，再经中山路可到大坪的中心，那时一座宫殿式的大礼堂，旁边有罗卓英将军题字"军人事业在战场"，刊在二丈余高的石碣上。周围共有营房二十余所，可同时训练一万余人。

四川的冬天是温暖的，紫色灿烂的蚕豆花，在遍野的田埂上开着，美丽的阳光把雀鸟蝴蝶草木及生活在这里的人都照耀得分外活泼，在随政府还都南京以前，这里就是译训班的班本部。

三、热闹的家庭

译员军训班是所有训练班中最富有青年活力的一个，翻译官的生活，使每人都染上美国式外倾乐观的习性，同学们全是过去昆明重庆译训班老同学及抗战时期同过生死的战友，每人都有他出人头地能笑能闹的特点，相互间没有生疏，没有客套，没有虚伪和猜疑，直爽坦白和热情流露着，到处都能听到粗壮的大笑声，这里是年青（轻）人的世界。

从开学起大家就奉令脱下美军制服，穿上灰棉军服，由G、I变成丘八。睡上下铺，吃"八宝饭"，上立正稍息的操场课，对于这群从美军回来的翻译官，显然是不习惯的，然而他们仍然是以愉快的精神、虚心的遵照命令行动。

同学年龄相差很大，最老的五十九岁，孙子已经在读中学，小的不满二十，看起来好像胎毛未退，经历方面有的曾作过县长、教授，有的才从学校出来，世故未深，可是却各自都在抗战中有过光荣的经历，有的在印缅远征军中担任过联络工作，有的担任过训练新式机械化部队，有的随降落伞部队，在敌人后方建筑过秘密空军基地。

现在大家每天早晨六点钟起床，升旗、运动、早餐后，就开始学术科课程，完全以军事为主，预定训练六个月，可是现在开课两周，已经派遣一部分到北平军事调处执行部去工作了，最近还有需要更多翻译官到华北去的消息。同学大部分都是有家难归或无家可归的青年人，军队就是他们的家庭，这个家庭真是温暖热闹得令人留恋。

四、向前面展望

翻译官们向来是快活的、勇敢的。危险、困难、艰苦等字眼，对于他们和快乐作同样的解释，抗战中在沟通中美友谊完成并肩作战的使命上，有的已把生命献给国家，停战令下，同学中有十五人奉派到北平军事调处执行部工作，在一月二十二日，张家口执行小组翻车，就有译员富毅同学重伤殒命，美联社记者法伦折臂，富毅同学是一月十七日方离开我们，奉派飞平的，辽宁潘阳人，现年二十四岁，西北工学院肆业，重庆译训班第一期毕业，我们还希望他两月后回班继续受训，不料竟成永别。

由于长期和美军共同生活，共同工作得到的经验和感受，翻译官们深刻的知道，中美两民族不同点在什么地方，我们固然知道，有些什么地方我们长于他们，可是我们更虚心想研究的，是他们国家什么地方长于我们，他们人民什么地方长于我们，我们渴望多学到他们的优点，以改进我们国家。

"建国必先建军"在战后仍是一句正确的口号，协助政府完成建设强大新军，是每个翻译官的理想，也是今后应负的任务。翻译官们愿意在这大的号召下，埋头苦干作一块建军工作中巩固的基石，而现在的译员军事训练班，则是一个燃烧着高热的熔炉，使这些本质良好的金属，锻炼成更坚韧的纯钢。

——《中央周刊》，第 8 卷，第 10 期，第 9~10 页

三百六十行：远征军中的译员

（毓芳，1946 年）

我受了全校师友的鼓励，怀了满腔的热血，在去年十一月底，放下我的书本，离开了我有好几年情感的学校——西南联大——去到昆明译员训练班受训。

在译训班一月多，把我们从大学带来的，或早就在大学养成的坏思想和消沉的生活，都洗刷净了，一块清洁的环境，领导着我们向上，规律的生活，使我们趋向光明，有系统的课程，筑成了我们服务的基础。

元月十四号，我们一行八人被派到远征军司令部，当天乘了美军的便车，由昆明出发，二百公里的旅行，沿途看到和我们同方向的卡车，满装着中国军队，如长蛇般的前进，这使我格外兴奋，我们离开学校的人，看到这无数如江河大海的中国健儿，含着芙蓉花的笑容，像钢铁般的直向着我们的敌人。

到目的地以后，我们才晓得我们这次派来是成立远征军司令部中目前需要最急切而工作较重要的编译科，原来这里和盟军发生关系很久，但是因为事实上的困难，找不到专门编译的人，这次我们来，算是在翻译上，给我们这一个远征道上颇富声势的首脑部一个方便，我们除了翻译中美军事方面重要来往公文外，常担任口头的译述，像两方面有什么宴会或会商，我们总是跟随翻译。我们在工作上，比谁都热心，所有的翻译文件，我们都是在合作中，用最迅速最确实的方法，马上完成，因此直属长官对我们也能信任，在各方面都能放心我们。

在生活方面，虽然是在纯粹的军事机关，但是并不像我们以前想像（象）的那么严肃，只要你在职责上能努力，绝对没有任何人在你的自由范围内，约束和管制你。

我们不到军队，看不到"军事第一"的真象（真相）和它的真意义。我们清楚的看到，中国军队现在正贮藏着一股想象不到的新力量，准备和敌人

奋斗，在这胜利在望的时期，每个有志气和热血的大学青年，应该暂时放下书本，到军队中作一点需要你等待你作的事情。

我们是军事委员会外事局派来服务的，本来已有统一薪津（本月四千余元）和制服，到这里以后，又蒙司令部的津贴，每月除供食宿外，津贴八百元，当我们由昆明出发时，美军办事处会借给我们每人行军床一个，军毡两条和蚊帐一顶，我们在精神上和物质上收到各方面的安慰，良心上有点感动，目前只有在工作上努力，对他们表示谢意。

——《联合周报》，第 15 期，第 2 页

赴京赶考记：追写译员留学试

（风逸，1947 年）

下车后第一件事，是领准考证。

领证的地点在教部对过，小小的院子里挤满了人。许多老朋友在这儿再见了，有的入生出死的伙伴，有的不过曾共一段车。但大家都很欢喜，点头拉手，大拍对方的肩膀。

战争已经过去了一年多，但战争的痕迹依然还印在这批人的衣着上——自然也有人西服笔挺，但大多数是老百姓衣服上套一件美军贾克，或是西服里面露出 OD 领子。有的甚至仍然全套 GI 制服。时至今日，制服已不再是光荣的标记；有谁还爱这一身褪色的老虎皮呢！还不为大家都穷。

领证的手续慢得出奇，有人足足等上六小时。"为什么办事情都这么饭桶？"处处有如此的责骂。后来才发现：虽然报名迄今已过一月，教部的老爷们却尚未把证件到底的依次理好。

院内并无坐处，站得两腿发酸。又想起内定八十的传闻，不少人心情沉重。

据教部人说，来京考试的人有一千一百多，是全国最多的一处。其次要推北平，有三百左右。五门科目，两天半考完，试场则在考试院明志楼。

考试院芳草鲜花，画栋雕梁；在这遍地哀鸿的国度，这里几乎是神仙世界。自一号起，两天半试期中，与会者在期间"可以自由走来走去，好像自己祖国的主人"，觉得十分幸福。

五门科目中，共通的三门是国、英、本国史地。本国史地题目最为刁钻；

有一题是叫把一些古代城池以位置与今名写出来。"南诏""渔阳"之类，不知难倒多少人。

通常考试下来，总是有的喜，有的愁。只这回，出试场的人大都面无喜色——不一定题目都难，但即使题目都容易又怎样呢？也许有人根本就不用考！

考完了，三号下午，译员联谊会在中大召开大会，商讨争取七百二十名额的办法。按外事局在危急之秋，曾许诺过百分之二十的额子。以三千六百人计，恰为此数。今则只招一百，三十分之一还不到一点。要政府实行诺言，还得开会争取，难怪大家心情沉痛！这次，政府是否会再自食其言，予青年学子的不信任以新的证据呢？那就再所难言了。我们且等着看吧。

为赶五号注册期，记者于三日晚乘十时快车连夜回校。在三等车的硬板凳上睡意迷糊的前仰后合中，犹闻同车某君抱怨："真是劳民伤财，劳民伤财……"

——《求是周报》，第 5 期，第 3 页

《西南联大·昆明天上永远的云》记译训班
（2015 年）

……第二次是应征翻译官。这次从军热的背景是为来华美军配备译员。1941 年初，美国政府批准向中国派遣飞机、志愿飞行员和机械师，组成志愿队。半年后蒋介石发布命令，美国志愿队作为中国空军的一个单位，以昆明为基地，这就是广为人知的陈纳德"飞虎队"（太平洋战争爆发后改称美国空军第十四航空队）。……据有关史料，当时在昆明的美军招待所多达 50 处，驻滇美军人员估计有数万之众。这就需要大批军事翻译人员。在这样的背景下，大后方各高校外文系学生就成了从军挑大梁的重要角色。

为保证征调的顺利进行，教育部颁布《志愿从军学生学业优待办法》和《从军知识青年退伍后参加考试优待办法》等规定。联大根据以上精神，除由梅贻琦常委做动员外，还采取了一系列的相关措施，例如：四年级学生服役期满发给毕业文凭；低年级学生志愿应征期满返校可免修 32 学分（相当于一个学年的学分数）。同时还有硬规定，对符合应征条件的应届毕业生，"不服征调两年兵役者，不发毕业文凭"。

尽管当时大学生的外语水平一般来说都比较高，且应征的相当一部分又是外文系学生，但毕竟需求量太大，所以国民政府军委会决定在昆明设立译员训练班，由联大教授负实际责任。联大外文系陈福田（系主任）、温德，中文系的闻一多①等教授及美方的专职教师担任语言训练，吴泽霖（社会学系）、赵九章（气象学系）、皮名举、姚从吾（历史系）、罗常培（中文系）、查良钊（教育学系）等其他系的教授讲授气象、史地及美国社交等相关课程。译训班地点在昆华农校（即前面提到的美军第一招待所），共办了 11 期。学员毕业后任上尉三级译员或上校二级译员，习称翻译官。经培训成为翻译官的联大学生，去向相当广泛，最远的去了印度、缅甸，在云南的较多，也有去广西、湖南、贵州的。中、缅、印战场的几次重要战役，包括入缅战役、滇西战役、打通中印公路之战以及湘西会战等等，都有联大的翻译官参战。也有个别的被派往美国，为培训中国飞行员和机械师做翻译。

——《西南联大·昆明天上永远的云》，第 201～202 页

《正义报》记译员训练班

（2017 年）

军委会译员训练班于昨日（二十日）午后三时在该班会议室招待各报记者，首由该班副主任吴泽霖报告该班各种情形。吴氏略谓：译训班前身为军委会干训班，于三十年开班，招收或征调大学生训练，至去年九月先后训练七期，毕业学生四百二十九人，分发各招待所担任翻译联络工作，去年因国际局势好转，盟军来华者日众，形势需要，遂改组为译训班，征调大学四年级生，组训练委员会办理，由董显光、商震、黄仁森等担任委员，译训班于去年十一日开始训练第一期大学生，共二百零一人，于今年一月结束，已分发前往印度及国内服务，现在训练者为第二期，共四百六十三人，以联大、交大、贵大者为多，中有由福州或汉中远道来者，因需要迫不及待，三月初开始训练，至今已先分发三百零三人，余者下星期三即正式结束。此期结束后，本年内尚续办三期，拟再训练一千人，因盟邦供我武器，须待能使用时

---

① 另据《闻一多简谱》载：1943 年 11 月，闻一多正编选《现代诗钞》，并参加为第二次世界大战培养翻译的译训班讲课，课上曾以《共产党宣言》为英汉互译教材。参阅：刘志权著，《闻一多传》，团结出版社，1999 年，第 301 页。

方授予，而训练工作，又必须此项人才担任翻译也。吴氏述毕，教务处长樊际昌、训导处长戴世光、总务处长鲍觉民对各部情形讲述亦详，末由各氏领导记者参观该班教室、寝室各处，吴氏并谓该班全部房屋，均为盟方建筑供给，该班仅购置地基云。（《正义报》第3版）

——《旧闻新编：民国时期云南高校记忆》（中），第100页

《抗日战争中重庆地区大学生集体应征服役记》记重庆译员训练班
（刘述恒，1992年）

这个训练班是隶属外事局的"重庆译员训练班"，是专为这批应征学生设置的临时机构。班主任是国民党中央宣传部副部长董显光，此人会说一口流利的英语。……"译训班"从驻进"中训团"起就实行军事编制，实施军事管理——包括军人着装（军服是向中训团借的）和一切行动军事化。早晨，天未明听军号声起床，十分钟洗漱，集合整队，跑步下山作早操并参加升旗典礼。收队后，急行军回营地进早餐。饭后休息一小时，又集合跑步下山，参加全班集体活动。集体活动时间多数是听讲话。中午仍上山进午餐。午眠后，跑步下山，分中队听英语课，一般为两小时，英语教师是上海教会学校——"沪江"、圣约翰大学的毕业生，而且都是女教师。每天课后有点自由活动时间，既可阅览图书，也可搞文体活动，任其自便。这是一天紧张生活中唯一的轻松节奏。最后参加降旗。每周降旗时，班主任董显光要来讲二至三次话。他全用英语，讲话较慢，用词简单，有意识地锻炼同学们听英语的能力。……

——载中国人民政治协商会议四川省威远县委员会文史资料委员会编，《威远文史资料选辑（第10辑）》，1992年，第52页。

《抗战时期重庆的军事口译活动》关于重庆地区军事译员培训的研究
（罗天，2012年）

……1943年开始，军事委员会外事局在重庆沙坪坝（当时中央大学所在地）、北碚（当时复旦大学所在地）等处办起了译员训练班。

1944年2月12日，国民政府军事委员会在中央大学举行沙磁区随军译员

训练班开学典礼。2 月 14 日,沙磁区译员训练班正式上课。各学员受训二月后,即分发服役。训练班于 3 月 16 日进入复兴关(今浮图关)继续受训,在经过沙坪坝、小龙坎时,当地民众"夹道欢迎,盛况空前"。4 月 17 日训练班毕业,学员分配到部队充任随军翻译。

1944 年 2 月 20 日,军事委员会指定复旦大学承办的重庆区北碚译训班举行开学典礼。学员共计 320 人,本校学生及校外志愿参加者计 223 人,译训班于 21 日正式上课。著名翻译家梁宗岱曾在重庆北碚译员训练班当教授兼班主任。

此外,在重庆还举行了复兴关青年远征军军政工人员训练班译员训练组。1945 年 1 月,该训练组第一期训练期满,2 月全体送由美军总部分发昆明等地工作。从 1945 年 2 月 9 日以后,该译员训练组奉命改隶属中央训练团,扩大范围,易名译员训练班。

1944 年 4 月 16 日,重庆译员训练班 685 人在中央训练团受训 4 周后结业。该班应为中央训练团译训班第一期。目前所知,中央训练团译员训练班共办五期,第二期 205 人,第三期 258 人,第四期 158 人,二、三、四期译训班各下设三个中队。第五期招生之后,尚未开班即与第四期学员一起获知日本投降。训练班从而完成了它的历史使命,学员领到三个月的遣散费后各奔前程。

据不完全统计,重庆地区受训译员数量高达 2100 余人。

译训班的教学

虽然在战时,重庆地区的译训班在教学质量上也有很大的投入。以中央训练团译训班为例。

中央训练团译训班第二期教师 29 人,师生比为 1∶7;第三期教师 33 人,师生比约为 1∶8;第四期教师 29 人,师生比为 1∶6;应该说教师的配备在数量上能够满足培训的需要,有利于师生交流互动。此外,译训班还配有职员,第二期 62 人,第三期 68 人,第四期 76 人,主要为指导员、司书、中队长、医师等,可见国民政府对于译训班管理机构的建设已渐成体系。

我们再来看看培训教师的质量。二、三、四期译训班的首席美国教师毕范宇(Dr. Frank Wilson Price)为美国耶鲁大学博士,是孙中山《三民主义》的英译者。毕范宇精通母语英语语言文字和英国文学,讲授的大课常常引人入胜,妙趣横生,全堂欢笑。此外还有至少 9 名外国教师。中国教师也都来历不凡，从英美留学归来的占绝大多数，且大多毕业于名校。例如王锡钧，哈佛大学硕士毕业，曾任蒋介石的翻译；赵仁村、陈谭韵均毕业于英国剑桥大学；刘志宏为美国斯坦福大学硕士；严文祥为美国耶鲁大学硕士。总体来看，这支具有较高学历背景的中外教师队伍，保证了译训班的教学培训质量。

中央训练团译训班采用的是强化训练方式，实行军事化管理，班排建制。培训时间为六周。以毕范宇为首的美方人员编写了《翻译官必读 40 课》（*Forty English Lessons for Interpreting Officers*），于 1945 年印发使用，开始了以教材为基础的系统性、目的性更强的强化训练。

课本的主要内容有：（1）个人生活方面，如购物、劳动、合同等；（2）军队生活方面，如军队组织机构、军衔、纪律安全等；（3）战争相关的内容，如军事设施、装备、武器与火药、空战等；（4）中美文化方面，如中国餐馆、食物与娱乐、中美历史等；（5）与译员工作直接相关的内容，如办公室工作、文件报告与翻译工作、军事缩略语等。该书几乎涵盖了军事翻译人员工作中可能涉及的方方面面，考虑周详而又简明扼要，对于军事翻译工作有极大的帮助。在此之前，还很少见到如此系统而具有针对性的口译培训教材。

在该教材的"致师生之前言"（Foreword to Teachers and Students）中，还详细介绍了教材的目的、内容及使用方法。首先，教材为教师指导译员进行英语口语训练之用，其中一些课堂会话和个人训练的素材，亦可供学生研读和复习之用。其次，每篇课文包括两节：（1）词汇和句子练习；（2）情景会话，供美军军官与中国译员使用新词汇进行模拟会话。在教材的附录中，配有英语会话的补充材料、常见美国成语、专门话题的阅读材料以及课堂练习的歌曲。

在学习课文的时候，要先耳听，后目读，再口述，以提高听说能力。在口语练习、课堂操练中，使用直接法引入短语、句型以及日常对话。新的词汇短语要与实物、照片、图表、地图、装备等联系起来，或者实地观察等。学员复习课文时以两到四人的小组进行，分角色扮演美国军官、中国军官、平民以及译员，教学效果会更有效。要尽可能牢记情景对话，根据各种情况灵活运用。可以看出，这些教学方法简单实用，具有针对性。尤其是教学过程中的角色扮演，能让学员快速进入状态，在实践操作中提高翻译能力。

前言认为，通过这些课程，译员还要培养公民道德、爱国主义精神，以推动国际合作和中美相互了解。译员应该守纪律、有礼貌、勤奋、坚持不懈、恪尽职守等。这些道德品格方面的要求当然有利于译员今后顺利完成工作任务。

据严嘉瑞回忆,这40篇课文的安排是:每天学一课,一周学六课,限期六周学完。训练按大课、自习(下午,晚上)、晨读、课余活动进行。大课:每天上午各班集中大礼堂听毕范宇讲课。下午、晚上自习,主要是复习,查生字,消化和记忆当天上午大课讲授内容。

总体而言,在重庆开设的多期译员培训班,师资力量雄厚,课程安排渐趋合理,后期还编写了较为系统的教材。译训班注重基础,培训课程包含了中西文化,强调了实用性。培训课程特色鲜明,突出了军事知识,考虑到了军事翻译的实际需求,具有较强的针对性。此外,根据多个译员的回忆,在培训过程中,以听说为主,注意了数字互译练习,指定学员现场口译、角色扮演,这些都凸显了口译培训的独特性。对绝大部分未经军营生活、不懂军事术语的学生译员而言,这种系统实用、颇具针对性的培训是必不可少的。从他们此后的工作情况来判断,这种培训十分有益,收到了应有的效果。

——载连真然主编,《译苑新谭》(第4辑),四川人民出版社,2012年,第287~291页。

第五章　翻译教育论说

马建忠拟设翻译书院议

（1894 年）

　　窃谓今日之中国，其见欺于外人也甚矣。道光季年以来，彼与我所立约款税则，则以向欺东方诸国者，转而欺我。于是其公使傲睨于京师，以陵我政府；其领事强梁于口岸，以抗我官长；其大小商贾盘踞于租界，以剥我工商；其诸色教士散布于腹地，以惑我子民。夫彼之所以悍然不顾，敢于为此者，欺我不知其情伪，不知其虚实也。然而情伪虚实，非不予我以可知也，外洋各国，其政令之张弛，国势之强弱，民情之顺逆，与其上下一心，相维相系，有以成风俗而御外侮者，率皆以本国语言文字，不惮繁琐（烦琐）而笔之于书。彼国人人得而知之，并无一毫隐匿于其间。中国士大夫，其泥古守旧者无论已；而一二在位有志之士，又苦于语言不达，文字不通，不能遍览其书，遂不能遍知其风尚，欲其不受欺也得乎？虽然，前车之覆，后车之鉴也。然则，欲使吾士大夫之在位者，尽知其情实，尽通其壅蔽，因而参观互证，尽得其刚柔操纵之所以然，则译书一事非当今之急务与？语云："知己知彼，百战百胜。"战胜于疆场，则然，战胜于庙堂，亦何独不然。泰西各国自有明通市以来，其教士已将中国之经传纲鉴，译以拉丁、法、英文字，康熙间，于巴黎斯设一汉文书馆。近则各国都会，不惜重赀，皆设有汉文馆，有能将汉文古今书籍，下至稗官小说，译成其本国语言者，则厚廪之。其使臣至中国，署中皆以重金另聘汉文教习，学习汉文，不尽通底蕴不止，各国之求知汉文也如此，而于译书一事其重且久也又如此。近今上海制造局，福州船政局，与京师译署，虽设有同文书馆，罗致学生，以读诸国语言文字，第始事之意，止求通好，不专译书，即有译成数种，或仅为一事一艺之用。未有将其政令治教之本原条贯，译为成书，使人人得以观其会通者。其律例公法之类，间有摘译，或文辞艰涩，于原书之面目尽失本来，或挂一漏万，割裂复重，未足资为考订之助。夫译之为事难矣。译之将奈何？其平日冥心钩考，必先将所译者，与所以译者，两国之文字，深嗜笃好，字栉句比，以考彼此文字孳生之源，同异之故。所有相当之实义，委曲推究，务审其音声之高下，析其字句之繁简，尽其文体之变态，及其义理精深奥折之所由然。夫如是，则一书到手，经营反覆（复），确知其意旨之所在，而又摹写其神情，仿佛其语气，然后心悟神解，振笔而书，译成之文，适如其所译而止，而曾无毫发出入于其间，夫而后能使阅者所得之益与观原文无异，是则为善译也已。今之译者，大抵于外国之语言，或稍涉其藩篱，而其文字之微辞奥旨，与夫各国之所谓古文词者，率茫然而未识其名称。或仅通外国文字言语，而汉文则尘陋鄙俚，未窥门径。使之从事译书，阅者展卷未终，俗恶之气，触人欲呕。又或转请西人之稍通华语者，为之口述，而旁听者乃为仿佛摹写其词中所欲达之意，其未能达者，则又参以己意而武断其间。盖通洋文者，不达汉文，通汉文者，又不达洋文。亦何怪乎所译之书，皆驳杂迁讹，为天下识者所夷而讪笑也。夫中国于应译之书既未全译，所译一二种又皆驳杂迁讹，而欲求一精通洋语洋文，兼善华文，而造基堂奥，足当译书之任者，横览中西，同心盖寡，则译书之不容少缓，而译书之才不得不及时造就也，不待言矣。

余生也晚，外患方兴，内讧洊至，东南沦陷，考试无由。于汉文之外乃肆意于辣丁（拉丁）文字，上及希腊，并英、法语言。盖辣丁（拉丁）乃欧洲语言文字之祖，不知辣丁（拉丁）文字，犹汉文之昧于小学，而字义未能尽通。故英法通儒，日课辣丁（拉丁）古文词，转译为本国之文者，此也。少长，又复旁涉万国史事、舆图、政教、历算、度数与夫水、光、声、电，以及昆虫、草木、金石之学。如是者五六年，进读彼所谓性理格致之书，又一二年，而后于彼国一切书籍，庶几贯穿融洽，怡然理顺，涣然冰释，遂与汉文无异。前者郭侍郎出使，随往英法，暇时因举曩所习者，在法国考院，与考其文字、格致两科，而幸获焉。又进与考律师之选，政治之选，出使之选，亦皆获焉。曾拟将诸国政教之源流，律例之同异，以及教养之道，制用之经，古今沿革之凡，货财敛散之故，译为一书，而为事拘牵，志未得遂。近复为世诟忌，摈斥家居，幸有暇日，得以重理旧业。今也倭氛不靖，而外御无策，盖无人不追悔于海禁初开之后，士大夫中能有一二人深知外洋之情实，而早为之变计者，当不至有今日也。余也蒿目时艰，窃谓中国急宜创设翻译书院。爰不惜笔墨，既缕陈译书之难易得失于左，复将书院条目，与书院课程，胪陈于右，倘士大夫有志世道者，见而心许，采择而行之，则中国幸甚！

一、翻译书院之设，专以造就译才为生。诸生之入院者，拟选分两班；一选已晓英文或法文，年近二十，而资质在中人以上者十余名入院校。其所造英、法文之浅深，酌量补读，而日译新事数篇，以为工课。加读汉文，如唐宋诸家之文，而上及周、秦、汉诸子，日课论说，务求其辞之达，而理之举。如是者一年，即可从事翻译，而行文可免壅滞艰涩之弊。

二、选长于汉文，年近二十，而天姿绝人者，亦十余名。每日限时课读英法文字，上及辣丁（拉丁）、希腊语言。果能工课不辍，用志不纷，而又得循循善诱者为之指示，不过二年，洋文即可通晓。然后肆力于翻译，收效必速。盖先通汉文，后读洋文，事半功倍。为其文理无间，中外所异者，事物之称名耳。

三、拟请一兼通汉文洋文之人，为书院监理，并充洋文教习。凡诸生应读洋文书籍，与每日译书课程，皆其派定。应译之书，亦其择选，而考校诸生之勤惰进退，及学有成效与否，胥实成焉。

四、拟请长于古文词者四五人，专为润色已译之书，并充汉文教习，改削论说，暇时商定所译名目，必取雅驯，不戾于今，而有征于古者，一一编录，即可为同文典底本，又拟雇用书手五六名，以备钞录。

五、院中有执事者，必须常川住院，诸生则旬休沐一次，准假，岁无过一月，岁终，诸生勤惰，由监理票报，批饬榜示。

六、应译之事，拟分三类：其一为各国之时政。外洋诸国内治之政，如上下议院之立言，各国交涉之件，如各国外部往来信札，新议条款，信使公会之议，其原文皆有专报，此须随到随译，按旬印报。书院初设，即应举办者也。其二为居官者考订之书。如行政、治军、生财、交邻诸大端，所必需者也。为书甚繁，今姑举其尤。当译者数种，如罗马律，要为诸国定律之祖，《诸国律例异同》《诸国律考异》《民主与君主经国之经》《山林渔泽之政》《邮电铁轨之政》《公法例案》，备载一切交涉事件原委；《条约集成》，自古迄今，宇下各国，凡有条约，无不具载，其为卷甚富，译成约可三四百卷。《东方领事便览》《生财经权之学》《国债消长》《银行体用》《方舆集成》，

171

凡五洲险要，皆有详图，为图三千余幅，乃舆图中最为详备之书。罗马总王《宾撒尔行军日记》，法王那波伦《第一行军日记》。此两王者，西人称为古今绝无仅有之将材。所载攻守之法，至为详备。他书应译者，不可胜记，而诸书类皆英法文字，择其善者译之。开院后一年，其已通洋文诸生，即可将前书分课翻译。二年后，新读洋文诸生，亦可助译，则出书自易。其三为外洋学馆应读之书，应次第译成。于彼国之事，方有根柢。如《万国史乘》，《历代兴废，政教相涉之源》，又算法、几何、八线、重学、热、光、声、电，与夫飞、潜、动、植、金石之学，性理格致之书，皆择其尤要而可资讨论者，列为逐日课程。一二年后，即派诸生更译，附旬报印送，以资观览焉。

七、书院中拟投书楼。除初设时已购中外书籍外，新出者应随时添购。其书籍必派人专司，日时启闭，每月按簿查点。其初应购之书，值约数千。每岁添数百金，可以补其未备。

八、一二年后，拟于院中自备活字板一副，雇刻工之精于刻图者数名。其初译件不多，可请书坊代印。

九、书院房屋，总宜宽敞整洁。其居地宜附近通商口岸，取其传递便捷，消息灵通。而外洋各报纸，公司船随到随送，即可分译，不致积留。

十、书院费用，皆有定额。拟派一支应者，专司出入，按月呈报。至书院内各项额外开支，皆宜预筹经费，按年拨给，以为书院立不拔之基焉！

——《采西学议——冯桂芬·马建忠集》

论译才之难

（1903 年）

自中土士大夫欲通西学，而以习其言语文字为畏途，于是争求速化之术，群起而谈译书。京内外各学堂所习书，必皆待译而后具。叩其所以然之故，则曰：中国自有学，且其文字典贵疏达，远出五洲之上，奈何舍此而芸人乎？且大学堂所陶铸，皆既成名之士，举令习洋语，将贻天下观笑，故不为也。顾今日旧译之西书已若干种，他日每岁所出新译者将几何编？且西书万万不能遍译，通其文字，则后此可读之书无穷，仅读译书，则读之事与译相尽，有志之士，宜何从乎？若以通数国语言为鄙事，则东西洋诸国当轴贵人，例通数国语言，而我则舍仓颉下行之字不能读，非本国之言语不能操，甚且直用乡谈，援楚囚之说以自解，孰鄙孰不鄙，必有能辨之者矣。然此不具论，即译才岂易言哉？曩问友人，言已译之书，如《谈天》，如《万国公法》，如《富国策》，皆纰缪层出，开卷即见。夫如是，则读译书者非读西书，乃读中土所以意自撰之书而已，敝精神为之，不亦可笑耶？往吾不信其说，近见《昌言报》第一册译斯宾塞尔进说数则，再四读，不能通其意，因托友人取原书试译首段，以资互发，乃二译舛驰若不可以道里计者，乃悟前言非过当也。今请并列之，以供诸公共鉴何如？

——《国闻报汇编》，1903 年下卷，第 3~5 页

论译学馆宜兼重国文

（1906 年）

译学馆之设，所以储译才也。而语言与文字，为译才之根本。文字不通达，语言亦不能雅适。是文学一科，尤为译才之基础。故非深通中西文者，不可以言译才。此严又陵先生，所以见称于学界也。今之学者，知西文之足重，趋之若鹜，而于中国文字，反不求甚解。天之将丧斯文也。吾甚恫焉。夫文学之道，中外皆有至诣，苟西文造其精深，即全弃。中文亦可以求学，人生聪明材力，天赋几何，与其兼习而浅尝，何如专精之可贵焉？为学固应如是，然非所论于译才也。由中文而译西文，则非精西文不可；由西文而译中文，又非精中文不可。译学馆为培养至高等译才之地。应中西并重。今考其课程，每日习中文，一星期只两时间。而学生国文程度不一，文理通顺者虽不乏人。然亦竟有平日于本国文字，从未研究者。即他日各国文字，习之至精，恐无济于译事也。中国文字繁而难，非寝馈十余年不足称专家之学。即寻常应世之文字，通达条畅，亦非旦夕可及。

近来，欧风西渐，学界一变词章之学，几为通人所诟病，为文但求达意，不求工雅。教授之法，专务速成，冀一雪文人误国之耻，亦改良教育之善策也。然当日倡斯论者，皆深通文学之士，深入而浅出，由博而反约，其为文虽不求工，而根底自在。后之学者，无先觉之根底，只学其浅者、约者，吾恐欲求达意亦不能也。蒙小、中学现时已蹈此弊。数十年后，旧时文学之士，相继沦亡。中国文学吾甚恐其堕落也。不料，堂堂译学馆，与京师大学相抗衡，为储育译才之总枢，亦蹈此弊也。以一星期两时之寸阴，杂以各学科之

繁博，其人苟非积学在平日，而欲于馆内，悟修辞之学，虽甚聪颖，亦知其难也。而译才与国文又相维为系者，国文程度高一尺，译才程度亦高一尺。且办理交涉、公文、案牍、来往磋磨，一字之更易，如精铁之铸成，得失甚巨，更非粗通文理者所能梦到也。况文理不通，即语言亦不能畅达，此香港英文书馆所培养者，皆洋行奴隶之人格也。日本中国留学生，其毕业返国，每因中国文理不佳，办理各事，动则贻咎。即所译东洋典籍，亦绝少善本。其故可知矣！窃以为该馆宜聘高等文学之士，专授国文，与东西文并重，每星期约四五时间。令各生受高等文学之教育，不特译才辈出，亦保存国粹于万一者也。

——《直隶教育杂志》，第 13 期，第 9~10 页

《近代中国教育思想史》记外语和翻译教育（节录）

一、背　　景

鸦片战后，中国底种种弱点暴露于世，英、法各国便以其可欺，而与之订立种种不平等条约；领事裁判，利益均沾，传教游历，自由建造等事无不由条件规定。外人既可深入内地自由行动，于是中西人民的交际日多。而外人持不平等条约上的权利，常有欺侮官吏、凌辱人民之举，遂致交涉日多。地方无深通外语国言文字之吏员，遇有中西人民之纠纷，固无从持平办理；而当时订约国日多，国际往来上之种种仪文无人司理，更感苦痛。故咸丰十年（1860）英法联军入北京，驱帝避热河，焚毁圆明园，迫订和约于北京之后，上谕办理通商善后章程，其第一事即建立总理各国通商事务衙门。总理衙门底性质，约等于今之外交部，据《大清会典》所载，其职务如下：

> 总理各国事务衙门、亲郡王、贝勒、大臣，大臣上行走，掌各国盟约，昭布朝廷德信：凡水陆出入之事、舟车互市之制、书币聘飨之宜、中外疆域之限、文译传达之事、民教交涉之端，王大臣率属定议：大事上之，小事则行。每日集公廨以治庶务，奏事日则直朝房以待召见。凡各国使臣入觐……导使臣行礼……凡各国使臣……期会……来贺……接以宾礼。……

当时除英法外，订约通商者尚有俄、美、瑞典、挪威诸国，交涉礼节之事自然很多，需要熟悉外国语言文字的人员也很多。故于同治元年（1862）由总理衙门倡议，设立京师同文馆于北京，方言教育的思想也即由此而始。

北京同文馆初创时，仅集十余人习英文而已。次年设法文、俄文两馆，并乾隆时内阁所设俄罗斯文馆于其内。五年（1866）更添天文、算学、化学、格致、公法各科。同治二年（1863）李鸿章奏设广方言馆于上海，三年（1864）瑞麟等奏设广东同文馆于广州，均以教授语言文字为主，并以京师同文馆为总机关，沪粤两馆学生之毕业者均送入京师肄业。

光绪二十八年（1902）以前，三馆实为中国新教育的高等教育机关，而以京师同文馆为总枢纽。当时的外交人材（人才），西学介绍都取给予该三馆，故学习语言，翻译西籍竟蔚成为一种思潮。戊戌变政前后之言新政者，无不以方言为言。光绪十九年（1893）张之洞在湖北创设自强学堂，共分四斋而以方言居首。光绪二十八年（1902）以后，中等以上学校特重外国语，亦以此为源泉。

二、变　　迁

京师同文馆等之设，虽然说是以教授方言、养成交涉人材（人才）为目的，但主持还另有一种见解，以为方言是一种基本学问，若国内有人通各国方言，西洋国情可以了解，西洋学术即可以完全输入中国，中国即可以富强。总理衙门奏设北京同文馆疏说：

> ……欲悉各国情形，必谙其语言文字，方不受人欺蒙。各国皆以重资聘请中国人讲解文艺，而中国迄无熟悉外国语言文字之人，恐无以悉其底蕴。

李鸿章奏请添设外国语言文学馆疏说：
……[1]

以上为同文馆及广方言馆设立的普遍目的。李氏所言，尤能绘声绘色将当时官吏不识外国语言的弊端，及不得不由国家设立专校培植方言人材（人

---

[1]　参见本书《李鸿章奏设外国语言文字学馆折》。

才）的理由和盘托出。不过方言的学习还有更远大的目的，就是要由语言以达文学而译述科学。所以李氏又说：

……①

学习方言最后的目的，在于读西书译西籍以图自强，所以馆中课程，除以洋文洋语为主外，其他属于西学的数学、理科与翻译基础的中国文学，亦同时兼习，而算学尤为重要。广方言馆章程第四条说：

> 西人制器尚象之法，皆从算学出；若不通算学，即精熟西文亦难施诸实用。凡肄业者，算学与西文并逐日讲习。其余经史各类，随其资禀所近分习之。专习算学者，听从其便。

对于翻译更为重视，平日既有英汉、汉英互译的功课，毕业时更以能否翻译全帙为奖励职官的标准。嗣后同治六年（1867）江南制造局设翻译馆，专以翻译西籍为务，译书成绩虽有可观，但尚不能应社会的需要，故光绪十九年（1893）张之洞奏设自强学堂于武昌，分方言、算学、格致、商务四斋，而尤注重方言。他说：

……②

当时执政者固以学习方言为自强要务，在野者亦多以通西文译西书为言。光绪二十年（1894），马建忠建议设立翻译书院说：

……③

光绪二十三年（1897）梁启超更主张多从日文移译西籍以强国，他以为中国效西法三十年而败，是由于不知敌之所以强。故谓：

> 欲救斯敝，厥有二义：其一使天下学子，自幼咸习西文；其二取西人有用之书，悉译成华字。斯二者不可缺一。而由前之说，其收效必在十年之后。由后之说，则一书既出，尽天下有志之士，皆受其益；数年之间，流风沾被，可以大成。今之中国汲汲顾影，深惟治标之义，不得

---

① 参见本书《李鸿章奏设外国语言文字学馆折》。
② 参见本书《张之洞奏设自强学堂片》（节录）。
③ 参见本书《马建忠拟设翻译书院议》。

不先取中学成材之士而教之；养其大器，以为救焚拯溺之用。且学校贡举之议既倡，举国喁喁向风；而一切要籍，不备万一，则将何所挟持以教士取士耶？故译书实本原之本原也！

他恐事无先例，为人怀疑，更举清太祖太宗及泰西各国译书之成绩说：

大哉圣人乎！太祖高皇帝，命子弟近臣，肄唐古忒文诵蒙古记载，遂以抚蒙古。太宗文皇帝受命建国，首以国书译《史鉴》，悉知九州扼塞及古今用兵之道，遂以屋明社。圣祖仁皇帝万几之暇，日以二小时，就西士习拉体诺文，任南怀仁等至卿贰，采其书以定历法。高宗纯皇帝开四库馆，译出西书四十一家，悉予著录。宣宗成皇帝，俄罗斯献书三百五十余号，有诏庋秘府，择要译布。然则祖宗之世，边患未形，外侮未亟，犹重之也如此；苟其处今日之天下，则必以译书为强国第一义，昭昭然也！且论者亦知泰西诸国，其强盛果何自耶？泰西格致性理之学，原于希腊，法律、政治之学，原于罗马。欧洲诸国各以其国之今文，译希腊罗马之古籍。译成各书，立于学官，列于科目；举国习之，得以神明其法，而损益其制；故文明之效，极于今日。俄罗斯崎岖穷北，受辖蒙古，垂数百年，典章荡尽；大彼得自游列国，尽收其书，译为俄文，以教其民，俄强至今。日本自彬田翼等始以和文译荷兰书；泊尼虚曼子身逃美，归而大畅斯旨。至今日本书会，凡西人致用之籍，靡不有译本，故其变法灼见本原，一发即中，遂成雄图，斯岂非其明效大验耶？彼族知其然也，故每成一书，展转互译。英著朝脱稿，而法文之本，夕陈于巴黎之肆矣。法籍昨汗青而德文之编，今度于柏林之库矣。世之守旧者，徒以读人之书，师人之法为可耻，宁知人之所以有今日者，未有不自读人之书，师人之法而来也。

当时天津水师学堂、上海制造局等处，亦译有西籍若干，不过犹未足以言学术，故他又说：

问者曰："中国自通商以来，京师译署、天津水师学堂、上海制造局、福州船政局，及西国教会医院，凡译出之书，不下数百种，使天下有志之士，尽此数百种而读之，所闻不已多乎？"曰：此真学究一孔之论，而吾向者所谓知而不知之，不知而自谓知焉者也！有人于此，挟其节本《仪礼》《左传》，而自命经术；抱其《纲鉴易知录》《廿一史弹词》，而自诩史才。稍有识者，未尝不嗤其非也。今以西人每年每国新著之书动数万卷，举吾所译之区区，置于其间，其视一蟁（蚊）一虺（蛇）不如矣！况所译者未必其彼中之善本也；即善本矣，而彼中群学，日新月异，新法一出，而旧论辄废。其有吾方视为怀宝，而彼久吐弃不屑道者，比比然也。

最后则主张从日文译西籍以为捷径说：

日本与我为同文之国，自昔行用汉文，自和文肇兴，而平假名片假名等，始与汉文相杂厕。然汉文犹居十六七，日本自维新以后，锐意西学，所翻译之书，要者略备，其本国新著之书，亦多可观；今诚能习日文以译日书，用力甚勤，而获益甚巨。计日文之易成，约有数端，音少一也；音皆中国之所有，无棘刺扞格之音，二也；文法疏阔，三也；各物象事，多与中土相同，四也；汉文居十六七，五也。故黄君公度，谓可不学而能，苟能强记，半岁无不尽通者，以此视西文，抑又事半功倍也！

当时大僚如张之洞，亦极力主张移译东籍。其《劝学篇》之《广译》一篇专论译书。他说：

王仲任之言曰：知古不知今，谓之陆沈，知今不知古，谓之聋瞽。吾请易之曰：知外不知中，谓之失心，知中不知外，谓之聋瞽。夫不通西语，不识西文，不译西书，人胜我而不信，人谋我而不闻，人规我而不纳，人吞我而不知，人残我而不见，非聋瞽而何哉？学西文者，效迟而用博，为少年未仕者计也。译西书者功近而效速，为中年已仕者计也。若学东洋文，译东洋书，则速而又速者也。是故从洋师不如通洋文，译西书不如译东书。

自李鸿章而后，虽然大僚学者多主张以学习方言翻译西籍为强国的要件，子而后，大吏竞言新政，亦莫不以广译西籍为言。但因各学校设立甚少，其思想尚未普及于教育。光绪二十九年，张之洞、荣庆、张百熙等改订学堂章程，规定中学堂以上各学堂必勤习洋文，此思想更普及于一般教育界。他们规定这条的理由，说：

> 今日时势，不通洋文者于交涉、游历、游学，无不窒碍，而粗通洋文者往往以洋文居奇，其猾黠悖谬者，则专采外国书报之大异乎中国礼法、不合乎中国政体者截头去尾而翻译之，更或附会以一己之私意，故为增损以求自圆其说。譬如日本福泽谕吉，维新之志士也，其著述数十百种，精理名言，不可胜纪，而中国译者则专取其男女平权等编译之，而其谈教育之本，谈政治之原者，则略之。如此之类，不胜枚举。其故有二，一则翻译之日少，印刷之资轻，可以易售而周利，一则因中国通洋文者少，故摘取其单词片语以冀欺世而惑人，鄙险甚矣。假令中国通洋文者多，则此种荒谬悖诞之翻译，决无所施其伎俩。故中学堂以上各学堂必全勤习洋文，而大学堂经学、理学、中国文学、史学各科，尤必深通洋文而后其用乃为最大。斯实通中外、消乱贼、息邪说、距诐行之綮要也。

从上面所述的情形看来，方言教育思想底内容可分为三大类：第一是培植交涉人材，第二是翻译西籍，第三是中等以上各学校多习外国语。其时间则数十年绵延不断。

三、影　响

方言教育思想因为社会急切的需要与提倡者底权能，在实际上很发生影响。就交涉人才讲，数十年来之中国外交人物多出于三馆之门，陆征祥、唐在礼、唐在复、胡维德、刘镜人、戴陈霖、刘式训、吴宗濂、周自齐、毕桂芳等其尤著者。他们虽不曾为国家建过顶天立地的功劳，但也少卖国劣迹，而数十年来的外交事务，他们努力于折冲之间者亦复不少。至于翻译方面，在光绪二十二年以前，同文馆、江南制造局，已很有成绩，梁启超说：

  ……海禁既开，外侮日亟。曾文正开府江南，设制造局，首以译西书为第一义，数年之间，成者百种，而同文馆及西方设教会于中国，相继译录，至今二十余年，可读之书约三百种……

  译出各书都可三类：一曰学，二曰政，三曰教。今除教类之书不录外，其余诸书分为三卷：上卷为西学诸书，其目曰算学、曰重学、曰电学、曰化学、曰声学、曰光学、曰汽学、曰天学、曰地学、曰全体学、曰动物学、曰医学、曰图学；中卷为西政诸书，其目曰史志、曰官制、曰学制、曰法律、曰农政、曰矿政、曰工政、曰商政、曰兵政、曰船政；下卷为杂类之书，其目曰游记、曰报章、曰格致，总曰西人议论之书，曰无可归类之书。

就上面所记的分类看来，科学政治各方面的书籍均有移译，就其书目所载已印者固三百余种，未印者亦百数种，在数量方面固然各科顾到，在程度方面亦深浅有序。可见当事者之进行为有计划的，非如现时译学界之漫无标准。戊戌以前，中国新知识之传授，这些译籍底功劳却不小；戊戌以后，一般志士多赴日本，鉴于日本以采用西政而强，乃多移译日籍，惟杂乱无章耳。梁启超说：

  戊戌政变，继以庚子拳祸，清室衰微益暴露。青年学子，相率海外求学；而日本以接境故，赴者尤众。壬寅、癸卯间译述之业特盛，定期出版之杂志不下数十种。日本每一新书出，译者动数家，新思想之输入如火如荼矣，然皆所谓"梁启超式"的输入，无组织、无选择、本末不具，派别不明，惟以多为贵，而社会亦欢迎之：盖如久处灾区之民，草根木皮，冻雀腐鼠，罔不甘之，朵颐大嚼，其能消化与否不问，能无召病与否更不问也，而亦无卫生良品足以为代。

斯时的译品虽然杂乱无章，但中国教育上的影响，不独专论学理的著作系由日籍译来，即学校所用之教科书以及教育上之设施，亦最大部分从日本转贩而来。而在学术有贡献的译品则首推严复。严为福建船政学校学生，去英习海军。庚子拳匪乱后，避居上海七年，专事译述，其所译《天演论》《原富》《穆勒名学》《群己权界论》《法意》《群学肆言》等很能介绍一些西洋科学上、哲学上、政治上的新观念，物竞天择等名词在当时很能支配许多人底思想。此外林纾所译欧洲小说极多，他虽不识西文、译本无选择、少名著，但西洋文学之输入中国，他却有不可湮灭的劳绩。民国以来，执政者虽亦有由公家设立翻译机关之议，（四年汤化龙十四年，章士钊长教育部时均议由国家设立编译馆）但均不曾实行，故翻译上无有系统之巨制。五四运动而后，国人对于西洋学术的狂艺，与光绪壬寅、癸卯间对于日本学术之情形相似，故译品陡增，书贾如商务印书馆之《共学社丛书》《世界丛书》，中华书局之《新文化丛书》，均经营不遗余力；学术团体如尚志学会、科学社、学艺社、教育改进社等亦努力于编译事业。可是为经济与人力之限制，终无良好成绩，数年来其足以供大学学生参考的专著为数极少，而品质之杂劣，恐较壬癸之间犹过之。盖国家既无专设机关经理其事，一切由私人及书贾代办，私人每为生计所迫，而不肯译高深难销之书，书贾则更惟（唯）利是图，名义上虽说要提高文化，实际上则不问在文化上有何种重大贡献的作品，倘不能获利，他们还是绝对不印的（此种事例极多，凡专门研究者，其所研究之科目不普通而有专著向书贾交涉付印者，都可有此经验）。遂致各科系统与译品质量均无适当的配置。至于中等以上学校多习外国语一项，则自光绪二十九年改行新教育制度以后，一脉相承，无论学制系统，课程标准有何种变更，中等以上学校的外国语均为主要科目。不过当时的目的，在于读西文以通西学，习西文系达通西学的一种手段，后来因教会学校的提倡与留学生之推波助澜，竟将手段变成目的，而以讲西语用西书为荣，遂致语言学习的成绩虽有进步，而学术界仍未受其实益。

——节录自：舒新城编，《近代中国教育思想史》，上海书店出版社，1918 年版。

英语直接教学法与翻译教学法之比较

（史乃康，1932 年）

一、引　言

英语在事实上已经做了国际的语言文字。我们要了解外国人的一切，或要使外国人了解我们的一切，便不得不自己迁就去学英语。因此英语一科，在我国各级学校中，多列入必修学程，而且所占的时间也很多，这是谁都不能否认的一件事实。讲起学习外国语的目标，普通总不外乎三种：（一）培养说话流利及写作准确的能力；（二）培养阅读及欣赏外国文学的能力；（三）传达关于外国人民及土地的一切知识，如日常生活、思想、品性，及其地理历史等。这些目标，简直和学习本国文的目标相仿佛；不过本国文的应用广，造诣自然应当深，外国语不过是一种不得已而应用的工具知识，当然用不着何等的高深造就。学校中设有这种课程，决没有教学生成为外国文学家的奢望。所以有许多国家思想较重的人，甚至于有废除外国语为必修科的论调。在现代的中国，科学智识尚在萌芽时代，要说废除外国语，未免太早。或许将来因国际思想和知识程度的变迁，我们的学生竟用不着学外国语也未可知。不过在某种环境之下，我们说适应环境的话，我感觉得有这篇文字的需要。希望能引起教育者的兴趣，而共同讨论出一个完善的结论。

要达到教学外国语的目的，不是一件容易的事。我们教外国语者的责任，也只能说尽我们的力，教到什么程度就算达到什么目的。可是"尽我们的力"这句话，就得细细的分析一下，这里面究竟含着什么成分。我以为尽力的解释，就是使学生以最少的时间，最少的脑力，得最大的成效。现在各级学校教学外国语的时间，已经是固定的，学生所用脑力，应当平均分配于各种学科，所以读英文的脑力，也只能说是有限的；我们所要寻求的，就是怎样在这种固定的时间和有限的脑力条件下，可以得到最大的成效。关于这一点，我们就不能不去研究教学方法，以求解决。

英语教学方法的种类繁复，这篇所讨论的，只限于教授时所用的语言。我国各级学校中，大多都是用中文做讲解英文的媒介，这里我们称之为翻译教学法；还有许多学校中，用简单的英语讲授，这里就称为直接教学法，我现在单把这两种方法做一个实际上和理论上的比较。

二、讲 解 用 语

有人说用翻译法讲解英语，比用直接法便利得多。这句话我觉得太空泛。

所谓便利，必得先有一个对象，我们要达到一个固定的目的，所用的时间少，是一种便利；所费的力量少，也是一种便利；所得的成效大，也是一种便利。翻译法的便利，究竟在哪一点呢？让我们细细的观察一下。

时间上　先讲时间上的便利：主张翻译法的人，往往说用翻译法讲解英文，只须有一个字翻一个字，有一句句子，翻一句句子，学生便明白了，不像直接这样麻烦，每一个字要用种种实物、图画、动作等指示，有时还要费许多时间，转了许多湾（弯），才能使学生听懂；讲一句句子，所费的时间，当然一样的不经济。这一点，我们承认不错，并且我们实地的实验过；完全用翻译逐字逐句讲解，每小时可以讲七八页。完全用英语逐字逐句讲解，每小时只有三四页。所以专讲时间。翻译法确是经济。不过这种暂时的时间经济，对于教学上有没有价值，很值得注意。我现在先提出几个问题，来试验这种时间上的便利，究竟是真实的呢？还是表面的？第一，在时间经济的条件下，所得的效果，能不能满足我们的希望？假使匆匆忙忙底教，所得无几（Haste makes waste），那么，这暂时的时间经济，在将来反要费去无限的时间去补偿它，那是所谓经济，就是不经济了。第二，直接法讲解的时候，我们承认多费些时间，不过每分钟所讲的话，是不是学生所应当学的？那么，在暂时讲解某一句某一课的时间虽费得多，在整个的进程上讲，学生现在多学了许多应学的东西，省得将来再花功夫（工夫），是不是时间经济了呢？所以关于时间一点，我们可以断定翻译法并不比直接法便利。

　　力量上　第二讲力量上的便利：主张翻译法的理由，大概也和节省时间的理由差不多，我们上一节的批评，当然也一样的适用。不过，还有人说翻译法不仅在教师讲解时节省力量，就是在学生学习时，也省许多脑力；因为直接法的讲解，往往使学生的思想多转几个湾（弯），方才明白所讲的是什么。关于这个理由，我们分理论和实际两方面来观察。在理论方面，我们可以说翻译法所走的路，是一个三角形；从英文字翻做中国字，再从中国字寻出意义，或是先有意义，寻出中国字，再翻做英文字，直接法从英文到意义，或从意义到英文字，只是一条直线。用数学上的原理，"两点中最近的路是直线"来证明，就可以知道：用翻译法比用直接法费力。再从学习心理上讲，凡学一个字，听了字音，想到字体，再从字体上想到字义，必须经过三种感应结（bond）。现在再加入中国字的字音、字体、字义，就要有六个感应结。感应结愈多，学习的力量愈费，所以在心理学上，用翻译法讲解比用直接法费力得多。至于在实际方面，我们相当的承认，直接法暂时比翻译法费力，因为教师须想出各种方法，使学生从英文字想到意义，学生有时又须听教师转转湾湾得话，方才明白英文字的意义。不过这里，我们又须注意到教师所用的力量，是使学生沉浸在英文之中，讲解用字若是旧的，当然不须费力，反而得到温故知新的利益；若是新的，转折当然较多；不过这种力量，在全部的教学进程中，丝毫没有白费。而在翻译所用的力量固然少，但是这少的力量的代价高不高，或竟是有没有，还是问题。所以我们又可以得一个结论，翻译法在力量上，并没有便利的证明。

成效上 第三讲到成效：主张翻译法的人说，翻译法所讲解的意义，比直接法又恰当，又明显。举几个例来说明：假如教 mouth 和 table 两个字，用翻译法只需说"口"和"桌子"，学生就知道它们的意义。用直接法讲 mouth 的时候，教师指着自己的或学生的"口"，或是画一个"口"，讲 table 的时候，指着课室内的长方桌子说："This is a table" 在这个表示之后，学生的观念，很不能确定，他们或许以为 mouth 是教师的嘴唇，或学生的嘴唇，指着不准的时候，或竟误解为上唇或下唇，谁都不能保证学生的确知道 mouth 的完全意义。讲到 table，学生的误解更容易发生，他们可以为是长方桌子，或是教桌，或竟是桌面等。所以直接法不恰当，不明显。这一个理由，确值得我们的注意，确是应用直接法的时候最危险的一点。不过并不是常有的事，大概仔细的教师，一定可以使学生明白到恰当明显的意义。讲 mouth 的时候，教师可以说："I have a mouth. You have a mouth. A mouth has two lips. We speak with our mouths. We eat with our mouths too. etc." 讲 table 的时候，教师可以讲："This is a table. It has four legs. This table is long（rectangular 太深不应在初步教）。Some tables are square, some are round and some are many-sided. We write at table. We eat at table. etc." 这样讲过以后，学生决没有得不着字义的道理。现在进一步讲，在意义的明显恰当上，翻译法所指示的意义，有时到反不如直接法；因为中英两国的文字，根本就有许多的不同。每一个英文字，要寻一个相等的中文字，是最难的事情。一个很简单的例，就可以证明；英文的 run 谁都知道翻做（作）"跑"。是的，假使我们说："The dog runs" 这"跑"字很恰当明显，假使说 "The water runs"，"跑"就欠斟酌一些；再说 "The motorman runs the car"，"跑"字就绝对不通了。所以各国的文字，有不同的含义，不能拿翻译来死教。我们深深的感觉到现在许多学生，中了这种病，做的英文不中不西的难解，这虽然有关于教师的能力，但是翻译法至少须负有一部分的责任。至于直接法所得的成效，可以概括的说，不仅使学生于所授课文得着应得的益处，并且在所用一切方法和程序之中，学着许多应学的东西。所以我们又可以断定，翻译法的成效并不大，所以也不能称为便利。

三、考 验 用 语

有人又说，翻译法在讲解上既是不如直接法，在考验学生的能力上，总是很有用的了。我们姑且来细细观察这句话的价值。我们所要考验学生的，不外乎单字的意义、课文的意义和造句能力。这三种的考验，直接法里都有相当的方法，可以避免翻译。

单字　单字的考验，有的可以用实物、动作、图画等示意；有的可以用简单的定义，如（uncles）are parents' brothers. The place where students learn is a（school），有的可以叫学生填出 opposites 如 cold（hot），king（queen），good（bad），有的可以把上下文示意，叫学生填出适当的字，如 An hour has sixty（minutes）. There are（twelve）months in a year. I（sleep）at night and（get up）in the morning 用这许多方法，考验学生的单字，只有比翻译法好，尤其是后面的两种，都带有提示的性质，更合于教育心理学的原理。

课文　课文意义的考验，最简单的方法，是叫学生起立朗读一遍。弥尔登（Milton）说"要知道读者懂不懂，只要听他读文的腔调"（It is easy to hear only from the way in which a piece is read, if the reader understands it or not.）。读得好的，不仅把意义显出来，并能露出欣赏的能力。教师只须仔细的听，仔细的觉察学生犹豫的态度，轻重的不当或句读的不准，可以知道他那一部分还未明了，便好提示他，使他补足这些缺陷。其次，可以用问题考验学生的了解力；学生能答得出，必定已经明了，否则或许他题目多不能懂。不过这种问答，在初学的时候，最好用口说，不必叫学生笔答；因为口说的谬误，立刻可以矫正，并且全班多可以温习一遍，笔述的谬误，初学的时候不可以多，一则减少他们学习的高兴；二则这种谬误，虽经教师改正，其效力没有当面当时改正的大。此外的方法，还有默写和改作（reproduction）。改作初步可用口讲，到口讲的谬误较少的时候，便可写作。用这些方法，比用翻译至少多一种好处，就是翻译的时间，费在中文上，非特对于学英语没有什么好处，反而把学英语的机会占去了许多。用朗读、问答、默写、改作等，无时无刻不是用英语，就无时无刻不失学习英语的机会。

造句　造句能力的考验，也可用上述的方法，此外还可以用连续的动作，人事的图画，令学生用英文说明；或教学生表现游戏，在游戏的时间，必得叫他们讲应用的英语。总之造句的目的，既是使学生能自动发表他的意思，教师就应当给他们很自然的环境，引起他们造句的需要，不应当用死的句子，叫他们翻译。从这几点上，我们得着的结论，是在考验学生的能力时候，应用直接法也可以避免翻译。

四、实 际 应 用

再后应用上面，讲翻译法与直接法的优劣。学生在学校里学习英语的目的，是不是学习英翻中，中翻英的能力？我们的答案当然是："不"。一般人没有细细的考虑过，并且没有用心注意到自己智力的程序（mental processes），就以为要了解外国语，非用翻译不可，但是事实上，绝对不是这样。凡是读英文原文著作，能得着真正益处的人，事实上并不看一句翻一句，或看一段翻一段。在电影院里看电影中的英文说明，谁用得着逐字逐句的，翻成中文，再能了解。有时我们见了英美国的人，和他们说话，我们并不先做好中文句子，再翻成英文。在应用英文的时候，我们智力的程序告诉我们，中文是搁在脑后的，我们没有功夫（工夫）去请教着它。再讲平日我们在口讲或写作时候，有许多英文字，我们很明白他的意义，并且很流利毫无迟疑的能够应用，忽然有人问着这字在中文讲什么，我们竟被他问倒了，要想了许多时候，方才含糊的把中文解释一下；有时机会凑巧，固然也能得着极恰当得译文，这许多例子，都可以证明在实用上，我们并不依赖着翻译。我们有了意思，很自然的从意思到英文，并不远转到中文的路。Jespersen 在他的《外国语教学法》里，举一个很有趣的例，他说：在 Lusatia（日耳曼东部）的 Wends（斯拉夫人的一种大都为农民），他们能将自己的语言和德语，一样地流利。但是你叩他们把两种语言互译，他们大概总是拒绝你的，他们说："不会翻"，或说"我怕麻烦"。但是有的时候，他们能把德语的故事用自己语言译，或把自己的故事，用德语讲，并且他们能把单独的字很切当地互相翻译。从这个事实，我们更可以明了：实际上两种语言，虽是同时在一个人的脑子里，他们各个的应用，都受着自然的影响，并没有连带的关系。

五、结 论

现在我们可以得一个总的结论如下：

整个的翻译法的应用，在讲解、考验、实用上，多没有直接法这样自然和有益，我们假若要在教学英语上求最大的效果，应当采用直接法。

批评的态度。在结束之前，我们还得考虑一件事。Goldberger 说：各种方法是相辅的，非相争的。（Methods are supplementary, not competitive.）我们教英语的目标，是求教学的最大效果，并不是拥护这一种方法，打倒那一种方法，我们绝对不应当把主观的意见，来宣布直接法的万能，或翻译法的一钱不值；尤其是在事实上，我们已经见到许多学校中的毕业生，在翻译法的教学之下，也能讲作差强人意的英语（tolerably good English）。所以翻法并不是毒蛇猛兽，也有它相当的价值，不过大体上没有直接法这样有效罢了。现在我们既说采用直接法，不妨再细细的搜求翻译法固有的好处，来做辅助直接法的工具。

翻译法的应用

第一，用直接法教授，遇着计尽智穷的时候，如有许多抽象的字，和接续的字等，如有确当的译文，尽可以应用它们，指示学生。但一经指示明白以后，就可以弃置不用，免得混杂。

第二，书末的字汇（vocabulary），有时可以用着翻译，作预习和备忘的辅助。不过应当使学生明了：这种翻译，不过给他们一些补助，并不可依赖着他，做学习的根据。

第三，高等程度的学生，在书中往往读到许多科学的术语（社会科学和自然科学），到毕业以后，不时要应用着的。应当把这些术语的标准译文，告诉学生，备将来之用。

第四，学校中可以偶尔举行几次中英互译的竞赛，提起学生学习的兴趣。不过，这种竞赛的目的并不是关于英语教学方法的，乃是充实普通教育训练的。

第五，讲到更高深的学术思想，往往有中西相合的地方，不妨叫学生把英文译成中文，和中文比较；或是把中文译成英文，和英文比较。使学生得一种东西文化沟通的概念。

难易问题

读者把这篇文字看完以后，或许还有一种牢不可破的成见，以为直接法无论如何没有翻译法这样容易。这一点，若是为我们教师自己设想，当然是太自私；若是为学生设想，我以为用不着什么顾虑。所谓难易，并不是理论上的，应当在事实上着想。假如我们对学生说"Please sit down"在理论上讲这一句话，比三字中任何一字多难，不过在事实上讲，你教学生单独的学

please 或 sit 或 down，决没有学全句这样容易。再进一步说，就算我们承认直接法是难的，我们也就只能选着难的用。意国的大诗人但丁（Dante）说："一个人除非在神经完全紧张的时候得不着快乐。（A man is not happy unless he strains every nerve.）"英国的大哲学家弥尔（John Stuart Mill）说："一个学生，假使不叫他做他所不能做的事情，决不肯做他所能做的事情。（A pupil who is never required to do what he cannot do never dose what he can do.）"就用他们两人的话，做这篇文字的结束。

——《江苏教育》，第 1 卷，第 5 期，第 74~80 页

翻译法乎？直接法乎？
——英语教学法商榷
（李路西，1944 年）

现时流行我国之英语教学法，大概可分为两种：一曰翻译法；一曰直接法。究竟两者之利弊如何？笔者试一抒管见，以就正于教育先进。

所谓翻译法，即教员于讲授英语课文时，全用国语解释，此法迄今仍为大部分教师所采用。尽用国语解释外文，师生两方，同感便利：在学生方面则易于领会，在教员方面则可以少费气力。因此过去此法曾鼎盛一时，为全国所普遍采用。洎乎近年，语言学大昌，此法之缺点亦日渐明显。据专家意见，其缺点有下列数端：

一、中英语言习惯不同，常有英文熟语词句，根本找不到确切之中文解释。苟勉强加以翻译，势必与原文稍有出入，遂致学生不能把握其真正之意义。

二、用翻译法解释英语，确可减省一点时间与努力，但常常翻译，足以产生一种不良之影响，使学生无论听或讲英文，均须经过一重翻译功夫，时间既不经济，又非学习语言之正道。

三、学生苟习于翻译环境，必养成过分依赖本国语之习惯，遂致忽略外国语之特殊表现法，因此往往写出中国式之英语（所谓 Chinese English），使读者啼笑皆非。

时贤鉴于翻译法之未臻完善，为英语教学失败之一要因，遂倡采用新法之议。论者以为理想之教学法，应"使学生用英语四线给，完全不用'心

译'。听人说着英语，便可直接联想到某种事物，引起某种印象；或心中有某种思想，看见某种事物，便可直接用英语表达"（陆垫扬教授语）。苟欲达到此目的，据一般专家意见，则直接法尚焉。

直接法之要义，厥为以英语教授英语。此点根据儿童学习本土语之效果（儿童学习本土语皆获成功，因其自始至终均不藉（借）另一种语言作学习之媒介，而能直接学习其本土语也），觉悟到直接法之采用，为近代语言学上之一大发现。年来采用此法者渐多，但于施行时遇到之困难亦不少。其犖犖（荦荦）大者有下列数端：

一、因初学者对英语毫无认识，采用直接法之教师，将备感棘手。尝有教初中第一学期之某英语教师，在甲班用直接法，在乙班则用翻译法。数月后发觉甲班学生，其进度反不如乙班。

二、又有教高中某班之教师，素来沿用翻译法，忽于某日改用直接法，操其流利之英语，滔滔不绝，但事后据学生报告，能领略其讲解者反不如往日之多。

三、有等教师拘泥于"用直接法应绝对不讲中文"之一说。于是遇到艰深之英语字句，亦宁愿以抽象空泛之英语解释之，以致学生对字义反不易得其要领。例如 tar 字，彼等解释为："a black oily substance obtained by the distillation of wood or coal." 而学生听后依然莫测高深，反不如用翻译法者一口道出"柏油"二字，闻者即能完全了解。

四、现行中学课本，内容过于艰深，平日学生准备功课，已觉困难，如用直接法讲授，师生双方将益感吃力，学习进度将愈益迟缓。因此教师对直接法之采用，多不敢轻于尝试。

不过此等困难，并非由直接法本身之缺点而来，而为施行未得其当之结果，苟教师对此法有澈（彻）底认识，且能善于运用，则此等困难，亦非不能克服。

就第一点而言，用直接法教初学者，初时进度特别迟慢，实为意料中事。犹之乎用"指触法"（touch method）学打字者，开始时须用八指头（拇指除外）先按一排字反复练习，一排练熟，再加一排，如此下去，至四排俱学会为止。此种学法，进步甚慢，但一旦基础练好，以后打字便可灵活自如，比始终只用一二个指头之贪懒朋友敏捷得多。可见无论学何种技术，应先将基础弄好，开始时候遭遇种种困难，亦须忍耐苦干，将来自有美满结果。西谚云："Well begun, half done"。为学生养成良好语言习惯起见，教师应采用直接法。在开始时宜利用实物、图形及动作等以助解释，自可减少教学之困难。一旦学生之基础稳固，以后即可进步迅速，其成绩当可追及甚至远胜以翻译法学英文者。

关于第二点，对于素来习惯于翻译法之学生，不可操诸过急。采用英文解释，不妨用渐进法。初时讲解，可用中英文各一遍。过相当时期后方可完全改用英语。以英文讲解时，说话务宜清晰，用字亦应以简明浅显者为主，使学生易于了解。

至于第三点，英语教学家 H. Watt 有一段中肯语，足资吾人之遵循："直接教学法要使学生用英语想，所以要在课室内尽量利用英语，免除一切不必要的本国语。但为解释艰深的生字起见，与其耗费时间反使意义含糊不清，毋宁运用本国语。"（参考 H. Watt 著：The Teaching of English in India）不过吾人用本国语解释，仍应注意两点：（甲）不可太滥；（乙）不可重复；以免养成学生过分依赖本国语之习惯，而致重蹈翻译法之覆辙。

关于第四点，现行中学课本过于艰深，时贤已多有论列。为改进英语教学及配合直接法之采用起见，当局实应广聘专家及有经验之教师，重新编订课本。目前治标之法，可由教师自选适合学生程度之补充教材，以便施教。

拉杂书来，草成意见如上，是否有当，仍侯高明指教。

——《现代英语》，第 3 卷，第 3 期，第 45~47 页

附　录

《同文馆题名录》记历任提调

序号	姓名	官　职
1	成　林	原任本署大臣
2	夏家镐	原任本署大臣
3	周家楣	原任本署大臣
4	吴廷芬	前任本署大臣
5	袁　昶	现任本署大臣
6	斌　椿	前内务府郎中候选道
7	陈　钦	前直隶津海关道
8	洪　绪	前江西广饶九南道
9	文　惠	前江西吉南赣宁道
10	方汝翼	前江西布政使
11	谭金诏	前记名海关道兵部郎中
12	齐克慎	四川候补知府
13	张其浚	前甘肃安肃道
14	叶毓桐	前甘肃安肃道
15	梁钦辰	前安徽徽宁池太广道
16	陈钦铭	前江苏常镇通海道
17	苑菜池	前浙江温处道
18	双　福	前安徽徽宁池太广道
19	董世延	原任记名海关道刑部郎中
20	冯芳缉	原任记名御史海关道刑部郎中

序号	姓名	官　职
21	达　斌	原任记名御史海关道户部员外郎
22	成　章	现任二品衔光录寺少卿
23	陈　诚	原任四品衔记名海关道户部郎中
24	孔庆辅	原任二品衔湖北汉黄德道
25	吕海寰	现任二品衔出使德和钦差大臣
26	玉　宽	原任记名海关道户部员外郎
27	俞钟颖	现任二品衔湖北荆宜施道
28	长　恒	现任花翎二品衔江苏常镇通海道
29	锡　桐	前任二品衔山东登莱青道
30	童德璋	现任四品衔记名海关道兵部郎中
31	吴景祺	现任二品衔安徽徽宁池太广道
32	杨宜治	原任太常寺少卿
33	陈名侃	现任四品衔户部郎中
34	张兆兰	现任四品衔掌陕西道监察御吏
35	瑞　良	现任四品衔户部郎中
36	刘宇泰	现任三品衔户部郎中
37	顾肇新	现任四品衔刑部郎中
38	何兆熊	现任四品衔礼部郎中
39	松　年	现任三品衔户部郎中
40	沈曾植	前四品衔刑部郎中
41	关以镛	现任四品衔刑部郎中
42	朱有基	现任花翎三品衔记名繁缺知府户部郎中

说明：本表根据光绪二十四年（1898）刊《同文馆题名录》制作而成。

《同文馆题名录》记历任汉籍教习

序号	姓名	教授科目	到馆日期
1	徐澍琳	汉文	同治元年到馆
2	曹佩珂	汉文	同治二年到馆

序号	姓名	教授科目	到 馆 日 期
3	张旭升	汉文	同治二年到馆
4	杨亦铭	汉文	同治二年到馆
5	丁汝梅	汉文	同治四年到馆
6	王钟麟	汉文	同治四年到馆
7	何森荣	汉文	同治六年到馆
8	何金声	汉文	同治十二年到馆
9	杜 棠	汉文	同治十二年到馆
10	贺之升	汉文	光绪四年到馆
11	顾仁荣	汉文	光绪四年到馆
12	翟汝弼	汉文	光绪四年到馆
13	张金兰	汉文	光绪四年到馆
14	黄兴廉	汉文	光绪六年到馆
15	茅 彬	汉文	光绪九年到馆
16	谢元祖	汉文	光绪九年到馆
17	陈孝基	汉文	光绪十年到馆
18	江仁葆	汉文	光绪十一年到馆
19	程登甲	汉文	光绪十三年到馆
20	周仪典	汉文	光绪十四年到馆
21	王裕宸	汉文	光绪十五年到馆
22	夏日盍	汉文	光绪十七年到馆
23	陈启浚	汉文	光绪十七年到馆
24	文聘珍	汉文	光绪十九年到馆
25	朱存理	汉文	光绪二十一年到馆
26	黄启蓉	汉文	光绪二十一年到馆
27	洪锡礽	汉文	光绪二十二年到馆
28	罗意辰	汉文	光绪二十三年五月到馆
29	王中隽	汉文	光绪二十四年十月到馆

说明：本表据光绪二十四年（1898）刊《同文馆题名录》整理制作而成。

《同文馆题名录》记历任英文教习

序号	姓名	教授科目	到 馆 日 期
1	包尔腾	英文	同治元年到馆
2	傅兰雅	英文	同治三年到馆
3	丁韪良	英文	同治四年到馆，同治七年授翻译教习，同治九年升总教习，光绪二十一年告退，准其原品休致
4	额伯连	英文	同治七年到馆
5	吉 德	英文	同治十一年到馆
6	柯理士	英文	同治十三年到馆署
7	马 士	英文	光绪五年到馆署
8	欧礼斐	英文	光绪五年到馆，光绪十一年兼署天文，光绪十六年三月分署总教习，光绪十九年兼署化学，光绪二十年代理总教习，光绪二十一年升授总教习
9	韩威礼	英文	光绪十一年到馆署
10	烈 悌	英文	光绪十四年到馆署
11	安格联	英文	光绪十五年到馆
12	贝安德	英文	光绪十八年到馆
13	马都纳	英文	光绪十八年到馆
14	徐迈德	英文	光绪二十四年十月到馆署

说明：本表据光绪二十四年（1898）刊《同文馆题名录》整理制作而成。

《同文馆题名录》记历任法文教习

序号	姓名	教授科目	到 馆 日 期
1	司默灵	法文	同治二年到馆
2	李璧谐	法文	同治七年到馆
3	德达那	法文	同治十年到馆

序号	姓名	教授科目	到馆日期
4	林　春	法文	同治十年到馆署
5	华必乐	法文	同治十年到馆，光绪二十二年告退
6	雷乐石	法文	光绪二年到馆署
7	帛　黎	法文	光绪二年到馆署
8	师克和	法文	光绪八年到馆署
9	施克和	法文	光绪十八年到馆署
10	柯必达	法文	光绪十八年到馆
11	谭　安	法文	光绪二十年二月署，光绪二十二年到馆署
12	铁士兰	法文	光绪二十三年七月到馆署

说明：本表据光绪二十四年（1898）刊《同文馆题名录》整理制作而成。

《同文馆题名录》记历任俄文教习

序号	姓名	教授科目	到馆日期
1	柏　林	俄文	同治二年到馆
2	伟　贝	俄文	同治十年到馆
3	第图晋	俄文	同治十一年到馆署
4	夏　干	俄文	俄布文，同治十一年到馆署
5	班　铎	俄文	俄布文，光绪七年到馆
6	柯乐德	俄文	光绪十四年到馆署
7	劳腾飞	俄文	光绪二十年到馆署
8	单　尔	俄文	光绪二十二年到馆署
9	郜悌爱	俄文	光绪二十三年五月到馆署
10	葛诺发	俄文	光绪二十四年三月到馆署

说明：本表据光绪二十四年（1898）刊《同文馆题名录》整理制作而成。

《同文馆题名录》记历任德文教习

序号	姓名	教授科目	到 馆 日 期
1	吴乐福	德文	光绪十四年到馆署，光绪二十二年到馆署
2	威礼士	德文	光绪十七年到馆
3	顾伦曼	德文	光绪二十一年到馆署
4	聂务满	德文	光绪二十一年到馆署
5	阿森玛	德文	光绪二十二年到馆署
6	毕斯玛	德文	光绪二十四年三月到馆署

说明：本表据光绪二十四年（1898）刊《同文馆题名录》整理制作而成。

《同文馆题名录》记历任化学科洋教习

序号	姓名	教授科目	到 馆 日 期
1	毕利干	化学	同治六年受聘，十年到馆，光绪十六年三月分署总教习
2	施德明	化学	光绪十九年兼署

说明：本表据光绪二十四年（1898）刊《同文馆题名录》整理制作而成。

《同文馆题名录》记历任天文科洋教习

序号	姓名	教授科目	到 馆 日 期
1	海灵敦	天文	光绪四年到馆
2	费理饬	天文	光绪四年到馆署
3	骆三畏	天文	光绪五年到馆，光绪八年兼署化学

说明：本表据光绪二十四年（1898）刊《同文馆题名录》整理制作而成。

《同文馆题名录》记历任算学科洋教习

序号	姓名	教授科目	到 馆 日 期
1	李善兰	算学	同治七年到馆

序号	姓名	教授科目	到 馆 日 期
2	席　淦	算学	光绪十二年由副教习升授
3	王季同	算学	光绪二十一年由副教习升授

说明：本表据光绪二十四年（1898）刊《同文馆题名录》整理制作而成。

《同文馆题名录》记历任格致科洋教习

序号	姓名	教授科目	到 馆 日 期
1	欧礼斐	格致	光绪十四年由英文教习改授
2	施德明	格致	光绪二十年兼署

说明：本表据光绪二十四年（1898）刊《同文馆题名录》整理制作而成。

《同文馆题名录》记历任医学科洋教习

序号	姓名	教授科目	到 馆 日 期
1	德　贞	医学	同治十一年到馆，光绪二十一年告退
2	卜世礼	医学	光绪十年到馆署
3	英德秀	医学	光绪十六年到馆署
4	满乐道	医学	光绪二十二年到馆

说明：本表据光绪二十四年（1898）刊《同文馆题名录》整理制作而成。

《同文馆题名录》记历任东文科教习

序号	姓名	教授科目	到 馆 日 期
1	杉几太朗	东文	光绪二十四年三月到馆

说明：本表据光绪二十四年（1898）刊《同文馆题名录》整理制作而成。

《同文馆题名录》记历任副教习

时间	科目	教习
光绪五年 （1879）	算学	席　淦、汪凤藻、杜法孟、贵　荣
	化学	承　霖
	英文	文　续、那　三
	俄文	巴克他讷
光绪十三年 （1887）	算学	兼署纂修官　贵　荣
	俄文	巴克他讷
	化学	王钟祥
	法文	阎海明
	算学	胡玉麟
	英文	副教习上行走　斌　衡 副教习上行走　左　庚
光绪二十二年 （1896）	算学	胡玉麟、陈寿田
	天文	熙　章
	化学	王钟祥
	英文	陈寿平
	法文	德　昆
	俄文	萨荫图
	德文	程遵尧
	记名副教习	文　秀、周自齐
光绪二十四年 （1898）	算学	胡玉麟、陈寿田
	天文	熙　章
	化学	王钟祥
	英文	刘田海
	法文	恩　庆
	俄文	萨荫图
	德文	程遵尧
	记名副教习	文　秀、冯晋秩、奎　印

说明：本表据光绪二十四年（1898）刊《同文馆题名录》制作而成。

《同文馆题名录》记学生升途

时间	升途情况	职　务	
光绪五年 （1879）	随使出洋	在驻英国钦差公署	户部员外郎凤仪
			兵部员外郎德明
			都察院都事左秉隆
		在驻法国钦差公署	户部郎中联芳
			内阁中书联兴
		在驻德国钦差公署	工部主事庆常
			从九品衔赓音泰
			从九品衔荫昌
		在驻俄国钦差公署	户部郎中桂荣
			工部员外郎塔克什讷
			八品官赓善
			九品官福连
		在驻美日秘三国钦差公署	候选通判蔡锡勇
			户部笔帖式廷铎
		在驻日本国钦差公署	户部主事杨枢
			国史馆誊录官任敬和
	升迁出馆	直隶即用知县长秀（丁丑进士）	
		内阁中书郭万俊（丙子进士）	
		北洋大臣公署翻译朱格仁	
		苏松太道公署翻译杨兆鋆	
	分部留馆	户部员外郎恩裕	
		内务府员外郎贵荣	
		户部主事汪凤藻	
		户部主事文续	
		兵部主事席淦	
		刑部主事常联	

续表

时间	升途情况	职　　务
光绪五年 （1879）	分部留馆	内阁中书巴克他讷
		内阁中书恩光
		刑部笔帖式熙璋
		工部笔帖式沈铎
		工部笔帖式王镇贤
		工部笔帖式文祐
		候选笔帖式联印
		国史馆誊录官庆全
		厢蓝旗贴写恒安
光绪二十四年 （1898）	纂修官	四品衔兵部候补郎中席淦
		同知衔候选知县王钟祥
	翻译官	盐运使衔分省补用知府马廷亮
		盐运使衔分省补用知府治格
		理事同知衔遇缺题升主事工部笔贴式文祐
		二品衔记名分省补用道塔克什讷
		同知衔分省补用知县唐家桢
		四品衔户部候补员外郎萨荫图
	在馆人员	四品衔刑部候补员外郎熙璋
		四品衔刑部候补员外郎胡玉麟
		四品衔刑部候补员外郎陈寿田（会典馆协修）
		本衙门九品翻译官文秀
		国史馆誊录官奎印
	外差人员	记名副都统荫昌
		二品衔广东补用道杨枢（本衙门章京）
		二品顶戴候选道联芳
		二品衔直隶补用道承霖（天津军械局总办）
		二品衔江苏补用道杨兆鋆
		广东候补知府熊方柏

时间	升途情况	职　　务
光绪二十四年 （1898）	外差人员	盐运使衔新疆候补知府桂荣
		三品衔升用道福建福宁府知府严良勋
		三品衔花翎候补参将景启（天津军营德文教习）
		盐运使衔候选知府泰陵工部郎中恩光
		五品衔兵部候补主事恒安（归部当差）
		花翎同知衔前山东沾化县知县联印
		四品衔户部候补员外郎联恩（湖北委员）
		五品衔工部候补主事毛鸿遇（珲春俄文书院教习）
		四品衔分省补用同知恩禧（四川学堂教习）
		户部候补郎中凤仪（江南机器局翻译官）
		候选员外郎（黑龙江将军衙门翻译官）赓善
		户部主事四川靖西翻译委员懿善
		六品衔候选笔贴式瑞安（黑龙江委员）
		世袭云骑尉四川大竹县知县玉启
		五品衔候选巡检金汤（天津军营委员）
		湖北补用直隶州知州存焘
		兰翎知州用候选知县柏斌（官电报局领班）
		六品衔直隶长芦盐大使任敬敷
		盐运使衔分省补用知府岱寿（大学堂翻译官）
		候选笔贴式双华（天津电报局领班）
		同知衔分省补用知县茂连（陕甘英文翻译官）
		候补主喜户部笔贴式阎海明（陕甘法文翻译官）
		六品衔候选笔贴式文利（天津军营教习）
		六品衔福建候补县丞王文灏（厘金局委员）
		安徽霍邱县巡检董祖修
		四品衔主事用桂煜（新疆抚署翻译教习）
		候选县丞长德（四川学堂教习）

时间	升途情况	职　　务
光绪二十四年 （1898）	外差人员	俊秀监生谭澧（天津军营教习）
		候选同知刘崇惠（天津俄文教习）
		天津武备学堂教习陈应宗
		天津武备学堂教习德海
		北京官报局委员英志
		天津电报局委员廷熏
		四品衔分部即补主事邵恒浚（黑龙江翻译官）
		五品衔候选主事都察院笔贴式德昆（安徽学堂教习）
		同知衔吏部候补司务李联璧（安徽学堂教习）
		四品衔都察院候补都事陈寿平（畿辅学堂斋长）
		理事同知衔太常寺笔贴式金采（天津军营教习）
		国史馆誊录官扎尔罕（芦台军营教习）
		同知衔分部遇缺即补司务刘田海（靖西厅翻译官）
光绪二十至 二十四年 （1894—1898）	外差人员	茂　连（陕甘英文翻译官）
		阎海明（陕甘法文翻译官）
		毛鸿遇（珲春俄文书院教习）
		瑞　安（黑龙江俄文翻译官）
		长　德（四川英文教习）
		恩　禧（四川法文教习）
		刘崇惠（天津俄文教习）
		文　利（天津军营德文教习）
		谭　澧（天津军营德文教习）
		马廷亮（官书局英文翻译委员）
		萨荫图（官书局俄文翻译委员）
		程遵尧（官书局德文翻译委员）
		世　增（出使法国翻译官）
		联　恩（湖北委员）

时间	升途情况	职　　务
光绪二十至 二十四年 （1894—1898）	外差人员	陈贻范（出使英国学习）
		王汝淮（出使英国学习）
		朱敬彝（出使英国学习）
		世　敏（出使法国学习）
		双　莆（出使法国学习）
		汇　谦（出使法国学习）
		邵恒浚（黑龙江翻译官）
		桂　芳（出使俄国学习）
		陈嘉驹（出使法国随员）
		李鸿谟（出使俄国学习）
		杨　晟（出使德国学习）
		金大敏（出使德国学习）
		徐　明（电报局候补领班）
		郭家珍（天津电报局）
		文　廉（天津德律风报局领班）
		文　惠（芦汉铁路翻译官）
		万　林（沽野电报局领班）
		张德彝（出使英国参赞）
		杨书雯（出使英国随员）
		王　芸（出使英国差委）
		于德浚（出使英国差委）
		周自齐（出使美国参赞）
		黄履和（出使美国差委）
		李光亨（出使美国翻译官）
		元　章（出使美国翻译官）

续表

时间	升途情况	职　务
光绪二十至二十四年（1894—1898）	外差人员	扎尔罕（芦台军营教习）
		德　昆（安徽学堂教习）
		李联璧（安徽学堂教习）
		陈寿平（畿辅学堂斋长）
		金　采（天津军营教习）
		刘田海（靖西厅翻译官）
	出洋人员	二品衔鸿胪寺少卿出使法国大臣庆常
		布政使衔候选道赓音泰（出使德国参赞官）
		花翎二品衔记名道张德彝（出使英国参赞）
		盐运使衔候选知府吴宗濂（出使俄国随员）
		同知衔候选知县世增（出使法国翻译官）
		布政使司理问衔，候选县丞陆增祥（出使俄国翻译官）
		四品衔候选主事刘镜人、四品衔候选选主事刘式训、四品衔候选通判任敬和（出使英国随员）
		六品衔本衙门八品官王芸（出使英国差委）
		五品衔本衙门七品官于德浚（出使英国差委）
		同知衔候补知县周自齐（出使美国翻译官）
		知府衔分省补用同知黄致尧（出使美国翻译官）
		候选巡检黄履和（出使美国差委）
		俊秀监生杨书雯（出使美国随员）
		同知衔候补知县李光亨（出使美国差委）
		四品衔理藩院候补主事元章（出使美国差委）
		六品衔大理寺笔贴式德林（出使德国翻译官）
		六品衔本衙门八品官翟青松（出使德国翻译官）

说明：本表据光绪二十四年（1898）刊《同文馆题名录》制作而成。

《同文馆题名录》记学生升途

时间	各国肄业学生	
光绪二十至二十四年（1894—1898）	英国	五品衔本衙门七品官陈贻范
		四品衔刑部候补主事王汝淮
		知府衔候选同知朱敬彝
	法国	五品衔七品笔贴式世敏
		四品衔候补主事双荓
		四品衔大理寺寺丞汇谦
	俄国	四品衔候选知州桂芳
		五品衔本衙门七品官陈嘉驹
		五品衔本衙门七品官李鸿谟
	德国	四品衔工部候补员外郎杨晟
		俊秀监生金大敏
	曾经出洋人员	二品顶戴记名知府翰林院编修、前出使日本大臣汪凤藻
		花翎二品衔分省补用道左秉隆
		四品衔道员用工部郎中王镇贤
		四品衔候选知州黎子祥
		四品衔候选直隶州知州王丰镐
		通判衔候选府经历县丞王宗福
		三品衔广东候选知府黄恩焕
		六品衔候选县丞郭家骥
		四品衔内阁即补侍读李德顺

说明：本表据光绪二十四年（1898）刊《同文馆题名录》制作而成。

《同文馆题名录》记翻译书籍

自开馆以来，译书为要务。其初总教习、教习等自译，近来学生颇可襄助，间有能自行翻译者，兹将历年所译书目开列于后：

序号	译书名	译/著者
1	万国公法	总教习丁韪良译
2	格物入门	总教习丁韪良著
3	化学指南	化学教习毕利干译
4	法国律例	化学教习毕利干译
5	星轺指掌	副教习联芳、庆常译，总教习丁韪良鉴定
6	公法便览	副教习汪凤藻、凤仪等译，总教习丁韪良鉴定
7	英文举隅	副教习汪凤藻译，总教习丁韪良鉴定
8	富国策	副教习汪凤藻译，总教习丁韪良鉴定
9	各国史略	学生长秀、杨枢等译，未完
10	化学阐原	化学教习毕利干译，副教习承霖、王钟祥助译
11	格物测算	总教习丁韪良口授，副教习席淦、贵荣、胡玉麟等笔述
12	全体通考	医学教习德贞译
13	（戊寅）中西合历	天文教习海灵敦算辑，学生熙璋等译
14	（己卯、庚辰）中西合历	天文教习海灵敦、费理饬算辑，学生熙璋等译
15	（辛巳、壬午、癸未、甲申、乙酉、丙戌、丁亥、戊子、己丑、庚寅、辛卯、壬辰、癸巳、甲午、乙未、丙申、丁酉、戊戌）中西合历	天文教习骆三畏算辑，副教习熙璋译
16	公法会通	总教习丁韪良译，副教习联芳、庆常等助译
17	算学课艺	副教习席淦、贵荣编辑，算学教习李善兰鉴定
18	中国古世公法论略	总教习丁韪良著，副教习汪凤藻译
19	星学发轫	副教习熙璋、左庚等译，天文教习骆三畏鉴定
20	新加坡刑律	副教习汪凤藻译，待刊，总教习丁韪良鉴定
21	同文津梁	总教习丁韪良鉴定
22	汉法字汇	化学教习毕利干著

序号	译书名	译/著者
23	电理测微	总教习欧礼斐著，待刊
24	坤象究原	副教习文祐译，总教习欧礼斐鉴定，待刊
25	药材通考	医学教习德贞著
26	弧三角阐微	总教习欧礼斐著
27	分化津梁	化学教习施德明口译，纂修官化学副教习王钟祥笔述

说明：本表据光绪二十四年（1898）刊《同文馆题名录》制作而成。

历科翻译乡会试中额

时间	翻译乡试	翻译会试	中额数
雍正二年（1724）	甲辰科翻译乡试		满洲翻译举人九名
雍正四年（1726）	丙午科翻译乡试		满洲翻译举人十一名
雍正七年（1729）	己酉科翻译乡试		满洲翻译举人十三名
雍正十年（1732）	壬子科翻译乡试		满洲翻译举人十六名，蒙古翻译举人二名
雍正十三年（1735）	乙卯科翻译乡试		满洲翻译举人三十四名，蒙古翻译举人六名
乾隆二年（1737）	丁巳恩科翻译乡试		满洲翻译举人五十四名，蒙古翻译举人九名
乾隆三年（1738）	戊午科翻译乡试		满洲翻译举人五十六名，蒙古翻译举人九名
乾隆四年（1739）		己未科翻译会试	满洲翻译进士二十名，蒙古翻译进士二名
乾隆六年（1741）	辛酉科翻译乡试		满洲翻译举人五十五名，蒙古翻译举人九名

时间	翻译乡试	翻译会试	中额数
乾隆九年（1744）	甲子科翻译乡试		满洲翻译举人四十八名，蒙古翻译举人六名
乾隆十年（1745）		乙丑科翻译会试	满洲翻译进士十六名，蒙古翻译进士二名
乾隆十二年（1747）	丁卯科翻译乡试		满洲翻译举人五十二名，蒙古翻译举人五名
乾隆十三年（1748）		戊辰科翻译会试	满洲翻译进士十八名，蒙古翻译进士二名
乾隆十五年（1750）	庚午科翻译乡试		满洲翻译举人三十三名，蒙古翻译举人六名
乾隆十六年（1751）		辛未科翻译会试	满洲翻译进士十六名，蒙古翻译进士二名
乾隆十七年（1752）	壬申恩科翻译乡试		满洲翻译举人三十三名，蒙古翻译举人六名
乾隆十七年（1752）		壬申恩科翻译会试	满洲翻译进士十六名，蒙古翻译进士二名
乾隆四十三年（1778）	戊戌科翻译乡试		满洲翻译举人三十二名，蒙古翻译举人六名
乾隆四十四年（1779）		己亥科翻译会试	满洲翻译进士三名，蒙古翻译进士一名
乾隆五十二年（1787）	丁未科翻译乡试		满洲翻译举人二十名，蒙古翻译举人五名
乾隆五十七年（1792）	壬子科翻译乡试		满洲翻译举人十五名，蒙古翻译举人二名
嘉庆二年（1797）	丁巳科翻译乡试		满洲翻译举人十五名，蒙古翻译举人二名
嘉庆七年（1802）	壬戌科翻译乡试		宗室翻译举人八名，满洲翻译举人二十名，蒙古翻译举人四名
嘉庆八年（1803）		癸亥科翻译会试	宗室翻译进士二名，满洲翻译进士十三名，蒙古翻译进士三名

时间	翻译乡试	翻译会试	中额数
嘉庆九年 （1804）	甲子科翻译乡试		宗室翻译举人九名，满洲翻译举人二十二名，蒙古翻译举人五名
嘉庆十年 （1805）		乙丑科翻译会试	宗室翻译进士二名，满洲翻译进士三名，蒙古翻译进士一名
嘉庆十二年 （1807）	丁卯科翻译乡试		宗室翻译举人八名，满洲翻译举人二十四名，蒙古翻译举人五名
嘉庆十三年 （1808）		戊辰科翻译会试	宗室翻译进士三名，满洲翻译进士四名
嘉庆十三年 （1808）	戊辰恩科翻译乡试		宗室翻译举人七名，满洲翻译举人二十四名，蒙古翻译举人五名
嘉庆十四年 （1809）		己巳恩科翻译会试	宗室翻译进士二名，满洲翻译进士五名
嘉庆十五年 （1810）	庚午科翻译乡试		宗室翻译举人九名，满洲翻译举人二十五名，蒙古翻译举人五名
嘉庆十六年 （1811）		辛未科翻译会试	宗室翻译进士三名，满洲翻译进士六名，蒙古翻译进士二名
嘉庆十八年 （1813）	癸酉科翻译乡试		宗室翻译举人九名，满洲翻译举人二十七名，蒙古翻译举人四名
嘉庆十九年 （1814）		甲戌科翻译会试	宗室翻译进士二名，满洲翻译进士六名
嘉庆二十一年 （1816）	丙子科翻译乡试		宗室翻译举人七名，满洲翻译举人二十六名，蒙古翻译举人五名
嘉庆二十二年 （1817）		丁丑科翻译会试	宗室翻译进士二名，满洲翻译进士七名，蒙古翻译进士一名
嘉庆二十三年 （1818）	戊寅恩科翻译乡试		宗室翻译举人六名，满洲翻译举人二十三名，蒙古翻译举人三名
嘉庆二十四年 （1819）		己卯恩科翻译会试	宗室翻译进士二名，满洲翻译进士七名

续表

时间	翻译乡试	翻译会试	中额数
嘉庆二十四年 （1819）	己卯科翻译乡试		满洲翻译举人七名，蒙古翻译举人一名
嘉庆二十五年 （1820）		庚辰科翻译会试	满洲翻译进士四名
道光元年 （1821）	辛巳恩科翻译乡试		满洲翻译举人七名，蒙古翻译举人一名
道光二年 （1822）		壬午恩科翻译会试	满洲翻译进士三名
道光二年 （1822）	壬午科翻译乡试		中满洲翻译举人七名
道光三年 （1823）		癸未科翻译会试	满洲翻译进士四名
道光五年 （1825）	乙酉科翻译乡试		满洲翻译举人八名，蒙古翻译举人三名
道光六年 （1826）		丙戌科翻译会试	满洲翻译进士四名
道光八年 （1828）	戊子科翻译乡试		满洲翻译举人八名，蒙古翻译举人二名
道光九年 （1829）		己丑科翻译会试	满洲翻译进士三名
道光十一年 （1831）	辛卯恩科翻译乡试		满洲翻译举人九名，蒙古翻译举人二名
道光十二年 （1832）		壬辰恩科翻译会试	满洲翻译进士三名
道光十二年 （1832）	壬辰科翻译乡试		满洲翻译举人八名，蒙古翻译举人二名
道光十三年 （1833）		癸巳科翻译会试	满洲翻译进士三名，蒙古翻译进士一名

时间	翻译乡试	翻译会试	中额数
道光十四年 （1834）	甲午科翻译乡试		满洲翻译举人七名，蒙古翻译举人二名
道光十五年 （1835）		乙未科翻译会试	满洲翻译进士三名，蒙古翻译进士一名
道光十五年 （1835）	乙未恩科翻译乡试		满洲翻译举人六名，蒙古翻译举人一名
道光十六年 （1836）		丙申恩科翻译会试	满洲翻译进士三名
道光十七年 （1837）	丁酉科翻译乡试		满洲翻译举人五名，蒙古翻译举人一名
道光十八年 （1838）		戊戌科翻译会试	满洲翻译进士二名
道光十九年 （1839）	己亥科翻译乡试		满洲翻译举人四名，蒙古翻译举人一名
道光二十年 （1840）		庚子科翻译会试	满洲翻译进士二名，蒙古翻译进士一名
道光二十年 （1840）	庚子恩科翻译乡试		满洲翻译举人四名
道光二十一年 （1841）		辛丑恩科翻译会试	满洲翻译进士二名
道光二十三年 （1843）	癸卯科翻译乡试		满洲翻译举人四名
道光二十四年 （1844）		甲辰科翻译会试	满洲翻译进士二名
道光二十四年 （1844）	甲辰恩科翻译乡试		满洲翻译举人五名
道光二十五年 （1845）		乙巳恩科翻译会试	满洲翻译进士二名
道光二十六年 （1846）	丙午科翻译乡试		满洲翻译举人六名

时间	翻译乡试	翻译会试	中额数
道光二十七年（1847）		丁未科翻译会试	满洲翻译进士二名
道光二十九年（1849）	己酉科翻译乡试		满洲翻译举人四名
道光三十年（1850）		庚戌科翻译会试	满洲翻译进士二名
咸丰元年（1851）	辛亥恩科翻译乡试		满洲翻译举人四名
咸丰二年（1852）		壬子恩科翻译会试	满洲翻译进士三名
咸丰二年（1852）	壬子科翻译乡试		满洲翻译举人六名
咸丰三年（1853）		癸丑科翻译会试	满洲翻译进士二名
咸丰五年（1855）	乙卯科翻译乡试		满洲翻译举人四名
咸丰六年（1856）		丙辰科翻译会试	满洲翻译进士三名
咸丰八年（1858）	戊午科翻译乡试		满洲翻译举人三名
咸丰九年（1859）		己未科翻译会试	满洲翻译进士一名
咸丰九年（1859）	己未恩科翻译乡试		满洲翻译举人四名
咸丰十年（1860）		庚申恩科翻译会试	满洲翻译进士一名
咸丰十一年（1861）	辛酉科翻译乡试		满洲翻译举人三名
同治元年（1862）		壬戌科翻译会试	满洲翻译进士一名

续表

时间	翻译乡试	翻译会试	中额数
同治元年 （1862）	壬戌恩科翻译乡试		满洲翻译举人四名
同治二年 （1863）		癸亥恩科翻译会试	满洲翻译进士一名
同治三年 （1864）	甲子科翻译乡试		满洲翻译举人五名
同治四年 （1865）		乙丑科翻译会试	满洲翻译进士二名
同治六年 （1867）	丁卯科翻译乡试		满洲翻译举人四名
同治七年 （1868）		戊辰科翻译会试	满洲翻译进士一名
同治九年 （1870）	庚午科翻译乡试		满洲翻译举人五名
同治十年 （1871）		辛未科翻译会试	满洲翻译进士一名
同治十二年 （1873）	癸酉科翻译乡试		满洲翻译举人五名
同治十三年 （1874）		甲戌科翻译会试	满洲翻译进士一名
光绪元年 （1875）	乙亥恩科翻译乡试		满洲翻译举人五名
光绪二年 （1876）		丙子恩科翻译会试	满洲翻译进士一名
光绪二年 （1876）	丙子科翻译乡试		满洲翻译举人五名
光绪三年 （1877）		丁丑科翻译会试	满洲翻译进士一名
光绪五年 （1879）	己卯科翻译乡试		满洲翻译举人六名

时间	翻译乡试	翻译会试	中额数
光绪六年 （1880）		庚辰科翻译 会试	满洲翻译进士一名
光绪八年 （1882）	壬午科翻译乡试		满洲翻译举人五名
光绪九年 （1883）		癸未科翻译 会试	满洲翻译进士一名
光绪十一年 （1885）	乙酉科翻译乡试		满洲翻译举人七名
光绪十二年 （1886）		丙戌科翻译 会试	满洲翻译进士一名

说明：本表据《钦定科场条例》第 1145~1150 页制作而成。

历科各省驻防翻译乡会试中额

时间	乡试名称	会试名称	中额人数
道光二十四年 （1844）		甲辰科翻译 会试	满洲翻译进士二名
道光二十四年 （1844）	甲辰恩科翻 译乡试		满洲翻译举人五名：四川三名、陕甘二名
道光二十五年 （1845）		乙巳恩科翻 译会试	满洲翻译进士三名
道光二十六年 （1846）	丙午科翻译 乡试		满洲翻译举人七名：四川三名、陕甘三名、 湖北一名。
道光二十七年 （1847）		丁未科翻译 会试	满洲翻译进士九名
道光二十九年 （1849）	己酉科翻译 乡试		满洲翻译举人十二名：四川三名、陕甘三 名、湖北一名、广东二名、福建二名、浙江 一名
道光三十年 （1850）		庚戌科翻译 会试	满洲翻译进士八名

时间	乡试名称	会试名称	中额人数
咸丰元年 （1851）	辛亥恩科翻 译乡试		满洲翻译举人十六名：四川三名、陕甘三名、 湖北二名、广东二名、福建二名、江南二 名、浙江二名
咸丰二年 （1852）		壬子恩科满 洲翻译会试	满洲翻译进士九名
咸丰二年 （1852）	壬子科翻译 乡试		满洲翻译举人十二名：广东二名、陕甘三 名、江南一名、福建一名、四川三名、湖北 二名
咸丰三年 （1853）		癸丑科翻译 会试	满洲翻译进士八名
咸丰五年 （1855）	乙卯科翻译 乡试		满洲翻译举人十名：陕甘二名、广东三名、 福建二名、四川三名
咸丰六年 （1856）		丙辰科翻译 会试	满洲翻译进士四名
咸丰八年 （1858）	戊午科翻译 乡试		满洲翻译举人四名：湖北二名、浙江二名
咸丰九年 （1859）		己未科翻译 会试	满洲翻译进士三名
咸丰九年 （1859）	己未恩科翻 译乡试		满洲翻译举人十七名：四川三名、陕甘三 名、浙江二名、湖北三名、福建六名
咸丰十年 （1860）		庚申恩科翻 译会试	满洲翻译进士一名
咸丰十一年 （1861）	辛酉科翻译 乡试		满洲翻译举人一名：陕西一名
同治元年 （1862）		壬戌科翻译 会试	满洲翻译进士一名
同治元年 （1862）	壬戌恩科翻 译乡试		满洲翻译举人十名：湖北四名、广东六名
同治二年 （1863）		癸亥恩科翻 译会试	满洲翻译进士二名

时间	乡试名称	会试名称	中额人数
同治三年（1864）	甲子科翻译乡试		满洲翻译举人十一名：广东三名、四川六名、湖北二名
同治四年（1865）		乙丑科翻译会试	满洲翻译进士二名
同治六年（1867）	丁卯科翻译乡试		满洲翻译举人九名：四川六名、湖北三名
同治七年（1868）		戊辰科翻译会试	满洲翻译进士二名
同治九年（1870）	庚午科翻译乡试		满洲翻译举人十五名：四川三名、福建二名、陕甘四名、广东三名、湖北三名
同治十年（1871）		辛未科翻译会试	满洲翻译进士三名
同治十二年（1873）	癸酉科翻译乡试		满洲翻译举人十四名：四川三名、陕甘三名、湖北三名、福建二名、广东三名
同治十三年（1874）		甲戌科翻译会试	满洲翻译进士三名
光绪元年（1875）	乙亥恩科翻译乡试		满洲翻译举人十九名：陕西三名、甘肃四名、湖北三名、福建三名、四川三名、广东三名
光绪二年（1876）		丙子恩科翻译会试	满洲翻译进士二名
光绪二年（1876）	丙子科翻译乡试		满洲翻译举人十七名：山东一名、陕西二名、甘肃四名、湖北二名、四川三名、广东三名、福建二名
光绪三年（1877）		丁丑科翻译会试	满洲翻译进士二名
光绪五年（1879）	己卯科翻译乡试		满洲翻译举人十（五）〔八〕名：山东三名、陕西二名、湖北三名、四川三名、甘肃二名、广东三名、福建二名

时间	乡试名称	会试名称	中额人数
光绪六年 （1880）		庚辰科翻译 会试	满洲翻译进士二名
光绪八年 （1882）	壬午科翻译 乡试		满洲翻译举人十（六）〔七〕名：山东一名、福建二名、湖北三名、广东三名、四川三名、陕西三名、甘肃二名
光绪九年 （1883）		癸未科翻译 会试	满洲翻译进士三名
光绪十一年 （1885）	乙酉科翻译 乡试		满洲翻译举人十八名：山东二名、福建三名、湖北三名、广东三名、四川三名、陕西三名、甘肃一名
光绪十二年 （1886）		丙戌科翻译 会试	满洲翻译进士二名

说明：本表据《钦定科场条例》第1180～1182页制作而成。

《江南制作局记》记广方言馆（上海同文馆）概况

学馆概况	学馆	广方言馆同治二年设于上海城内，八年移入本局
	功课	国文、英文、法文、算学、舆地
	员役	提调一人，每月支银六十两 国文教习三人，每月共支洋一百二十元 西文教习四人，每月共支洋二百九十元 稽课委员一人，每月支银三十两 司事一人，每月支银三十两 夫役十一人，每月共支钱八十二千文
	学生	正课四十名，附课四十名 考取试国文两艺 年岁十五以上二十以下合格 四年毕业，收膳费

续表

学馆概况	房屋	平房十三间，楼房二座三十六间 厢房二座十二间 平房连两厢共十六间 茶房、厨房、浴房共二十五间 共一百二间
	经费	江海关船钞项下银六千两 本局岁拨津贴银三千两 共九千两

说明：本表据《江南制造局记》卷二建置表制作而成。

上海广方言馆馆员和教习

职务	姓名	以往经历
历任监督（由沪道兼充）	应宝时（敏斋）	
	涂宗瀛（朗轩）	
	沈秉成（仲复）	
	冯焌光（竹儒）	
	刘瑞芬（芝田）	
	汤○○（小秋）	
	聂缉椝（仲芳）	
	刘麒祥（康侯）	
	吕海寰（镜宇）	
	袁树勋（海观）	
	蔡钧（和甫）	
历任总办（由制造局总办兼充）	陈兰彬（荔秋）	前清编修，旋充留美学生监督，出使美日秘国大臣并总理各国事务衙门大臣
	冯竣光（竹儒）	前清候补道，旋补苏松太兵备道江海关监督
	郑藻如（玉轩）	前清候补知府，旋补津海关监督并充出使美日秘国大臣

职务	姓名	以 往 经 历
历任总办（由制造局总办兼充）	李兴锐	前清直隶大名府知府，旋补大顺广道，晋擢两江及闽浙总督
	蔡汇沧（二源）	前清候补通判，旋补江苏南汇县知县并充上海英界会审委员
	潘　露（镜如）	前清候补道
	聂缉椝	前清候选郎中，旋补江海关监督，晋擢浙江巡抚
	蒋德钧（少穆）	前清候补道
	刘麒祥	前清候补道，旋补江海关监督
	林志道（稚眉）	前清候补道，旋补直隶通永道
	赵滨彦（渭青）	前清候补道
	沈邦宪（幼彦）	前清候补道
	郑孝胥（苏戡）	前清候补四品京堂，曾授湖南藩司，民军起义，致未到任
	潘学祖（芸孙）	前清候补道
	毛庆蕃（实君）	前清户部郎中，旋补津海关监督，晋擢四卅藩司护理川督
	张庆勋（元弨）	前清候补知府，旋补江苏扬州府知府
	魏允恭（番实）	前清候补道，详请裁撤广方言馆改为兵工学堂
历任监院	冯桂芬（景亭）	前清探花
	章安行	前清上海儒学教谕
	叶承铣、程锡书	松韵前清候补知府
	禹国仪	孚卿前清候选知县
	吴增仅（可园）	前清候补知府
	贺良朴	履之旋补前清邮传部员外郎，现任浦信铁路局秘书
	张通典（伯纯）	
	李〇〇（仲壶）	

续表

职务		姓名	以 往 经 历
历任监院		袁绪钦（叔瑜）	
		刘采年（旬侯）	代理监院
		达锡纯（粹伯）	代理监院
		陈公恕（宽仲）	查课委员
		曹金咏（逸斋）	查课委员
		周〇〇（则心）	庶务委员
		郑昌楱（熙台）	庶务委员
		载腾奎（臣孙）	庶务委员
历任教员	英文教习	傅兰雅（英籍）	
		林乐知（美籍）	
		严良勋（子犹）	旋补前清福建福宁府知府
		汪凤藻（芝房）	旋授前清编修并擢出使日本国大臣
		朱格仁	静山直隶候补道
		沈〇〇（佑甫）	
		瞿昂来（鹤汀）	曾充驻英使馆随员
		舒高第（德卿）	
		凤　仪（夔九）	旋充前清新加坡总领事官
		朱敬彝（乙尊）	
	德文教习	金楷理（德籍）	
		冯国钧	
	法文教习	克利蒙（法籍）	
		傅兰雅（英籍）	
		顾〇〇（子宣）	
		卜沃野（法籍）	
		黄致尧（伯申）	曾充驻日斯巴尼亚二等参赞代办使事
		璞　琚（法籍）	
		游学楷（步云）	

职务		姓名	以 往 经 历
历任教员	法文教习	吴宗濂（挹清）	旋充前清驻法参赞并擢出使义国大臣，民国驻义代表
		周传经（赞尧）	旋充前清驻奥参赞，现任民国外交部通商司司长
		徐绍甲（近勇）	
		裴勃盟（法籍）	
	算学教习	时曰醇（小雪）	
		席淦（翰伯）	
		刘彝程（省庵）	
		沈善蒸（立民）	
	天文教习	贾步纬	
		火荣业迪生（英籍）	
	汉文教习	顾琨（厚斋）	
		许震蕃（雷门）	
		汪人骥（逸如）	
		单恩溥（隶花）	
		吴○○（子贞）	
		葛奎（缉生）	
		丁兴民（牧生）	
		萧穆（敬敷）	
		黄福昌（小菊）	
		周曰桢（克生）	
		黄文涛（友松）	
		张刚（子邕）	
		王树善（杉绿）	
		陈衍（叔伊）	
		袁希涛（观澜）	现任民国教育次长

续表

职务		姓名	以 往 经 历
历任教员	汉文教习	钱国祥（二笙）	
		洪锡祁（筠孙）	
		张文江	
		孙彦搏（啸仙）	
		李岳衡（茹真）	
		莫文炳（研三）	
		王端芝（兰陔）	

说明：本表根据《京师同文馆学友会第一次报告书》三馆馆员录制作而成。

广州同文馆馆员和教习

职务	姓名	到 馆 时 间
历任提调	王镇雄	同治三年（1864）五月
	刘秉和	光绪五年（1879）
	刘绍基	光绪十五年（1889）
	王汝梅	光绪二十八年（1902）
历任馆长	谈广楠	同治三年（1864）五月
	汤 森	同治三年（1864）五月
	金 海	同治八年（1869）十二月
	李联璋	同治九年（1870）十月
	李联珑	同治十二年（1873）九月
	刘绍基	同治十三年（1874）
	宋云瑞	光绪二年（1876）三月
	王汝梅	光绪二年（1876）六月
	董长庚	光绪六年（1880）
	俞士标	光绪八年（1882）
	崔 华	光绪十二年（1886）

职务		姓名	到 馆 时 间
历任馆长		于清杰	光绪十三年（1887）
		李　端	光绪十八年（1892）
		丁士莹	光绪十九年（1893）
		许朝泰	光绪二十三年（1897）
		贾培业	光绪二十三年（1897）
		毓　椿	光绪二十三年（1897）
		王懋官	光绪二十九年（1903）
历任汉洋教习	汉文总教	吴嘉善	同治三年（1864）五月
	汉文	麦秋霖	同治三年（1864）五月
	汉文	薛　瑛	同治三年（1864）五月
	英文	谭　顺	同治三年（1864）五月
	英文	哈巴安德	同治四年（1865）五月
	英文	巴化理	同治六年（1867）四月
	汉文总教	刘彦扬	同治七年（1868）
	英文	三　顺	同治九年（1870）八月到馆，曾经请假回国，光绪二年（1876）五月回馆
	英文	俾　士	同治十三年（1874）十一月
	汉文总教	黄翰华	同治十三年（1874）十一月
	汉文	贾培业	同治十三年（1874）十一月
	汉文	李定源	同治十三年（1874）十一月
	汉文总教	陈良玉	光绪二年（1876）三月
	汉文总教	武吉祥	光绪六年（1880）
	汉文总教	沈泽棠	光绪九年（1883）
	汉文	谢兰芬	光绪十一年（1885）
	汉文总教	刘世安	光绪十三年（1887）
	英文	雷　尼	光绪十三年（1887）
	汉文总教	倪教敷	光绪十五年（1889）

续表

职务		姓名	到 馆 时 间
历任汉洋教习	汉文	冯 端	光绪十七年（1891）
	汉文	潘普书	光绪十七年（1891）
	汉文	陈翼钟	光绪十七年（1891）
	汉文	刘世琳	光绪十七年（1891）
	英文	布茂林	光绪十七年（1891）
	英文	申玛士	光绪十八年（1892）
	汉文	张 屏	光绪二十三年（1897）
	东文	长谷川雄太郎	光绪二十三年（1897）
	俄文	萨泽基	光绪二十三年（1897）
	汉文总教	黄诰（旋充出使义国大臣）	光绪二十五年（1899）
	汉文	金保权	光绪二十五年（1899）
	法文	马尔德	光绪二十六年（1900）
	英文	李 知	光绪二十九年（1903）
	汉文总教	张学华	光绪二十九年（1903）

说明：本表根据《京师同文馆学友会第一次报告书》制作而成。

京师、上海、广州同文馆部分学生离校后情况一览表

姓名	年岁	籍贯	到馆年份	何馆	何国文	现在或从前职业
于德浚	四四	山东海阳	光绪辛卯	京	英	外交部佥事
毛鸿遇	五八	京兆宛平	同治壬申	京	俄	吉林候补县知事
毛殿龄	五〇	广东汉军	光绪丁丑	粤	英	上海江海关员
王丰镐	五六	江苏上海	光绪丁亥	京	英	办理农务实业
王汇谦	五五	北京汉军	光绪乙亥	京	法	
王 芸	五〇	京兆宝坻	光绪丙戌	京	英	教读
王汝淮	四五	广东南海	光绪庚寅	京	英	

姓名	年岁	籍贯	到馆年份	何馆	何国文	现在或从前职业
王莼	四四	京兆宝坻	光绪甲午	京	俄	外交部译电处
王念祖				京	英	交通部佥事
牛恩锡	五一	北京	同治甲戌	京	法	赴四川
文惠	三九	京兆宛平	光绪丙申	京	法	前库伦专使随员
文澜				京	日	
左秉隆		广东	同治壬申	京	英	前清驻新加坡总领事官
札尔罕	五三	北京	同治壬申	京	俄	俄文专修馆书记员
史元燧	四四	直隶遵化	光绪庚寅	京	英	印铸局办事员
永祜	三四	北京满洲	光绪丙申	京	德	山东交涉署科长
吴宗濂	六一	江苏嘉定	光绪己卯	京	法	总统府外交咨议
吴克倬	四〇	安徽盱眙	光绪丙申	沪	法	驻巴西使馆二等秘书官
吴云鹏	三二	湖南湘阴	光绪戊戌	沪	法	衡州湖南银行稽核员
吴匡时	三〇	江苏嘉定	光绪丙申	沪	法	农商部商标处处长
宋如圭				沪		
宋善良	三三	浙江吴兴	光绪乙未	沪	法	驻丹使馆随员
李光亨	四七	广东	光绪庚寅	京	英	檀香山随习领事
李廷蕃	四七	京兆宛平	光绪己丑	京	英	
李鸿年	四四	京兆大兴	光绪己丑	京	英	农务
李凤年	四三	京兆大兴	光绪己丑	京	英	财政部候差
李家瑞	四四	江苏上海	光绪丁亥	沪	法	京汉铁路厂务处
李恩庆	三九	奉天铁岭	光绪戊子	京	法	农商部帮科长
李万蓉	三八	京兆大兴	光绪癸巳	京	法	
李殿璋	三七	广东	光绪己亥	京	英	外交部佥事
李垣	三五	京兆大兴	光绪乙未	京	俄	法制局署参事
李广元	三三	京兆大兴	光绪丁酉	京	英	张绥铁路收支科科员
李景镐	三四	江苏上海	光绪丙申	沪	法	政事堂考试取列甲等特授中士
汪庆奎	四八	北京汉军	光绪丙戌	京	英	外交部译电处
沈承俊	四〇	浙江桐乡	光绪乙未	沪	法	京汉铁路机务总管

姓名	年岁	籍贯	到馆年份	何馆	何国文	现在或从前职业
沈澄叙	三八	北京	光绪癸巳	京	俄	哈尔滨税关文案
那丹珠	三三	广东	光绪丙申	粤	俄	内城官医院医官
何元瀚	三二	安徽南陵	光绪己亥	京	英	交通部主事
金汤	五八	北京满洲	同治辛未	京	英	天津警厅暨审判厅译员
金大敏	四一	江苏宝山	光绪乙未	京	德	统率办事处调查员
金殿勋	三七	广东南海	光绪辛丑	粤	日	教育部技正
周家义	四九	江苏宝山	光绪己卯	沪	英	交通部技正
周自齐	四七	山东单县	光绪庚寅	京	英	农商总长
周传经	四二	江苏嘉定	光绪丙申	京	法	外交部司长
周传谋	四〇	江苏嘉定	光绪癸巳	沪	法	中法实业银行
邵恒浚	四六	山东文登	光绪丙戌	京	俄	俄文专修馆校长
治格	四八	北京蒙古		京	德	都护副使
岳贻本	三五	江苏武进	光绪丙申	京	德	参谋本部科员
孟维昌	三一	京兆昌平	光绪丙申	京	俄	京师高等检察厅书记
孟纶昌	二九	京兆昌平	光绪丁酉	京	英	直隶西区矿税局委员
范绪良	三七	江苏上元	光绪癸巳	京	俄	外交部佥事
范其光	三七	江苏江宁	光绪乙未	京	俄	署恰克图副都护使
柳宗权	三五	山东	光绪庚子	粤	英	税务处委员
俞文鼎	三二	浙江杭县	光绪乙未	京	英	前印铸局局长
高存泰	六〇	北京汉军	同治庚午	京	英	前清湖北道员
高寿昌	三三	直隶滦县	光绪乙未	京	德	津浦铁路工程提调
殷瑞安	五四	北京汉军	光绪丙子	京	英	
马廷亮	四九	广东南海	光绪庚寅	京	英	特派奉天交涉员
索松瑞	四〇	京兆宛平	光绪壬午	京	法	实业
孙海环	四〇	浙江奉化	光绪戊戌	京	日	四川彭县铜矿局局长
孙洞环	三二	浙江奉化	光绪丁酉	京	俄	热河卫戍病院院长
梁盛熙	三九	浙江杭县	光绪丁酉	京	英	京师警察厅科员
梁翘厦	三九	广东顺德	光绪癸巳	京	英	京奉铁路营口车站长

姓名	年岁	籍贯	到馆年份	何馆	何国文	现在或从前职业
梁　煜	三五	北京	光绪丁酉	京	英	经商
徐绍甲	四〇	江苏上海	光绪丙申	京	法	
徐文志				京	英	
唐在复	三八	江苏上海	光绪丙申	京	法	驻和国全权公使
唐在礼	三三	江苏上海	光绪乙未	沪	英	署参谋本部总长
祝书元				京	日	
祝瀛元				京	日	
郝树基				京	俄	
张德彝	六九	北京汉军	同治壬戌	京	英	蒙古都统
张庆桐	四二	江苏上海	光绪丙申	京	俄	都护副使
张朝基	三五	江苏吴县	光绪乙未	沪	英	参谋本部部附
张德辉	三五	京兆宛平	光绪戊戌	京	日	
张荣骅	三五	北京汉军	光绪乙未	京	英	财政部主事
张天民	三二	广东南海	光绪丁酉	粤	日	保定地方检察厅书记官长
张天元	二九	广东	光绪己亥	粤	英	朝鲜京城随习领事
毕桂煜	五四	北京	光绪丙子	京	俄	喀什噶尔外交局长
毕桂芳	五一	北京	光绪辛巳	京	俄	前外蒙议约专使
寇德生	四九	京兆大兴	光绪己丑	京	法	京汉铁路车务处职员
黄履和	四八	浙江余杭	光绪癸巳	京	英	外交部金事
黄书淦	四〇	湖南长沙		京	法	驻和使馆三等秘书
黄　浚	三六	京兆宛平	光绪丁酉	京	英	经商
黄致尧	六二	江苏宝山	光绪己卯	京	法	曾在日斯巴尼亚代办使事
黄寿慈	三二	江苏宝山	京馆致尧之子		德英	曾充驻奥使馆书记官现经商
陆征祥	四六	江苏上海	光绪庚寅	京	法	国务卿兼外交部总长
陈贻范	四六	江苏吴县	光绪庚寅	京	英	前西藏议约专使
陈全森	四六	京兆大兴	光绪乙酉	京	英	前外务部员外郎
陈嘉驹	四六	四川金堂	光绪丙戌	京	俄	外交部主事

续表

姓名	年岁	籍贯	到馆年份	何馆	何国文	现在或从前职业
陈广平	四四	浙江平湖	光绪甲申	沪	法	驻俄使馆三等秘书
陈祜	四三	京兆宛平	光绪丙申	京	德	外交部主事
陈恩厚	四〇	京兆宛平	光绪癸巳	京	英	外交部司长
陈祖良	三三	浙江余姚	光绪乙未	沪	法	京汉铁路工程师
郭家珍				京	英	
陶彬	四一	浙江绍兴	光绪丁酉	京	日	延吉道兼珲春关监督
讷谟图	三八	北京蒙古	光绪甲午	京	俄	
章通骏	三六	湖南善化	光绪甲午	沪	英	总统府军事顾问
崔永平	三四	广东南海	光绪戊戌	粤	英	
傅清瑞	五八	广州驻防	光绪乙亥	粤	英	湖北候补县知事
傅柏锐	四一	广东南海	光绪丙申	京	英	蒙藏院金事
傅仰虞	三七	福建建安	光绪丙申	京	英	海军部科员
傅仰贤	三五	福建建安	光绪乙未	京	俄	外交部金事
景纪光	四九	陕西富平	光绪己丑	京	英	陕西第一师范附属小学主任
乔佩芳	四四	直隶天津	光绪甲申	京	英	丹公使馆英文秘书
程遵尧	四三	安徽潜山	光绪丁亥	京	德	外交部金事
程经世	三七	安徽潜山	光绪癸巳	京	德	交通部参事行走
程经邦	三一	安徽潜山	光绪己亥	京	德	参谋本部科长
舒厚仁	四〇	浙江慈溪	光绪丁亥	沪	英	汉阳钢铁厂卫生股长
舒厚德	三四	浙江慈溪	光绪丙申	沪	英	总统府军事咨议
杨枢	六九	广东东莞	同治辛未	京	英	前驻比国大臣
杨兆鋆	六〇	浙江吴兴	光绪辛未	京	英	前驻比国大臣
杨晟	四八	广东东莞	光绪庚寅	京	英	特派江苏交涉员
杨书雯	四四	湖南长沙	光绪庚寅	京	英	驻坎（加）拿大总领事
杨鉴莹	四一	江苏常熟	光绪丙申	京	英	外交部任用
杨庆鋆	四〇	直隶枣强	光绪丙申	京	日	山东省城警察厅厅长

姓名	年岁	籍贯	到馆年份	何馆	何国文	现在或从前职业
杨毓恭	三五	广东潮洲	光绪丁酉	京	英	京奉路站长
杨　佑	三三	广东东莞	光绪丁酉	粤	日	元山随习领事
贾文燕	四七	广东南海	光绪甲申	粤	英	仰光领事
贾文铨	二四	广东南海	光绪壬寅	粤	俄	陆军军官学堂毕业生
经亨咸	四二	浙江上虞	光绪庚寅	沪	英	北洋医学校校长
邹应苍	三九	江苏吴县	光绪己亥	京	英	财政部泉币司科员
瑞　光	三八	北京	光绪丙申	京	英	清华学校会计员
廟　昌		北京	同治壬申	京	德	参政院参政公府侍从武官长
管尚平	三七	江苏吴县	光绪丙申	京	俄	领事
蒋　俊	五三	广东南海	光绪丙申	京	英	淮南垦务局核算科员
潘　桢	四〇	江苏江都	光绪甲午	粤	英	宪政协进会接待员
谈汝康	四九	江苏上海	光绪己卯	沪	法	徐州铁路局总翻译
蔡　康	四九	福建龙溪	光绪丁丑	粤	英	武昌造币分厂厂长
蔡祚来	四四	江苏上海	光绪戊子	沪	英	怡和洋行翻译
刘镜人	四八	江苏宝山	光绪庚寅	京	法	驻俄国全权公使
刘式训	四七	江苏南汇	光绪庚寅	京	法	驻巴西全权公使
刘崇惠	四三	京兆大兴	光绪丙戌	京	俄	前恰克图都护使副
刘崇忠	三五	京兆大兴	光绪丁酉	京	俄	吉林候补县知事
钱广禧	三八	广东番禺	光绪甲午	沪	英	外交部办事员
联　芳	刘三	京兆	同治癸亥	京	法	参政院参政
戴宝琪	四四	北京满洲	光绪甲申	京	英	工巡捐局委员
阎澍恩	三二	山西祁县	光绪丙申	京	俄	京汉铁路车务处职员
瞿昂来	六三	江苏宝山	同治壬申	沪	英	前充驻英使署翻译今充英文教员
关元章	四七	广东南海	光绪庚寅	京	英	蒙藏院佥事
窦学光	三七	广东南海	光绪己亥	京	英	政事堂法制局编译

续表

姓名	年岁	籍贯	到馆年份	何馆	何国文	现在或从前职业
严家炽	四三	江苏吴县	京馆良勋之子			湖南财政厅厅长
严恩棣	二八	江苏宝山	光绪丁酉	沪	英	驻美留学生监督
龚渭琳	四九	江苏上海	光绪己卯	沪	法	外交部编档员

说明：本表根据《中国近代学制史料》（第一辑）第279~292页制作而成。

湖北自强学堂馆员和教习

职务	姓名	教育、工作经历及其他
总办	蔡锡勇	同治六年毕业于广东同文馆，后入总理衙门天文算学馆学习，卒业后以翻译监生名义返广东录用。后任驻美、日、秘各国使馆翻译参赞等官，继在广东、湖北助张之洞办理洋务交涉
总办	张斯枸	张官二品顶戴候补道。光绪中叶为驻英使馆二等翻译兼随员，在刘瑞芬、薛福成下工作。后又赴日阅操，并任出洋学生监督
提调	钱恂	官盐运使衔，分省补用知府，奏委赴日本监督出洋学生
代办提调	汪凤瀛	官湖北候补同知，光绪二十五年四月离职
提调	程颂万	官湖北补用通判，二十五年正月任总稽察，四月升提调
总稽察	姚锡光	举人出身，官知府，补用直隶州选，授安徽石埭县知县，二十二年六月到任，二十五年八月离职
收支及稽察帮办汉教习	漆滨	官同知衔，湖北补用知县
驻堂委员	孙钟杰	湖北人
管堂委员	刘熙敬	官分省补用府经历

续表

职务		姓名	教育、工作经历及其他
管堂委员		曾辅翼	官湖南补用县丞
杂务委员		汪汝杰	官湖北候补府经历，二十五年二月离职
杂务委员		连　燧	本学堂英文门毕业生，官湖北补用巡检，二十五年十月就职，兼管化验室
差遣委员		濮贤恺	官分省补用府经历
汉教习	英文兼算学	郑毓英	福建闽县人
	法文兼算学	许寿仁	福建闽县人
	德文兼算学	杨本适	江苏金匮人（杨氏可能于二十五年七月到堂，接德人贝伦司多尔夫遗缺）
	英法堂汉文	罗运来	湖北试用知县
	俄德堂汉文	梅际郁	湖北试用知县，二十五年十一月离职
		况周仪	分省候补同知，二十五年十二月委任
	东堂汉文	顾印愚	湖北试用知县，二十五年三月离职
		周德馨	同知衔，湖北补用知县，本年三月委，八月离职
		李宝沅	候选知县，二十五年九月代
		朱金祺	湖北大挑知县，二十五年九月委
洋教习	俄文	波立沙	俄人，由总署推荐，约于二十四年春时到堂，光绪二十五年五月离职
		萨哈哪甫斯祁	俄人，二十五年五月订约到任
		喀凌呵	原籍俄人，寄籍顺天，二十五年十月订约为帮授
	德文	贝伦司多尔夫	德人，光绪二十二年五月到鄂，任护军营工程队总教习，兼任教习，二十五年七月离职
	日文	柳原又熊	日人，光绪二十四年到职，二十九年赴三江师范任教

续表

职务		姓名	教育、工作经历及其他
洋教习	普通学兼体兵操	吉山荣三郎	日人
		根岸福弥	日人
	矿化学	骆丙生（Robinson）	英人，兼任教习，二十二年六月到堂，二十五年五月离职

说明：本表根据程颂万《十发庵丛书类稿》（第八）《强学编》制作而成。

主要参考文献

［1］白寿彝，中国通史（第 8 卷）［M］．上海：上海人民出版社，2004．

［2］陈学恂，中国近代教育史教学参考资料（上下册）［M］．北京：人民教育出版社，1987．

［3］高时良，黄仁贤，中国近代教育史资料汇编·洋务运动时期教育［M］．上海：上海教育出版社，2007．

［4］奎润纂修，李兵、袁建辉点校，钦定科场条例［M］．长沙：岳麓书社，2020．

［5］李宗棠，李宗棠文集奏议辑览初编［M］．合肥：黄山书社，2016．

［6］刘铭传撰，陈澹然编，刘壮肃公奏议［M］．北京：朝华出版社，2018．

［7］刘兴育，云南大学史料丛书（学生卷）（1922—1949 年）［M］．昆明：云南大学出版社，2013．

［8］刘兴育，旧闻新编：民国时期云南高校记忆（中）［M］．昆明：云南大学出版社，2017．

［9］罗天，抗战时期重庆的军事口译活动［C］//连真然，译苑新谭（第 4 辑），成都：四川人民出版社，2012．

［10］璩鑫圭，中国近代教育史资料汇编：鸦片战争时期教育［M］．上海：上海教育出版社，2007．

［11］璩鑫圭、唐良炎，中国近代教育史资料汇编：学制史演变［M］．上海：上海教育出版社，1981．

［12］商衍鎏，清代科举考试述录［M］．上海：生活·读书·新知三联书店，1958．

［13］申时行等，明会典（万历朝重修本）［M］．北京：中华书局，1989．

［14］舒新城，近代中国教育史料（第 1—3 册）［M］．北京：人民大学出版社，2012．

［15］宋濂、王祎等，元史［M］．北京：中华书局，1976.

［16］许嘉璐主编，安平秋分史主编，二十四史全史［M］．北京：汉语大词典出版社，2004.

［17］余斌，西南联大·昆明天上永远的云［M］．昆明：云南人民出版社，2015.

［18］张廷玉，明史（全二十八册）［M］．北京：中华书局，2015.

［19］赵尔巽，清史稿［M］．北京：中华书局，2020.

［20］赵尔巽等，清史稿·职官一［M］．长春：吉林人民出版社，1995.

［21］赵尔巽等选，许凯等标点，清史稿4卷［M］．长春：吉林人民出版社，1998.

［22］郑大华点校，采西学议——冯桂芬·马建忠集［M］．沈阳：辽宁人民出版社，1994.

［23］中国科学院近代史所史料编辑室、中央档案馆明清档案部编辑组，中国近代史资料丛刊［M］．上海：上海神州国光社，1961.

［24］中国人民政治协商会议全国委员会文史资料委员会编，文史资料选辑［M］．北京：中国文史出版社，2000.

［25］中国社会科学院近代史研究所《近代史资料》编辑部编，近代史资料［M］．北京：中国社会科学出版社，2004.

［26］中华书局整理，筹办夷务始末·同治朝［M］．北京：中华书局，2008.

［27］中华书局整理，筹办夷务始末·咸丰朝［M］．北京：中华书局，1979.

［28］朱寿朋，光绪朝东华录［M］．北京：中华书局，1958.

［29］朱有瓛，中国近代学制史料（第1—4辑）［M］．上海：华东师范大学出版社，1983.

后　记

鉴古知今，学史明智。重视翻译教育史、研究翻译教育史、借鉴翻译教育史，从历史中汲取智慧、把握规律，为翻译教育指明方向，也为学者作研究提供了方便。根据中国近代翻译教育演变的历史，搜集、辑录、整理文献资料，分门别类地加以汇集编排，编辑成一部比较系统完整的翻译教育史史料汇编，对深入研究中国近代翻译教育史和文化史，具有重要意义。正是基于以上的考虑，笔者和同事才开始了《近代翻译教育史料选辑》的整理，该书较为系统地梳理了近代翻译教育相关的史料。

参与《近代翻译教育史料选辑》的收集整理工作，让笔者回顾了中国翻译教育的光辉灿烂历史，它如同一部鲜活的历史画卷，其中蕴含着中国近代教育发展的智慧和沧桑。本书穿越时光，根据时间顺序，列出了 1860 年以前的翻译教育、1861—1901 年的翻译教育、1902—1911 年的翻译教育以及 1912—1949 年的翻译教育，每一时期都有着独特的脉络，每一个机构都承载着时代的记忆。

本书中较为详细地记录了不同时期翻译教育的演进。在 1860—1901 年，北京同文馆、上海同文馆、广州同文馆与其他文字学馆和西学馆等在社会变革的大潮中应运而生，为社会提供了翻译人才，同时也成为了文化交流的纽带。1902—1911 年，京师大学堂译学馆、各省方言学堂的建立标志着翻译教育的正规化和系统化，学堂的建立为培养高层次的翻译人才提供了重要保障。在 1912—1949 年的岁月中，中国经历了社会动荡，但翻译教育始终在社会建设中发挥着重要作用，为新时代的到来培育人才。

在整理这本书的过程中，笔者时而感受到历史的辉煌，时而深思翻译教育的未来，深感前人翻译教育的经验的珍贵。然而，本书资料收集和整理的历程并非一帆风顺。在资料的收集中，本人面临了众多难题，如史料难以获得；在资料的整理中，发现有些史料字迹不清晰、繁体字的阅读辨析困难等。

通过参与这本书的汇编，笔者深感翻译教育史的厚重，每一个学府的兴衰都离不开时代的推动和人才的奉献。在汇编这些史料的过程中，笔者学到了坚持和执着，学会了尊重和敬畏历史。同时，笔者也深知这些史料只是中国翻译教育历史的冰山一角，还有许多值得进一步挖掘和记录的珍贵史料。

愿这本《近代中国翻译教育史料选辑》成为翻译教育领域的一次尝试，引导更多的学者深入研究，拓展翻译教育的新视野。在这个知识传承的过程中，我们或许会遇到困难，但正是这些困难锻造了我们更坚韧的品格。让我们共同努力，为翻译教育的未来贡献自己的一份力量。